NOUVEAU COURS
D'ENSEIGNEMENT ÉLÉMENTAIRE.

HISTOIRE MODERNE.

NOUVEAU COURS D'ENSEIGNEMENT ÉLÉMENTAIRE,

Par G. BELEZE, Chef d'Institution à Paris.

Chaque volume in-18, de 280 pages, cart. 1 fr. 80 c.

Livre de Lecture Courante, contenant un recueil de faits instructifs et de récits intéressants, avec des conseils sur les principaux devoirs des enfants; *in*-18.

Exercices de Mémoire et de Style, Recueil de Morceaux en prose et en vers, à la portée des enfants; *in*-18.

La Grammaire Française mise à la portée des enfants, avec questionnaires; *in*-18.

Exercices Français gradués sur toutes les parties de la Grammaire; *in*-18.

Petit Dictionnaire de la Langue française, rédigé selon l'orthographe de l'Académie; *in*-18.

La Géographie mise à la portée des enfants, avec questionnaires; *in*-18, avec planisphère.

Atlas élémentaire de Géographie Moderne, composé de dix cartes; *in*-4°.

L'Histoire Sainte mise à la portée des enfants, avec questionnaires; *in*-18, avec carte.

L'Histoire de France mise à la portée des enfants, avec questionnaires; *in*-18, avec carte.

L'Histoire Ancienne mise à la portée des enfants, avec questionnaires; *in*-18, avec carte.

L'Histoire Romaine mise à la portée des enfants, avec questionnaires; *in*-18, avec carte.

L'Histoire du Moyen Age mise à la portée des enfants, avec questionnaires; *in*-18.

L'Histoire Moderne mise à la portée des enfants, avec questionnaires; *in*-18.

La Mythologie mise à la portée des enfants, avec questionnaires; *in*-18.

L'Arithmétique mise à la portée des enfants, avec questionnaires; *in*-18.

L'Histoire Naturelle mise à la portée des enfants, avec questionnaires; *in*-18, avec figures.

Éléments de Littérature mis à la portée des enfants, avec questionnaires; *in*-18.

Un abrégé de ce Cours a été publié pour le premier âge.

L'HISTOIRE MODERNE

MISE A LA PORTÉE DE ENFANTS,

AVEC QUESTIONNAIRES.

Par G. BELEZE,

ÉLÈVE DE L'ANCIENNE ÉCOLE NORMALE,

CHEF D'INSTITUTION A PARIS.

DEUXIÈME ÉDITION.

Ouvrage autorisé par l'Université.

PARIS.

IMPRIMERIE ET LIBRAIRIE CLASSIQUES

DE JULES DELALAIN,

IMPRIMEUR DE L'UNIVERSITÉ ROYALE DE FRANCE,

RUE DES MATHURINS SAINT-JACQUES, 5.

M DCCC XLV.

Tout contrefacteur ou débitant de contrefaçon de cet Ouvrage sera poursuivi conformément aux lois.

Toutes mes éditions sont revêtues de ma griffe.

Jules Delalain

AVANT-PROPOS.

Cette Histoire Moderne, mise à la portée des enfants, renferme tous les événements qui se sont passés depuis la prise de Constantinople par les Turcs en 1453, jusqu'à la fin du dix-huitième siècle. C'est l'histoire de tous les peuples de l'Europe : l'Angleterre et l'Allemagne, la Suède et le Danemark, la Russie, la Prusse et la Pologne, l'Espagne, le Portugal, l'Italie, l'Autriche, la Turquie, viennent tour à tour ou ensemble jouer leur rôle dans ce drame rempli d'intérêt et de grandes leçons. L'histoire de la France se mêle à l'histoire de la plupart de ces nations, mais elle n'y occupe qu'une place secondaire, parce qu'elle a été déjà racontée avec tous es développements nécessaires dans un volume particulier.

Nous avons suivi pour la rédaction de cet ouvrage les principes qui nous ont guidé dans la composition des autres volumes d'histoire que nous avons déjà publiés. Ce n'est pas un *précis* que nous avons voulu écrire, mais un récit animé, et relevé par des circonstances capables de frapper vivement l'imagination et de se graver dans la mémoire. Les faits historiques sont racontés avec simplicité, et de la manière qui convient à l'âge des élèves auxquels ils s'adressent. Mais cette simplicité n'exclut pas une certaine gravité que doit toujours conserver l'histoire, même dans un livre écrit pour des enfants.

Malgré le cadre étroit dans lequel nous étions obligé de nous renfermer, nous avons donné aux diverses époques de l'histoire moderne des développements assez étendus pour que chacune de ces époques conservât sa physionomie particulière. Nous avons dû négliger à dessein les faits qui pouvaient sans de graves inconvénients être passés sous silence, afin de laisser plus de place à ceux qui, par leur importance et leur intérêt, méritaient d'être racontés avec détail.

Ce volume, comme tous ceux qui font partie de notre Cours complet d'enseignement élémentaire, est divisé en un certain nombre de chapitres qui sont tous à peu près d'égale longueur. Chaque chapitre, devant faire l'objet d'une leçon, est suivi d'un questionnaire suffisamment développé. Nous dirons maintenant en peu de mots comment on doit enseigner l'histoire aux enfants, ou du moins comment nous l'enseignons nous-même dans nos classes, après une expérience de plusieurs années, confirmée par les plus heureux résultats.

Tous les élèves d'une même classe ou d'une même division, réunis sous la surveillance du professeur, ont entre les mains le livre qui renferme la leçon du jour. A mesure qu'un élève est désigné par le maître, il lit à haute voix un paragraphe ou un demi-paragraphe, tous les autres suivant la lecture avec une attention constamment soutenue. La lecture se poursuit ainsi jusqu'à la fin du chapitre, et se fait une seconde fois de la même manière. Alors, tous les livres étant fermés, le professeur, à l'aide du questionnaire, interroge les élèves l'un après l'autre, n'adressant à chacun qu'une question à la fois, l'un trouvant la réponse que son camarade a vainement cherchée. C'est l'intelligence de tous mise en commun. Cette interrogation, faite avec soin et régularité, habitue de bonne heure les enfants à rendre compte de leurs idées et à s'exprimer facilement.

Ces deux exercices, c'est-à-dire la lecture et l'interrogation, exigent environ une heure. Mais une seule leçon ne suffirait pas pour graver dans la mémoire des élèves les faits divers d'un chapitre. Aussi, trois heures par semaine sont consacrées au même chapitre ou à la même leçon. Alors les élèves passent à un troisième exercice, complément nécessaire des deux premiers, c'est-à-dire à la rédaction, genre de travail auquel on ne saurait appliquer trop tôt l'esprit des jeunes gens. Pour leur rendre ce travail plus facile et venir au secours de leur mémoire, le professeur pourra leur dicter le préambule qui se trouve en tête de chaque chapitre, ou un court précis qu'il composerait lui-même et qui indiquerait la suite des faits.

Outre les avantages que présentent ces divers exercices, on ne saurait croire combien ce mode d'enseignement, qui fait travailler à la fois la mémoire et l'intelligence, a d'attraits pour les enfants, et grave sans effort dans leur esprit tous les faits soumis à leur attention. Ce mode si simple, si facile à mettre en pratique dans les écoles, quel que soit d'ailleurs l'enseignement qu'elles aient adopté, peut également et avec la même facilité trouver son application dans les familles où les enfants reçoivent une éducation particulière.

GÉOGRAPHIE

DE L'HISTOIRE MODERNE.

Etat géographique de l'Europe en 1453.

Après la prise de Constantinople par les Turcs Ottomans, en 1453, l'Europe renfermait 30 États principaux. C'étaient :

1° L'ANGLETERRE. Le royaume d'Angleterre comprenait la partie méridionale de la Grande-Bretagne, depuis la Tweed et le golfe de Solway au N., c'est-à-dire, l'Angleterre propre, et la principauté de Galles qui y avait été réunie en 1283 ; l'Irlande, conquise en 1172 ; les îles d'Anglesey et de Guernesey, les Sorlingues, etc. ; enfin la ville de Calais et son territoire, sur la côte de France.

2° L'ECOSSE. Ce royaume comprenait toute la partie septentrionale de la Grande-Bretagne, depuis la Tweed et le Solway, et en outre l'île de Man et les Hébrides. L'autorité du roi n'était guère reconnue que dans la plaine ou les basses terres (*lowlands*), qui forment la partie centrale de l'Écosse. La partie septentrionale, couverte presque entièrement de montagnes et désignée sous le nom d'*highlands* ou hautes terres, était occupée par des montagnards partagés en tribus ou *clans*, dont les principaux étaient ceux des Douglas, des Grégors, des Campbells, des Donalds, etc; au S., vers les frontières anglaises, habitaient des clans composés d'aventuriers des deux royaumes. Enfin, les Hébrides formaient une espèce de souveraineté particulière sous l'autorité du comte de Ross, qu'on appelait le *lord des îles*.

3° LE ROYAUME DE DANEMARK ET DE NORWÉGE. Il comprenait la partie septentrionale du Jutland, la plupart des îles danoises, trois grandes provinces, la Norwége tout entière et ses dépendances, c'est-à-dire, les Orcades ou Orkney, les Shetland, les Feroer et l'Islande. La Norwége avait été réunie au Danemark par le traité de Calmar, en 1397.

4° LA SUÈDE. Ce royaume se composait de la Gothie, de la Suède propre, du Norrland, d'une partie de la Laponie, de la Finlande, de l'archipel des îles Aland et de l'île d'OEland. La Laponie occupait tout le nord de la Suède, à l'est du fleuve Tornéa.

5° LA RUSSIE. L'empire russe, qui avait subi le joug des Tartares au XIIIe siècle, et qui avait été démembré par eux, était partagé en dix Etats principaux à l'époque de la prise de Constantinople. Le titre de grand prince, usurpé vers la fin du XIVe siècle par les souverains des diverses principautés russes, appartenait alors exclusivement au grand-duc de Moscou.

6° LES ETATS MONGOLS. Ils étaient au nombre de cinq, savoir : le khanat des Tartares Nogaïs, établis sur les rivages septentrionaux de la mer d'Azof et de la mer Noire; le khanat de Crimée, dans la presqu'île de ce nom; le khanat d'Astrakan, entre le

Volga, le Don et le Caucase; le khanat du Kapschak, entre le Volga et l'Oural; et le khanat de Kasan, au nord du précédent.

7° La Hongrie. Ce royaume comprenait, en 1453, la Hongrie proprement dite, la Transylvanie, l'Esclavonie et une partie de la Croatie. Il exerçait en outre une certaine suzeraineté sur les principautés de Valachie et de Moldavie.

8° La Pologne. Depuis la réunion du grand-duché de Lithuanie à la Pologne, en 1386, ce royaume avait pour bornes la Duna au N., et les monts Krapacks au S.; à l'O., il confinait à l'empire d'Allemagne; à l'E., ses limites étaient marquées en partie par le Donetz et par l'Oka supérieur.

9° La Prusse et la Livonie. Ces deux pays appartenaient aux deux ordres militaires des chevaliers teutons et des Porte-glaive, réunis depuis 1238 sous l'autorité d'un seul et même grand maître et ne formant plus qu'un seul ordre partagé en deux langues, la langue de Prusse et la langue de Livonie. Ils avaient possédé tout le littoral de la mer Baltique, depuis le golfe de Finlande jusqu'à l'embouchure de l'Oder; mais, en 1453, ils avaient été forcés d'abandonner à la Pologne quelques portions de provinces.

10° La Bohême. Ce royaume comprenait, en 1453, outre la Bohême et la Moravie qui formaient depuis longtemps le douaire du souverain, les provinces qui y avaient été incorporées en 1350, savoir : la Lusace au N., et la haute et la basse Silésie au N. E.

11° L'Allemagne. L'empire germanique ou empire

d'Allemagne s'étendait depuis la Baltique au N. jusqu'aux Alpes au S., et comprenait l'Allemagne proprement dite et les débris des anciens royaumes de Lorraine et d'Arles. Les Etats principaux de l'Allemagne étaient : l'Autriche qui venait d'être érigée en archiduché par l'empereur Frédéric III ; le palatinat du Rhin avec la haute Bavière ; le duché de Bavière, composé de toute la basse Bavière ; le comté de Wurtemberg ; le margraviat de Bade ; le duché de Saxe ; le landgraviat de Hesse ; le duché de Poméranie ; le duché de Mecklembourg, et celui de Brunswick.

Les débris de l'ancien royaume de Lorraine qui faisaient partie de l'empire étaient : le duché de la haute Lorraine ou de la Moselle, auquel avait été réuni, en 1331, le comté de Bar érigé en duché depuis 1434, le marquisat de Pont-à-Mousson et le comté de Vaudemont.

Les débris de l'ancien royaume d'Arles qui faisaient partie de l'empire étaient : le comté de Montbéliard, le comté de Neufchâtel et le duché de Savoie.

12° La Ligue hanséatique. La ligue hanséatique ou Hanse teutonique, formée vers 1241, avait pris des accroissements considérables dès le quatorzième siècle et avait acquis une grande puissance maritime. Une foule de villes commerçantes, depuis l'embouchure de l'Escaut jusqu'au fond de la Livonie, y entrèrent successivement ; elles étaient réparties en quatre cercles, celui de Lubeck, celui de Cologne, celui de Brunswick et celui de Dantzig. Vers la fin du quatorzième siècle et dans la première moitié du quinzième, la ligue fut dans l'état le plus florissant; elle comprenait alors près de quatre-vingts villes.

13° La Suisse et les Grisons. C'étaient deux confédérations formées aux dépens de l'empire d'Allemagne. La Suisse ou confédération helvétique comprenait, en 1453, huit cantons : Schwitz, Uri, Unterwalden, Lucerne, Zurich, Glaris, Zug et Berne.

14° La France. Ce royaume se trouvait encore bien loin de la puissance qu'il devait atteindre. Il était pressé au N. et à l'E. par la maison de Bourgogne, qui, outre son patrimoine de Bourgogne, possédait la Picardie, l'Artois, les Flandres, la Belgique; au S., par la maison de Provence, maîtresse de la Provence, du Maine, de l'Anjou et de la Lorraine; par les souverainetés indépendantes de Roussillon, de Foix, de Comminges, d'Albret, de Navarre; enfin, à l'O., par le duché de Bretagne. La contrée, ainsi circonscrite par les Etats féodaux que nous venons de nommer, ne dépendait pas entièrement du roi; le centre (Marche, Auvergne, Bourbonnais) relevait de la maison de Bourbon; Calais obéissait aux Anglais depuis un siècle. Mais Louis XI devait ajouter bientôt à la couronne de France d'importantes acquisitions de territoire.

15° Le royaume de Navarre. Le royaume de Navarre était resserré entre les Pyrénées au N. et l'Ebre au S.

16° Le royaume d'Aragon. La puissance de ce royaume était formidable par suite des conquêtes d'Alphonse le Magnanime. Les Etats du roi d'Aragon se composaient de l'Aragon et de la Catalogne sur le continent espagnol, des îles Baléares, de la Sicile, conquise en 1282 sur la maison d'Anjou, de la Sardaigne, conquise sur les Pisans en 1314, enfin du royaume de Naples.

17° LE ROYAUME DE CASTILLE ET DE LÉON. Ce royaume, qui avait longtemps exercé la suprématie parmi les États chrétiens de l'Espagne, s'était accru vers le sud par la conquête d'une partie de Etats musulmans formés du démembrement du califat de Cordoue.

18° LE ROYAUME DE GRENADE. Resserrés au N. par les conquêtes des rois de Castille et d'Aragon, les musulmans de Grenade étaient refoulés au S. E. de l'Espagne, où ils se défendaient mal contre les atques des chrétiens habiles à profiter de leurs dissensions, et qui devaient bientôt anéantir la domination des infidèles dans la péninsule.

19° LE PORTUGAL. Depuis le treizième siècle ce pays avait acquis les limites qu'il a encore aujourd'hui. Aussi les rois de Portugal avaient-ils tourné leur attention vers les entreprises maritimes. C'était en Afrique qu'ils étaient occupés à s'étendre; en 1415 ils avaient conquis Ceuta, l'île Madère en 1419, les Açores en 1431 : ils devaient bientôt parcourir toute la côte occidentale de l'Afrique.

20° LE DUCHÉ DE SAVOIE. La Savoie appartenait aux comtes de Maurienne, qui possédaient le Chablais, le comté d'Aoste et le bas Valais. Au quatorzième siècle l'empereur Henri VII avait créé les comtes de Savoie et de Maurienne princes du saint-empire et leur avait donné le comté d'Asti. Ils y ajoutèrent successivement diverses seigneuries. En 1416, Sigismond de Luxembourg érigea la Savoie en duché, et donna au duc Amédée VIII l'investiture du Piémont.

21° Marquisat de Montferrat. Ce pays, situé à l'E. de la Savoie, n'avait qu'une importance secondaire.

22° Le duché de Milan Il comprenait, avec Milan et son territoire, le comté de Pavie, les villes de Parme, de Plaisance, d'Alexandrie, et quelques autres. En outre les ducs de Milan étendaient leur domination sur la république de Gênes qui s'était donnée à eux.

23° Le marquisat de Mantoue. Les marquis de Mantoue possédaient, outre cette ville et son territoire, plusieurs domaines dans le Brescian et le Crémonais.

24° La république de Venise. Outre ses possessions dans les lagunes de l'Adriatique, Venise s'était créé un territoire sur le continent. L'Istrie, le Frioul, le Vicentin, le Véronais, le Padouan, etc., obéissaient au doge de Venise. En dehors de l'Italie, la république possédait les îles Illyriennes, les îles Ioniennes, une partie de l'Archipel, et, dans la Morée et le Péloponèse, Argos, Coron et Modon.

25° Les duchés de Modène, Ferrare et Reggio. Ces trois duchés, composés du territoire des villes dont ils portaient les noms, avaient été réunis en un seul par la maison d'Este.

26° La Toscane. Cette contrée était partagée entre plusieurs républiques, parmi lesquelles figuraient en première ligne : Florence, asservie aux Médicis, Sienne, Lucque et quelques autres.

27° Les Etats de l'Eglise. Les domaines de l'Eglise

comprenaient l'Exarchat, la Pentapole et le duché de Spolète. Les papes possédaient en outre la ville de Bénévent dans le royaume de Naples, et en France celle d'Avignon avec le comtat Venaissin.

28° LA SERVIE ET L'ALBANIE. La Servie formait une principauté indépendante qui avait échappé au joug des Turcs Ottomans et devait bientôt succomber sous leurs attaques. Sa chute avait été préparée par le démembrement de l'Albanie.

29° LA BOSNIE. De même que la Servie, ce pays avait un prince particulier qui payait un tribut au sultan des Turcs. La Bosnie devait être réunie à l'empire ottoman en 1468.

30° L'EMPIRE OTTOMAN. Il comprenait en Europe : la Thrace, la Macédoine, la Thessalie et la plus grande partie de la Grèce centrale. La Morée, où les Vénitiens avaient plusieurs forts, était partagée entre trois petits tyrans, le duc d'Athènes et les deux despotes de Morée, Démétrius et Thomas Paléologue, dont les querelles devaient fournir à Mahomet II l'occasion de conquérir leur pays.

HISTOIRE MODERNE.

CHAPITRE PREMIER.

Histoire de l'empire ottoman depuis la prise de Constantinople jusqu'à l'avénement de Soliman (1453-1520).

Mahomet II à Constantinople. — Siége de Belgrade. — Jean Huniade. — Sa mort. — Nouvelles conquêtes de Mahomet. — Scanderbeg défend l'Albanie. — Sa mort. — Guerre entre Venise et Mahomet. — Prise de Négrepont. — Siége de Rhodes. — Le grand maître d'Aubusson. — Mort de Mahomet. — Ses institutions. — Bajazet et son frère Zizim. — Révolte des fils de Bajazet. — Sélim. — Ses cruautés. — Guerre en Egypte. — Destruction des Mamelucks. — Mort de Sélim.

Mahomet II avait pris Constantinople le 30 mai 1453 ; il avait livré cette ville au pillage et réduit les habitants en captivité. Quand les premières fureurs de la victoire furent passées, il vit combien il était nécessaire de repeupler Constantinople pour en faire la capitale de son empire et le siége de la puissance ottomane. Il voulut y rappeler les anciens habitants, et promit la liberté de conscience. Le nombre de ceux qui se présentèrent étant peu considérable, Mahomet II dut enjoindre à dix mille familles des provinces de se transporter à Constantinople ; il accorda un patriarche aux Grecs, partagea les églises de la capitale entre les chrétiens et les Turcs, fixa les limites des deux religions, et respecta la parole qu'il avait donnée aux chrétiens. Puis il s'occupa de réparer les fortification que la guerre avait dévastées, lorsque les boulets ottomans saccageaient la capitale de l'empire grec; il ajouta deux châteaux forts, à l'entrée du détroit des Dardanelles, qui fermaient cette mer aux vaisseaux de l'Archipel et de la Méditerranée. Il résida pendant trois ans dans sa nouvelle conquête, afin d'y affermir sa puissance.

Cependant l'Europe s'était émue, et les papes avaient prêché une croisade contre les infidèles. Mahomet se jeta sur la Hongrie, gouvernée depuis 1454 par Ladislas le Posthume. Jean Huniade était tuteur du jeune prince. En 1456, Mahomet parut devant Belgrade avec 150,000 hommes. Une fois cette ville prise, l'empire était ouvert. Un moine franciscain, nommé Jean Capistran, appela les Allemands aux armes, et souleva quarante mille hommes pour Jean Huniade qui traversa la flotte ennemie et pénétra dans la ville. Pendant quarante jours, il soutint l'assaut avec un courage héroïque. Mahomet s'épuisa en vains efforts pour emporter la place : repoussé dans toutes les attaques, blessé lui-même dangereusement, il fut sur le point d'être fait prisonnier. On l'emporta dans un village, et la retraite se fit avec un tel désordre, qu'un assez grand nombre de drapeaux et de pièces d'artillerie, ainsi que les munitions et le bagage, tombèrent au

1.

pouvoir du vainqueur. Après avoir défait les Turcs, Huniade les contraignit à prendre la fuite; mais il expira au milieu de son triomphe. Il mourut, un mois après, des suites de ses blessures. Huniade était si redouté des Ottomans, qu'ils l'avaient surnommé le *Diable*, et qu'ils se servaient de son nom quand ils voulaient effrayer leurs petits enfants. Cette haine même est une preuve de l'estime qu'ils portaient au héros de la Hongrie; mais son plus bel éloge funèbre sortit de la bouche de Mahomet II, qui, en apprenant sa mort, s'écria : « Je n'ai donc plus l'espérance de me venger du seul chrétien qui puisse se vanter de m'avoir vaincu ! »

Mahomet II tourna ses armes d'un autre côté, et les conquêtes qu'il fit dans la Grèce le dédommagèrent des revers qu'il avait essuyés en Hongrie. Plusieurs États grecs de Morée étaient indépendants. Thèbes, Corinthe, Platée, furent successivement enlevées par le sultan. Deux frères, Thomas et Démétrius Paléologue, se disputaient alors la possession du Péloponèse. Démétrius vaincu vint implorer le secours des Turcs et donna la main de sa fille à Mahomet. Thomas prit la fuite; Mahomet fit jeter son beau-père dans un cloître et s'empara de toute la presqu'île.

La Servie, conquise par Amurat II en 1427, avait été rendue à ses rois nationaux; Mahomet la réunit à ses possessions. Un faible empire existait à Trébisonde sous David Comnène; Mahomet s'empara de cette ville, emmena David captif à Constantinople et le fit étrangler avec ses huit enfants. Enfin, après avoir réduit la Bosnie et ravagé la Valachie, le sultan attaqua les Vénitiens pour les punir d'avoir voulu le déposséder du Péloponèse. Venise sollicita et obtint le secours de Mathias Corvin, roi des Hongrois. L'Albanais Georges Castriot, que les Turcs appelaient Scanderbeg et qui se donnait à lui-même le nom de *soldat de Jésus-Christ*, embrassa aussi la cause des Vénitiens. Pendant que le pape Pie II prêchait la croisade en faveur des chrétiens, Scanderbeg attaqua les Turcs, les battit plusieurs fois et leur fit éprouver de grandes pertes. Mahomet II, qui avait d'abord dédaigné de combattre lui-même un si faible adversaire, se décida enfin à marcher en personne, et vint à la tête de 50,000 hommes pour mettre le siége devant Croïa, capitale de l'Albanie. Il ne fut pas plus heureux que ses lieutenants : Scanderbeg défit les Turcs et les força d'abandonner honteusement le siége. Ainsi l'Albanie, province pauvre et dévastée, mais défendue par un héros, humiliait chaque jour l'orgueil de Mahomet. Ne pouvant venir à bout de vaincre son ennemi, il essaya de le faire assassiner : cette perfidie fut découverte, et les assassins périrent du dernier supplice. Scanderbeg survécut peu à cette criminelle tentative : au moment où il se disposait à susciter au sultan de nouveaux embarras, il fut emporté par la fièvre, et sa mort ouvrit l'Albanie aux Turcs qui la conquirent en 1466.

Cependant les Vénitiens, jaloux de réparer leurs premiers échecs, recommencèrent les hostilités : ils brûlèrent Misitra et pillèrent Athènes. Mahomet ne pouvait pas laisser impunis de pareils outrages. Il se rendit solennellement à Sainte-Sophie, la première mosquée de Constantinople, et jura de détruire le christianisme. Pour accomplir son serment, il envoya une grande flotte attaquer Négrepont : lui-même prit le commandement de ses troupes. Après quatre assauts, la ville se rendit, et les habitants furent massacrés. Le gouverneur, retiré dans la citadelle et réduit à capituler, demanda la vie sauve pour lui et les siens. Mahomet répondit de leur tête sur la sienne; mais à peine fut-il maître de la place, qu'il fit scier par le milieu du corps le gouverneur et ses principaux officiers, disant avec une barbare dérision, *qu'il avait garanti leurs têtes et non pas leurs flancs*. Les Turcs pénétrèrent ensuite sur le territoire vénitien, et se répandirent jusqu'à la Piave, saccageant et brûlant tout sur leur passage. La nuit, les nobles vénitiens apercevaient de leur ville les flammes de l'incendie. Arrêtés un moment par les victoires d'Étienne, waïvode de Moldavie, qui les défit devant Scutari et devant Lépante, les Turcs reprirent le cours de leurs succès, et Venise renonça à la lutte inégale qu'elle soutenait depuis seize ans : elle traita avec les Turcs, en 1479, et se soumit à un tribut.

Mahomet voulut aussi punir les chevaliers de Rhodes, et vint les attaquer avec toute sa puissance. Ce fut en 1480 que la flotte des Ottomans, forte de soixante vaisseaux de haut bord, et portant cent mille hommes, parut devant l'île de Rhodes. Mais le grand maître de l'ordre, Pierre d'Aubusson, avait déjà habilement préparé ses moyens de défense, et fit échouer tous les efforts de l'ennemi. Toujours sur les remparts et aux premiers postes, le grand maître animait par son exemple les chevaliers, qui se défendirent avec un courage héroïque. Après un siége de deux mois, les Ottomans, découragés par une si longue résistance, effrayés de leurs pertes, humiliés de leurs affronts, se rembarquèrent honteusement. Mahomet, furieux de cet échec, préparait contre Rhodes un second armement encore plus formidable, lorsque, le 2 juillet 1481, la mort le surprit et mit un terme à tous ses projets de conquêtes. Mahomet II était un prince éclairé et ami des savants; il parlait, dit-on, l'arabe, le persan, l'hébreu, le grec et le latin. Son règne fut marqué par des institutions utiles : il fonda une bibliothèque publique et deux académies. Il y assistait aux disputes des savants, distribuant des récompenses aux orateurs et aux poëtes les plus distingués. Mais l'histoire doit lui reprocher avec raison sa cruauté et sa mauvaise foi envers les peuples qu'il avait vaincus.

Mahomet laissait deux fils, Bajazet et Zizim ou Gem devenu si célèbre par ses malheurs. Bajazet était l'aîné et succéda à son père; mais Zizim, voulant lui disputer la couronne, parvint à séduire une partie des troupes et les poussa à la révolte. Vaincu près de Pruse, il se retira d'abord chez le soudan d'Egypte, puis en Cilicie; mais toujours poursuivi par la vengeance de son frère, il s'enfuit à Rhodes, où le grand maître des chevaliers le reçut avec honneur et refusa de le livrer à la demande de Bajazet. Peu de temps après, il fut envoyé au pape Innocent VIII, qui le remit entre les mains de Charles VIII, roi de France, quand ce prince sortit de Rome et se dirigea vers le royaume de Naples qu'il voulait conquérir pour marcher ensuite contre l'empire d'Orient. Ce fut dans le camp de Charles VIII que Zizim mourut empoisonné, et le poison lui avait été donné, dit-on, par des serviteurs vendus à son frère.

En 1499, Bajazet II recommença la guerre contre Venise. Les Turcs prirent Lépante. De son côté, Venise s'empara des villes d'Egine et de Céphalonie avec l'aide d'une flotte espagnole, et obtint un traité de paix avantageux. En 1503, Bajazet lui accorda le commerce de la mer Noire et un consul à Constantinople.

Les dernières années du règne de Bajazet furent agitées par des troubles intérieurs. Les deux plus jeunes de ses fils, Assian et Mahomet se révoltèrent, et furent mis à mort. Un autre de ses enfants, nommé Sélim, se fit proclamer, en 1511, au préjudice d'Achmet, qui était l'aîné. Il passa le Bosphore avec 20,000 hommes; mais il comptait sur un appui qui lui manqua. Vaincu dans la première bataille qu'il livra, il s'enfuit et se réfugia en Crimée, renoua ses intrigues et prit mieux ses mesures en s'avançant vers Constantinople. Il débaucha les troupes ennemies, et Bajazet II fut forcé d'abdiquer. Ce malheureux père demanda en vain à son fils la permission de se choisir une retraite : Sélim voulut le retenir, et, n'ayant pu y réussir, il le fit empoisonner. Pour couvrir l'odieux de son parricide, il fit à son père de magnifiques funérailles. Bajazet II se montra, comme son père Mahomet, protecteur des savants. Sa grande piété lui valut le nom révéré de *Véli*, c'est-à-dire *le Saint*, nom sous lequel les Ottomans l'honorent encore aujourd'hui. Il avait l'habitude d'ordonner qu'on recueillît la poussière qui s'attachait à ses habits, et il en fit faire une brique à l'heure de sa mort, conjurant, avec les plus terribles imprécations, qu'elle fût placée dans son tombeau, sous son bras droit.

Sélim, qui avait commencé son règne par un parricide, ne borna pas là le cours de ses cruautés. Il fit mettre à mort deux grands visirs, dont tout le crime était de lui avoir demandé de quel côté la tente impériale devait être tournée, c'est-à-dire vers quelle contrée il voulait porter ses pas et ses armes. Un troisième visir eut l'adresse d'échapper au supplice en faisant dresser les tentes vers les quatre points du monde : « Voilà, dit le sultan, comment je veux être obéi. » Mais ce fut surtout contre sa propre famille que Sélim exerça d'implacables ressentiments. Achmet et Coran, ses deux frères aînés, avaient un caractère timide et inoffensif qui ne pouvait point porter ombrage à sa puissance; néanmoins il s'en débarrassa par une mort violente. Achmet laissait deux fils; l'aîné était en Perse, l'autre en Egypte. Sélim les y poursuivit et commença la guerre de Perse. Il fut vainqueur près de Tauris, mais il vit périr quarante mille de ses soldats, et, se trouvant trop affaibli pour continuer la guerre, il retourna à Constantinople.

En 1517, Sélim, qui n'avait point abandonné ses projets de vengeance et de conquête, attaqua le soudan d'Egypte. Arrivé près d'Alep, il y trouva le sultan des Mamelucks, qui fut vaincu et perdit la vie après avoir tué quarante ennemis de sa main. Alep et Damas se soumirent. Sélim gagna une nouvelle bataille près de Gaza, et pénétra en Egypte. Les Mamelucks s'étaient donné un autre chef; ils étaient campés à deux lieues en avant du Caire. Sélim les dispersa et les refoula dans la ville, dont il forma aussitôt le siége. Ils s'y défendirent avec acharnement; mais réduits à un petit nombre et aux dernières extrémités, ils prirent la fuite, et leur chef fut pendu à une des portes du Caire. Le lendemain, Sélim fit exécuter de sang-froid sous ses yeux 20,000 Mamelucks, dont les corps furent jetés dans le Nil. Puis il entra solennellement au grand Caire, et reçut du calife les clefs de la Mecque et l'étendard de Mahomet. La conquête de l'Egypte fut suivie de la soumission des tribus arabes. De retour à Constantinople, Sélim préparait deux nouvelles expéditions, l'une contre la Perse, l'autre contre Rhodes, quand il mourut, laissant le trône à son fils Soliman II, surnommé le Magnifique.

Questionnaire.

Comment Mahomet II avait-il traité Constantinople ? — Quelles mesures prit-il pour repeupler cette ville ? — Quelles constructions ordonna-t-il ? — Quelle contrée Mahomet attaqua-t-il ensuite ? — Qui gouvernait alors la Hongrie ? — Quel était le tuteur du jeune prince ? — Avec quelles forces Mahomet parut-il devant Belgrade ? — Par qui et comment fut défendue la place ? — De quel côté Mahomet tourna-t-il ensuite ses armes ? — Quelle était alors la situation du Péloponèse ? — Quel fut le sort de cette contrée ? — Quelles autres conquêtes fit Mahomet ? — Pourquoi attaqua-t-il les Vénitiens ? — Quel secours ceux-ci sollicitèrent-ils ? — Comment se conduisit Scanderbeg ? — Par quel moyen Mahomet chercha-t-il à se débarrasser de cet ennemi ? — Scanderbeg survécut-il longtemps à cette tentative ? — Quelles hostilités commirent les Vénitiens ? — Quel serment fit Mahomet ? — Comment traita-t-il les habitants de Négrepont ? — Comment se termina cette lutte ? — Contre qui Mahomet tourna-t-il ensuite ses armes ? — Qui était alors grand maître des chevaliers de Rhodes ? — Quelle fut la conduite de Pierre d'Aubusson ? — Quel fut le résultat du siège ? — En quelle année mourut Mahomet ? — Quel était le caractère de ce prince ? — Quels étaient les fils de Mahomet ? — Qui lui succéda ? — Par qui la couronne fut-elle disputée à Bajazet ? — Quel fut le résultat de la révolte de Zizim ? — Où se réfugia ce prince ? — Quelle fut sa fin ? — Quels furent les principaux événements de la guerre de Bajazet contre Venise ? — Comment se termina-t-elle ? — Les dernières années du règne de Bajazet furent-elles paisibles ? — Que firent ses enfants, et quel fut leur sort ? — Comment Sélim traita-t-il son père ? — Sous quel nom les Ottomans honorent-ils

HISTOIRE MODERNE. 11

Bajazet? — Par quels actes Sélim commença-t-il son règne? — Quelles furent ses premières expéditions? — Quels furent les principaux événements de la guerre qu'il fit en Egypte? — Quel en fut le résultat? — A qui Sélim laissa-t-il le trône en mourant?

CHAPITRE II.

Histoire de la péninsule italienne, depuis la chute de Constantinople jusqu'à l'entrée des Français en Italie (1453-1494).
Etat de l'Italie. — Pie II prêche une croisade. — Invasion de Jean d'Anjou. — Ferdinand Ier. — Bataille de Troia. — Cruauté de Ferdinand. — Pierre de Médicis. — Conspiration contre son pouvoir. — Laurent et Julien de Médicis. — Conjuration des Pazzi. — Révolte contre Ferdinand. — Les Français appelés en Italie. — Prophétie de Savonarola.

Au milieu du XVe siècle, l'Italie florissante par sa civilisation, son luxe et ses richesses, mais divisée en une foule d'Etats ennemis et souvent aux prises, avait perdu son indépendance nationale. En vain, plusieurs tentatives furent faites pour réunir les différentes puissances en une seule et même monarchie. Aucun des souverains du pays n'était assez fort et assez puissant pour imposer la loi aux autres. Une politique incertaine et perfide présidait aux relation des divers Etats, et, même devant le danger, l'inimitié continuelle était entretenue par les avides *condottieri*, soldats mercenaires toujours disposés à vendre leurs services au prince qui les payait le mieux.

Au moment où l'Italie n'offrait ainsi aucun élément de résistance, trois ennemis la menaçaient, les Turcs, les Espagnols et les Français. Les papes redoutaient les Turcs et s'efforçaient de ranimer l'enthousiasme des chevaliers de l'Europe pour la guerre en Palestine. Pie II réunit à Mantoue, en 1459, les prélats et les princes chrétiens ; une croisade fut prêchée dans cette assemblée, et on régla les frais de l'expédition. Mais l'Italie fut détournée un moment de cette pensée par l'invasion de Jean de Calabre, héritier des droits de la maison d'Anjou sur le royaume de Naples. Pie II ne se découragea point ; il prêcha une nouvelle croisade en 1462, et fixa à Ancône le rendez-vous général. Il s'y rendit lui-même prêt à partir, mais il mourut au moment de s'embarquer. Son successeur, Paul II, parvint aussi à obtenir de la diète de Ratisbonne une promesse d'armement ; mais ses efforts furent sans résultat ; il mourut peu après, et avec lui cessèrent toutes les tentatives qui avaient eu pour but de réveiller l'esprit des croisades.

L'invasion de Jean de Calabre, dont nous avons parlé plus haut, avait été occasionnée par certaines circonstances qu'il n'est pas inutile de rapporter. Tant qu'avait vécu Alphonse le Magnanime, la famille d'Aragon, malgré la résistance des Angevins, avait pu se maintenir à Naples. Mais, à la mort de ce prince, arrivée en 1458, et quand son fils Ferdinand Ier lui succéda, les choses changèrent de face. La situation

de Ferdinand était embarrassante : son père s'était épuisé en largesses; il avait écrasé son peuple d'impôts et prodigué les titres et les dignités. Les barons napolitains profitèrent de ces circonstances pour appeler Jean d'Anjou, qui arriva avec une armée. Une première bataille fut favorable au prétendant; mais le monarque aragonais, secouru par le célèbre Scanderbeg et par le duc de Milan, remporta devant Troia, le 18 août 1462, une victoire qui rétablit ses affaires. Jean d'Anjou ayant lutté deux ans encore sans succès, se rembarqua pour la France. Ferdinand se montra cruel après la victoire, et il exerça d'implacables vengeances contre tous ceux qui avaient embrassé le parti angevin. Parmi les plus illustres victimes qui payèrent de leur vie leur attachement à cette malheureuse cause, il faut compter Jacques Piccinino, général renommé par ses grands talents. Il était venu à la cour de Ferdinand, muni d'un sauf-conduit, et attiré par les vives instances du monarque lui-même. Ferdinand l'accueillit avec les témoignages de l'affection la plus tendre, lui donna des fêtes dans son palais, puis tout à coup il le fit arrêter et étrangler dans la prison où il l'avait jeté. Tout le cours du règne de Ferdinand fut marqué par des actes semblables de violence et de perfidie.

Pendant ce temps Florence était le théâtre d'importants événements. Après la mort de Côme de Médicis, son fils aîné Pierre de Médicis avait été placé à la tête de la république florentine. C'était un homme d'un caractère hautain, mais sans talents. Ses prétentions soulevèrent l'orgueil de ces anciennes familles qui ne voyaient dans les Médicis que des marchands parvenus. Le gonfalonier de justice Nicolas Sodérini entreprit, en 1465, de remettre en vigueur les formes républicaines et d'ôter aux Médicis l'influence qu'ils exerçaient. Mais, soit faiblesse, soit défaut d'habileté, il ne sut pas réussir dans son entreprise. Les mécontents, qu'il avait associés à ses desseins, avaient résolu de tuer Pierre de Médicis à sa maison de campagne. Pierre, averti à temps de leurs projets, les prévint, et rentra dans la ville entouré de soldats et de clients armés. Les conjurés sortirent de Florence et se condamnèrent à un exil volontaire. Cependant tout n'était pas encore fini. Les ennemis des Médicis s'adressèrent au duc de Modène, de la maison d'Este, et sollicitèrent son appui. Ils se flattaient que des démonstrations armées obligeraient Pierre de Médicis à se démettre du pouvoir. Mais cet homme, d'une santé délicate et auquel on supposait un esprit très-faible, trouva dans la crise où on l'avait placé une énergie qui ne lui était pas ordinaire. Ses mesures déconcertèrent ses ennemis; il entama avec eux de trompeuses négociations, gagna du temps, et finit par leur faire souscrire un traité perfide en vertu duquel les plus illustres familles furent bannies de Florence. Pierre jouit dès lors paisiblement du pouvoir qu'il avait su se conserver. Il mourut en 1469, et laissa deux fils, Laurent et Julien.

Laurent, l'aîné, n'avait que vingt et un ans; et la haine sans cesse excitée contre sa famille pouvait faire craindre la chute prochaine d'un jeune homme appelé à gouverner un peuple turbulent et des nobles ambitieux. Mais Laurent avait été formé de bonne heure aux affaires; il avait eu pour maîtres les plus grands littérateurs et les plus illustres philosophes du siècle. Dès les premiers jours de son administration, il sut gagner tous les cœurs par les charmes de son éloquence, par la franchise et la noblesse de ses manières. Malheureusement il était entouré d'amis vicieux qui ne s'occupaient que de fêtes et de plaisirs; trop docile à leurs conseils, il blessa l'orgueil de quelques familles puissantes, qui ne voyaient pas sans jalousie le pouvoir se perpétuer dans la même maison, et qui n'attendirent plus qu'une occasion favorable pour se venger.

Aussi l'autorité des Médicis fut bientôt ébranlée par une nouvelle conjuration, fameuse dans l'histoire sous le nom de conjuration des Pazzi. Les Pazzi étaient une maison florentine dont les richesses avaient porté ombrage aux Médicis. Laurent avait cherché à ruiner leur crédit et leur fortune. François Pazzi, forcé de s'exiler à Rome, s'occupa des moyens de rentrer dans sa patrie. Il se concerta avec quelques hommes puissants qui entrèrent dans le complot, et il fut convenu qu'on choisirait le moment du service divin pour frapper en même temps les deux Médicis dans l'église cathédrale de Florence. En effet, le 24 avril 1478, toutes les mesures étant prises et le succès paraissant assuré, les conjurés attaquèrent Laurent et Julien pendant la célébration de la messe et au moment de l'élévation, quand les fidèles étaient le plus profondément recueillis. Julien fut tué sur le coup; mais Laurent, qui n'avait reçu qu'une légère blessure, eut le temps de tirer son épée, se défendit avec courage et se réfugia dans la sacristie; des amis le rejoignirent et le dégagèrent. Le peuple, attaché aux Médicis, vengea la mort de Julien; tous ceux qu'on supposa être complices du meurtre furent tués. On livra au bourreau les conjurés qui avaient échappé à la fureur de la populace. François Pazzi, le chef du complot, et Salviati, archevêque de Pise, qui y avait trempé sans y prendre une part active, furent pendus aux fenêtres du palais.

Le roi de Naples qui avait favorisé la conspiration, voyant qu'elle n'avait pas réussi, eut recours aux armes. Mais cette guerre ne fut pas de longue durée, grâce à la hardiesse et à l'habileté de Laurent de Médicis. Malgré les dangers que présentait le dessein qu'il mit à exécution, il alla trouver secrètement le roi de Naples à sa cour; il sut si bien gagner ce prince par la noblesse de ses manières, la profondeur de son éloquence persuasive, qu'il parvint à changer entièrement ses dispositions. Aussi la paix ayant été bientôt conclue, Laurent régna paisiblement à Florence. Il protégea les savants et les artistes, et reçut le surnom de *Père des Muses*, comme il se fit donner celui de *Magnifique* par la splendeur de ses fêtes et l'éclat de ses bienfaits.

Cependant la cruauté et l'avarice de Ferdinand Ier n'avaient pas tardé à lui aliéner les cœurs de ses sujets, et surtout des grands du royaume. Aussi, en 1485, éclata une conspiration concertée entre les principaux barons du parti angevin. Ferdinand se hâta de les désarmer par la promesse d'une amnistie et par une paix insidieuse ; pour sceller cette réconciliation, il les invita à un festin. Quand il les tint en sa puissance, il les fit arrêter et périr sur l'échafaud. Quelques-uns cependant ne s'étaient pas laissé tromper par ces hypocrites démonstrations, et ne s'étaient point rendus à son invitation. Ils sortirent en toute hâte du royaume, traversèrent l'Italie, racontant partout sur leur passage le crime de leur maître et la nécessité de leur exil, excitant partout la pitié et souvent la haine contre Ferdinand. Ils passèrent en France et implorèrent la protection du roi Charles VIII, héritier des droits de la maison d'Anjou.

Cette plainte ne fut pas stérile. Charles VIII était d'ailleurs appelé par Ludovic le More, oncle de Jean Galéas Sforza dans le duché de Milan. Ludovic, homme d'une ambition démesurée, cherchait tous les moyens de ravir à son neveu l'héritage paternel. Jean Galéas, voulant se donner un appui contre son oncle, épousa la fille d'Alphonse de Naples. Ludovic le More ne craignit pas de poursuivre l'exécution de ses projets, et il poussa l'audace jusqu'à faire enfermer son neveu et sa femme Isabelle dans le château de Pavie. A cette nouvelle, Alphonse de Naples demanda vengeance à son père Ferdinand. Celui-ci ordonna à Ludovic de mettre en liberté les deux prisonniers, et Ludovic le More, ne sachant comment se tirer d'embarras, engagea Charles VIII à se rendre au vœu des barons de Naples et à pénétrer en Italie. Pour faire face au danger qui le menaçait, Ferdinand se réconcilia avec ses ennemis; mais il mourut avant d'être attaqué, le 25 janvier 1494, à l'âge de soixante-dix ans, emportant la haine de ses sujets, et laissant la couronne à son fils Alphonse II, qui devait être encore plus haï que son père.

Pendant ce temps Gênes, Venise, Ferrare, les Etats secondaires de l'Italie, n'étaient pas plus tranquilles : partout régnaient les mêmes troubles, les mêmes haines, les mêmes rivalités. L'Italie, ainsi morcelée et divisée, appelait de toute part l'étranger, au lieu de chercher à éloigner l'invasion. Cependant cette malheureuse contrée n'avait pas manqué d'avertissements. Naguère à Florence, le dominicain Jérôme Savonarola avait prophétisé aux Italiens les châtiments que la colère divine leur réservait en punition de leur impiété et de leur corruption. A chaque grande ville il avait recommandé le repentir, ou sinon, il lui avait prédit qu'elle serait détruite comme Jérusalem. Il avait annoncé les Français comme les instruments que Dieu choisirait pour accomplir sa vengeance, et, dans son langage prophétique, il s'écriait :

« O Italie, ô Rome, dit le Seigneur, je vais vous livrer aux mains d'un ennemi qui vous effacera d'entre les peuples. Les barbares vont venir, affamés comme des lions..., et la mortalité sera si grande, que les fossoyeurs iront par les rues criant : «Qui a des morts ? » et alors l'un apportera son père, et l'autre, son fils... O Rome, je te le répète, fais pénitence ! faites pénitence, ô Venise, ô Milan ! »

Questionnaire.

Quel était l'état de l'Italie au milieu du XV° siècle ? — Quelles étaient les relations des divers États entre eux ? — Par quelle circonstance leur inimitié était-elle entretenue ? — Quels peuples menaçaient alors l'Italie ? — Que fit le pape Pie II pour arrêter les progrès des Turcs ? — Cette croisade eut-elle quelques résultats ? — Le pape Paul II n'essaya-t-il pas de ranimer aussi l'ardeur pour la guerre en Palestine ? — Quel prince envahit à cette époque le royaume de Naples ? — Qui régnait alors dans cette contrée ? — Quelle était la situation de Ferdinand ? — Qui fut vainqueur dans la première bataille ? — Quels secours reçut Ferdinand ? — Fut-il plus heureux dans une seconde bataille ? — Comment Ferdinand usa-t-il de la victoire ? — Quel homme gouvernait Florence dans ce temps-là ? — Quel était son caractère ? — Quel projet formèrent ses ennemis ? — Purent-ils le mettre à exécution ? — Pierre de Médicis n'eut-il pas à combattre de nouveau ses ennemis ? — En quel année mourut-il ? — Quels étaient ses deux fils ? — Quel âge avait l'aîné ? — Comment avait-il été élevé ? — L'autorité des Médicis ne fut-elle pas encore menacée ? — Racontez les diverses circonstances de la conjuration des Pazzi. — Quel fut le sort des conjurés ? — Comment Laurent parvint-il à désarmer le roi de Naples ? — Quel surnom mérita-t-il ? — Quelle était pendant ce temps la conduite de Ferdinand ? — Quel fut le résultat de cette conduite ? — Par quels moyens Ferdinand déjoua-t-il les projets de ses ennemis ? —

Que firent ceux qui échappèrent aux supplices ? — Par qui Charles VIII était-il appelé en Italie ? — Dans quelles circonstances ? — Les autres Etats de l'Italie étaient-ils plus tranquilles ? — Quel homme avait prophétisé aux Italiens les châtiments de la colère divine ?

CHAPITRE III.

Histoire de l'Allemagne, de la Hongrie et de la Suisse, depuis le milieu du 15ᵉ siècle jusqu'à la mort de Maximilien (1453-1519).

Frédéric III, empereur d'Allemagne. — Acquisitions faites par ce prince. — Situation de la Bohême et de la Hongrie. — Mort de Ladislas le Posthume. — Mathias Corvin, roi de Hongrie. — Guerre entre Frédéric et Albert. — Mort de Podiebrad. — Wladislas de Pologne, élu roi de Bohême. — Prise de Vienne par Corvin. — Maximilien dans les Pays-Bas. — Mort de Corvin. — Ses institutions. — Wladislas, roi de Hongrie. — Maximilien, empereur d'Allemagne. — Ses démêlés avec la France. — Bornes mises à son autorité. — Ses acquisitions. — Etat de la Suisse.

Au moment de la prise de Constantinople par les Turcs en 1453, le trône impérial d'Allemagne était occupé par Frédéric III de la maison d'Autriche. C'était un prince faible, peu soigneux des intérêts de la couronne, peu jaloux de son pouvoir impérial; mais il travailla puissamment à l'agrandissement de la maison d'Autriche, et, si les diètes de l'empire profitèrent de sa faiblesse et de son indifférence pour étendre leurs privilèges, il s'en dédommagea amplement par d'importantes acquisitions de territoire. Ainsi l'année 1453 vit le fief ducal d'Autriche érigé en archiduché et placé sur le rang des puissants royaumes. Frédéric III voulut aussi s'assurer la couronne de Bohême et de Hongrie ; il fit prisonnier le jeune roi Ladislas le Posthume, fils d'Albert d'Autriche ; mais obligé de relâcher bientôt son pupille, il voulut du moins conserver la couronne apostolique de saint Étienne, marque distinctive de la royauté en Hongrie. Ladislas, trop jeune pour défendre son royaume, fut placé sous la tutelle de trois régents ; le comte de Cilley gouverna l'Autriche, Georges Podiebrad, la Bohême, et Jean Huniade Corvin, la Hongrie. Ce dernier était à peine investi de sa régence que Mahomet II parut devant Belgrade (1456). Jean Huniade se jeta dans la place avec quarante mille Allemands et repoussa les Turcs, mais il ne jouit pas de sa victoire ; blessé à mort, il expira, laissant deux fils, Ladislas et Mathias Corvin. Le roi Ladislas le Posthume donna la régence de Hongrie au comte de Cilley. Le jeune Ladislas Corvin, ambitionnant la succession de son père manifesta son mécontentement : il provoqua le comte de Cilley, et le blessa mortellement dans un duel. Le roi tira vengeance de cette insulte faite à son autorité ; malgré les services éclatants de Jean Huniade, il condamna Ladislas au dernier supplice et le fit décapiter (1457).

La même année, Ladislas le Posthume mourut sans postérité. Alors Frédéric III manifesta de nouveau ses prétentions, mais sans plus de succès; Georges Podiebrad fut roi de Bohême, et Mathias Corvin, roi de Hongrie. Frédéric III n'eut qu'un tiers de l'archiduché d'Autriche ; les autres tiers furent donnés, la haute Autriche à son frère Albert, et la Carinthie à son cousin Sigismond de Tyrol. Albert et Frédéric s'armèrent l'un contre l'autre pour se ravir leur part, et l'empereur laissa l'Allemagne en proie à l'anarchie. Les princes de l'empire témoignèrent leur mécontentement, et voyant que leurs plaintes n'étaient point écoutées, enhardis d'ailleurs par la faiblesse de Frédéric, ils parlèrent de déposer l'empereur. Pendant ce temps, Frédéric III était assiégé dans Vienne par Albert. Georges Podiebrad vint le délivrer, et peu après la mort d'Albert le mit en possession de la haute Autriche. Alors il traita avec Mathias Corvin, qui réclamait la couronne apostolique ; il la lui envoya, se réservant seulement le titre de roi pendant sa vie, et il fit promettre à Mathias qu'en cas de mort sans enfants la maison d'Autriche hériterait de sa succession.

En 1468, Mathias Corvin fit marcher contre Podiebrad de Bohême ses troupes occupées à combattre les Turcs. Il entra en Moravie, la soumit en peu de temps et s'en fit couronner roi. La mort vint épargner à Podiebrad la honte d'une déposition. Après lui les Bohémiens élurent pour leur souverain Wladislas, fils de Casimir IV, roi de Pologne : ils avaient refusé de se donner au vainqueur. Mathias continua la guerre. Mais en 1478, voulant tourner toutes ses forces contre l'empereur Frédéric III qui n'exécutait pas ses promesses, il conclut le traité d'Olmutz avec Wladislas de Pologne. Les deux princes devaient porter concurremment le titre de roi de Bohême, mais le royaume avec les droits d'électeur appartenait à Wladislas : seulement la Lusace, la Moravie et la Silésie en furent détachées pour être données à Mathias, à condition que, si celui-ci mourait sans enfants, ces trois provinces retourneraient à Wladislas.

Mathias prit Vienne en Autriche. Frédéric III envoya son fils l'archiduc Maximilien contre le roi de Hongrie, mais sans lui donner ni troupes ni argent. Maximilien renonça bientôt à cette guerre et retourna dans les Pays-Bas où les bourgeois des principales villes étaient sans cesse soulevés. Il fut aussi malheureux en Flandre qu'en Allemagne : il se fit battre par les habitants de Bruges qui le retinrent prisonnier dans leur ville : il courut même un plus grand danger; le peuple irrité voulait le massacrer sur la place publique; mais il montra de l'énergie dans ce moment de crise, et, paraissant devant la populace soulevée : « Me voici, dit-il, je suis prêt à vivre et à mourir avec vous. » Le peuple tourna sa fureur contre les ministres de l'archiduc; les uns périrent sur le moment même, d'autres furent décapités. L'archiduc resta prisonnier. C'est dans ces circonstances que son père lui fit décerner le titre de roi des Romains par la diète de Francfort : ce vain titre n'ajoutait rien à la puissance de Maximilien, et ne fit que rendre plus ridicules sa pauvreté et sa prison. Frédéric fut obligé de conduire lui-même une armée pour délivrer son fils, qui ne recouvra sa liberté qu'en renonçant au gouvernement de la Flandre et en s'engageant à retirer du pays toutes les troupes allemandes.

En 1490, Mathias Corvin mourut, et la Hongrie perdit son importance. Mathias Corvin avait, comme son père, défendu la chrétienté contre les infidèles. Mais à la gloire des armes il avait ajouté celle de la législation. Protecteur éclairé des arts et des sciences, il avait fondé à Bude une université, deux académies, un musée d'antiques et une magnifique bibliothèque. Il veilla toujours avec une grande sollicitude à l'administration de la justice, comme le prouve ce proverbe qu'on répétait longtemps encore après sa mort dans toute la Hongrie : « Depuis Corvin, plus de justice. » Il publia pour son peuple une constitution dans laquelle il abolissait le combat judiciaire, défendait de venir en armes au marché, et ordonnait que les parents du coupable ne fussent plus responsables du crime, comme c'était l'usage à cette époque. Il réorganisa l'armée hongroise et la discipline. Avant lui, les armées consistaient en cavalerie levée à la hâte; il forma un corps d'infanterie, appelé garde noire, uniformément armé et équipé. C'est avec ces soldats intrépides qu'il affrontait hardiment les dangers, et qu'il s'assura presque toujours la victoire.

A la mort de Corvin, Wladislas reprit les trois

provinces cédées par le traité d'Olmutz. Maximilien rentra dans Vienne et se retrouva maître de l'Autriche. Vainement il voulut être roi de Hongrie ; Wladislas obtint la couronne, étant, par sa mère, petit-fils d'Albert II d'Autriche. Il s'ensuivit une guerre ruineuse terminée, en 1491, par le traité de Presbourg. Maximilien reconnut Wladislas comme roi, mais il devait hériter de ses Etats, si celui-ci à sa mort ne laissait pas d'enfants.

En 1493, mourut Frédéric III. Maximilien, devenu empereur, accrut le nombre des domaines de sa famille. A peine sur le trône, il sollicita la main d'Anne de Bretagne, fille de François II et héritière du duché. Mais la régente de France, madame de Beaujeu, fille aînée de Louis XI, et gouvernant au nom de son frère Charles VIII, parvint par son adresse à faire épouser la jeune princesse à son frère. On renvoya à Maximilien sa fille Marguerite, élevée à la cour de France. Ce double affront resta impuni ; d'abord parce que Maximilien n'était pas assez fort pour s'en venger, ensuite parce que Charles VIII, ayant pris en mains les rênes du gouvernement, lui abandonna l'Artois et la Franche-Comté par le traité de Senlis. Uniquement préoccupé de la conquête de l'Italie, le roi de France cherchait à s'assurer la neutralité de l'empereur ; mais ces concessions n'eurent pas le résultat qu'il en attendait. Bientôt, en effet, Maximilien épousa la nièce de Ludovic le More, et cette alliance de famille lui permettait de

2

s'immiscer dans les affaires d'Italie où il devait naturellement contrarier les projets de la France. C'est ce qui explique pourquoi, en 1495, il entra dans la fameuse ligue formée contre la France, et fournit son contingent à l'armée confédérée, battue près de Fornoue.

Cependant l'Allemagne ne seconda pas Maximilien dans ces circonstances, et il ne put obtenir de la diète de Worms les subsides qu'il sollicitait. Cette diète, qui ne songeait qu'à assurer la paix intérieure de l'empire, fit plusieurs constitutions salutaires. L'une d'elles défendait toutes les guerres privées, sous peine d'une amende considérable; une autre instituait un tribunal suprême, chargé de prévenir ou de venger les violations faites à la paix publique. En prenant les mesures nécessaires pour veiller à l'exécution de ces règlements, la diète restreignit encore l'autorité impériale par la création d'une cour nommée *chambre impériale*, et composée d'un grand juge et de seize conseillers. Maximilien en conçut des craintes sérieuses, et voulut opposer un conseil qui fût dévoué au pouvoir, qui fût investi du droit de maintenir ses priviléges, et naturellement opposé à la chambre impériale. Telle est l'origine du *conseil aulique*, dont l'existence fut confirmée, en 1512, par la diète de Trèves.

Maximilien se dédommagea des restrictions apportées à son pouvoir, par d'importantes acquisitions de territoire. Ainsi, en 1496, il maria l'archiduc Philippe le Beau, son fils, à Jeanne la Folle, fille de Ferdinand le Catholique, et héritière de la Castille et de l'Aragon. En 1497, il hérita du Tyrol et de la Carinthie par la mort de son cousin Sigismond, et réunit ainsi toute l'Autriche sous sa domination. En 1515, l'empereur eut une entrevue avec Wladislas, roi de Bohême et de Hongrie, et il fut convenu que Louis, fils de Wladislas, épouserait la fille de Maximilien, et qu'une sœur de Louis épouserait Charles ou Ferdinand d'Autriche, fils de Philippe le Beau, et petit-fils de Maximilien. Ce double mariage, qui préparait la réunion de la Hongrie et de la Bohême à l'empire, comme celui de Philippe le Beau et de Jeanne la Folle avait préparé la réunion des Pays-Bas et de l'Espagne, n'eurent point ces conséquences du vivant de Maximilien. En 1519 il mourut; son successeur devait être son petit-fils, Charles d'Autriche et de Luxembourg, plus connu sous le nom Charles-Quint.

Maximilien, malgré ses défauts, ne manquait ni de courage, ni d'énergie. L'Allemagne lui dut des institutions utiles, telles que le perfectionnement de l'artillerie de siége, des manufactures pour les armes à feu, enfin l'institution de deux milices régulières, l'infanterie des lansquenets et la cavalerie des reîtres. Il protégea les belles-lettres et les sciences, encouragea les savants par son exemple, et veilla, autant qu'il put, à une sage administration de la justice. C'est sous le règne de ce prince que les postes furent établies en Allemagne.

Suisse. En 1453, la confédération helvétique se composait de huit cantons, Schwitz, Uri, Unterwalden, Lucerne, Zurich, Glaris, Zug et Berne. L'indépendance du pays, un moment compromise par la rivalité de Schwitz et de Zurich, fut raffermie par les attaques de Charles le Téméraire. Ce prince avait acheté l'Alsace, en 1468, de Sigismond de Tyrol; il avait donné le commandement de cette province au sire de Hagenbach, qui mécontenta les habitants par sa tyrannie. Les cantons, voyant leurs plaintes inutiles, se révoltèrent et décapitèrent le gouverneur à Brisach, en 1474. Charles envahit aussitôt leur pays, et perdit les deux terribles batailles de Granson et de Morat, qui accrurent l'importance de la Suisse et firent rechercher son alliance par les premiers souverains de l'Europe. Quelques années après, les Suisses, fortifiés par l'accession de Soleure et de Fribourg, se crurent assez puissants pour renoncer à l'hommage dû aux empereurs. Maximilien leur fit la guerre : défait dans plusieurs batailles, il reconnut l'indépendance de la Suisse et la déclara exempte de toute charge. Peu après ce traité, trois nouveaux cantons entrèrent dans la confédération, ceux d'Appenzel, de Bâle et de Schaffouse. Ce qui fut malheureux pour ce pays, c'est l'amour du gain qui arracha les Suisses de leur patrie pour les rendre *condottieri* ou soldats mercenaires. Ils jouèrent un rôle important dans les guerres d'Italie, et ils s'unirent aux ennemis de la France. En 1514, ils gagnèrent la bataille de Novare, mais l'année suivante, ils furent vaincus à Marignan par François Ier.

Questionnaire.

Par qui était occupé le trône impérial d'Allemagne en 1453? — Quel était le caractère de ce prince? — En quelle année le fief ducal d'Autriche fut-il érigé en archiduché? — Quelle couronne Frédéric voulut-il s'assurer? — Réussit-il dans ses prétentions? — A qui fut confiée la tutelle de Ladislas? — Huniade jouit-il longtemps de la régence de la Hongrie? — A qui fut-elle donnée? — Ladislas, fils de Huniade, voulut-il souscrire à cet arrangement? — Que fit-il? — Quel fut son sort? — Frédéric fut-il plus heureux dans ses prétentions après la mort de Ladislas de Posthume? — Qui fut roi de Bohême? — Qui fut roi de Hongrie? — Comment fut partagée l'Autriche? — Ce partage ne fut-il pas la cause d'une guerre? - Comment se termina-t-elle? — Quel prince Mathias Corvin attaqua-t il en 1468? — Podiebrad put-il lui résister? — A qui fut donnée la couronne de Bohême après la mort de Podiebrad? — Quel traité fut conclu entre Corvin et Wladislas? — De quelle ville s'empara Mathias? — Comment se défendit Frédéric? — Maximilien put-il continuer la guerre? — Quels dangers courut-il en Flandre? — Comment y échappa-t-il? — En quelle année mourut Mathias Corvin? — Quelles institutions la Hongrie lui doit-elle? — Qui fut roi de Hongrie après Corvin? — Cette couronne ne fut-elle pas disputée à Wladislas? — Comment se termina cette lutte? — Quel fut le successeur de Frédéric III? — Quel princesse Maximilien demanda-t-il en mariage? — Quel double affront reçut-il de la France? — Pourquoi n'en tira-t-il pas vengeance. — Par quelle circonstance fut-il amené à se mêler des affaires d'Italie? — Fut-il secondé par l'Allemagne dans cette guerre? — Quelles restrictions furent apportées à son pouvoir? — Comment se dédommagea Maximilien? — Quelles acquisitions fit-il? — Quelles acquisitions prépara-t-il pour l'avenir? — Quel fut son successeur? — Quelles institutions sont dues à Maximilien? — De combien de cantons se composait la confédération helvétique en 1433? — A quelle époque et pour quel motif les cantons se révoltèrent-ils?—Quelles batailles gagnèrent les Suisses? — Quels nouveaux cantons se joignirent aux premiers? — Dans quelle guerre les Suisses jouèrent-ils un rôle important?

CHAPITRE IV.

Histoire d'Angleterre, depuis la guerre des deux roses jusqu'à la mort d'Edouard IV (1451-1483).
Henri VI. — Commencement de la guerre des deux roses. — Richard d'York. — Bataille de Saint-Alban. — Bataille de Wakefield. — Edouard, comte de March, couronné roi sous le nom d'Edouard IV. — Ses cruautés. — La reine Marguerite. — Le comte de Warwick. — Retour d'Edouard en Angleterre. — Défaite et mort de Warwick. — Assassinat du jeune prince de Galles. — Démêlés de Glocester et de Clarence. — Mort de Clarence. — Mort d'Edouard IV.

Durant la seconde moitié du XVe siècle, l'Angleterre, à peine sortie avec déshonneur de la longue lutte qu'elle avait soutenue contre la France, fut déchirée par une guerre civile dans laquelle succomba une grande partie de sa noblesse, et qui par là favorisa l'accroissement du pouvoir royal. Henri VI, qui était roi depuis trente ans, avait perdu une à une les conquêtes de son père quand éclata la guerre des deux roses. La cause première de cette guerre fut la rivalité des maisons d'York et de Lancastre, qui prétendaient également au trône. Les deux maisons prirent chacune un signe de ralliement, celle d'York une rose blanche, celle de Lancastre une rose rouge. Les yorkistes ou partisans d'York avaient pour eux les comtés du sud et la puissante famille des Névil, dont le membre le plus considérable était le comte de Warwick, modèle de l'hospitalité féodale, nourrissant jusqu'à 30,000 personnes. Ils avaient aussi pour eux beaucoup de nobles. Les lancastriens ou partisans de Lancastre comptaient sur le dévouement du nord de l'Angleterre, qui s'était toujours montré l'ennemi des innovations.

Le bon duc de Glocester, qui était l'idole de la nation anglaise parce qu'il avait toujours voulu la guerre contre la France, venait de mourir. Richard, duc d'York, cousin du roi, profitant habilement des regrets qu'inspirait cette mort, et voyant les esprits exaspérés, songea à lever l'étendard de la révolte. L'opinion publique accusait la reine Marguerite de la mort du duc. Ce fut contre elle que les mécontents dirigèrent leurs premiers coups. Le duc de Suffolk, qui jouissait de toute sa confiance, était surtout l'objet de la haine publique : il s'éloigna, et s'embarqua pour la France. Poursuivi en mer par un vaisseau de guerre, il fut atteint et fait prisonnier. On le livra aux outrages des matelots : l'équipage, après lui avoir fait subir les plus cruelles avanies, se forma dérisoirement en cour de justice, le fit comparaître au milieu des huées, et le condamna à mort. Cette sentence reçut son exécution le lendemain : ce ne fut qu'au sixième coup que le bourreau parvint à séparer la tête du corps. Le cadavre de Suffolk fut jeté sur les sables auprès de Douvres, et il y resta jusqu'à ce que la veuve du duc eût obtenu de Henri VI la faveur de le faire inhumer.

Marguerite, que cette audacieuse tentative devait éclairer sur les projets d'York, crut qu'en éloignant le chef des mécontents elle assurerait son repos. Richard fut donc envoyé en Irlande ; mais là, tout entier à ses projets de vengeance, il s'occupa de susciter des obstacles à la reine. Le premier qui prit ouvertement les armes fut un de ses soldats, appelé Jean Cade, qui marcha sur Londres avec vingt mille hommes de Kent. La cour s'enfuit ; il entra dans la ville où il fit décapiter le trésorier, lord Say. L'indiscipline de ses soldats le perdit : les habitants de Londres, pour échapper au pillage, s'armèrent et battirent leurs ennemis. La tête de Jean Cade fut mise à prix ; elle fut payée mille marcs d'argent à son assassin, nommé Iden, et le sang d'un grand nombre de ses complices coula sur les échafauds. Ils déclarèrent, en mourant, qu'ils s'étaient soulevés à l'instigation du duc d'York.

Richard comprit qu'il fallait agir. Enhardi dans ses projets par une maladie de Henri VI, qui affaiblit considérablement les facultés de ce monarque, il se fit nommer lord protecteur et commença à exercer l'autorité souveraine. Mais le roi, ayant recouvré la raison et cédant aux sollicitations de Marguerite, disgracia Richard. Alors éclata la guerre. Le premier combat livré entre les partisans d'York et ceux de Lancastre, eut lieu dans la plaine de Saint-Alban, près de Londres, en 1455. Henri VI fut fait prisonnier, et Richard redevint protecteur. Marguerite d'Anjou recommença la guerre, et les deux partis furent de nouveau en présence sur le champ de bataille. Richard, vaincu d'abord, fut plus heureux dans une seconde rencontre. Elle eut lieu le 10 juillet 1460, près de Northampton. Beaucoup de nobles y périrent, parce que les chefs de l'armée ennemie avaient ordonné de ne leur faire aucun quartier, et d'épargner les simples soldats. Plus de trois cents chevaliers succombèrent en combattant, ou furent égorgés de sang-froid par les vainqueurs. Le roi fut encore fait prisonnier, et Marguerite s'enfuit avec son fils dans le pays de Galles, et puis en Ecosse.

Richard se fit déclarer héritier présomptif du trône, et laissa la couronne au faible Henri VI, en se chargeant de sa tutelle. Le roi, prisonnier, n'avait aucun moyen de résistance ; mais la reine Marguerite, princesse d'un grand courage, ne voulut pas souscrire à des actes qui compromettaient les droits de son fils, et, ayant réuni 20,000 hommes, elle livra à Richard la bataille de Wakefield, au mois de décembre 1460. Richard fut vaincu et tué : deux mille soldats et la plupart des principaux chefs périrent à ses côtés. Le comte de Rutland, second fils du duc d'York, à peine âgé de douze ans, fut arrêté sur le pont de Wakefield par le lord Clifford, qui lui demanda son nom. Le malheureux enfant, que la vue du carnage et la mort de son père avaient frappé d'horreur, tomba sur les genoux sans avoir la force de répondre, et le gouverneur qui l'accompagnait, espérant sans doute lui obtenir quelque respect de la part des hommes farouches qui l'entouraient, se hâta de dire que c'était le fils du duc d'York. « Tu es à moi, s'écria Clifford avec rage ; ton père a tué le mien, et je vais te tuer ! » Clifford enfonça son épée dans le cœur du pauvre enfant, et donna le corps au gouverneur pour qu'il le portât à sa mère et qu'elle en mourût de douleur.

Telles étaient les scènes d'horreur que présentait cette guerre civile ; l'échafaud fut dressé sur les champs de bataille : les vaincus échappés aux combats étaient assassinés après la victoire. Marguerite fit placer par dérision sur les murs de la ville d'York, la tête de Richard, ornée d'une couronne de papier. Elle marcha ensuite sur Londres, et gagna la seconde bataille de Saint-Alban sur le comte de Warwick ; mais elle eut l'imprudence de diviser ses troupes, et son lieutenant, le comte de Pembroke, fut battu à la croix de Mortimer par Edouard, comte de March, fils aîné du duc d'York. Ce jeune homme marcha aussitôt sur la capitale, et força Marguerite à fuir vers le nord. Il entra à Londres au milieu des acclamations de la populace, qu'intéressaient en sa faveur les malheurs de son père, l'assassinat de son frère, sa belle figure et sa jeunesse ; il était à peine âgé de vingt ans. Le 3 mars 1461, il fut proclamé roi, sous le nom d'Edouard IV, dans la plaine de Saint-Jean, au milieu des plus vives acclamations du peuple. Il se rendit ensuite à Westminster, où s'étaient réunis des évêques, des lords, des magistrats; il leur rappela ses droits, et fut interrompu par les cris répétés de : « Vive le roi Edouard ! » Des hérauts annoncèrent son élection dans tous les quartiers de Londres, en même temps qu'ils proclamaient la déchéance de Henri VI. Telle fut la fin du règne de ce prince, qui avait été salué roi d'Angleterre et de France à son berceau. Doux, humain, religieux, Henri VI eût été le modèle des pères de famille, dans une condition obscure ; sur le trône, il fut le misérable jouet de toutes les passions des hommes ambitieux qui l'entouraient et qui abusèrent de sa faiblesse.

Marguerite, qui trouvait dans les comtés du nord une source inépuisable de guerriers, leva 70,000 hommes, à la tête desquels elle vint à la rencontre d'Edouard, qui remporta une victoire complète près de Towton. La moitié des lancastriens fut égorgée. Le lendemain Edouard entra dans York, et ordonna froidement l'exécution de plusieurs prisonniers, dont il fit placer les têtes sur les murs, là où avaient été celles de son père et de son frère. Marguerite alla demander un asile au roi d'Ecosse.

Pendant ce temps, Edouard était retourné à Londres pour faire confirmer par le parlement son élection de la plaine Saint-Jean. Henri VI et ses descendants furent déclarés usurpateurs, et tous les lancastriens furent proscrits. Les représentants des plus illustres familles d'Angleterre, cent trente-huit chevaliers, des prêtres, des écuyers, furent déclarés traîtres, condamnés à la mort des traîtres, livrés à l'ignominie des traîtres. Ils perdirent leurs fonctions, leurs dignités, leurs domaines, leur nationalité. Edouard poussa plus loin sa cruelle vengeance : il livra à une cour martiale et fit condamner à mort, sans forme de procès, quelques nobles lancastriens, parce qu'ils avaient pris le deuil de leurs parents tués à la bataille de Towton.

Cependant la reine Marguerite, dont le grand cœur ne se laissait point abattre par tant de revers, sollicitait partout des vengeurs à son époux, des défenseurs à son fils. Elle s'embarqua et fit voile pour la France, où elle alla implorer l'appui du roi Louis XI. Elle obtint de ce monarque 20,000 écus d'or, moyennant la promesse de rendre Calais, et avec ce subside elle leva une petite armée et revint en Angleterre. Mais les troupes d'Edouard eurent l'avantage, et Marguerite, à qui cette dernière défaite ôtait toutes ses espérances, s'enfuit avec son fils, le jeune prince de Galles. En traversant une forêt, elle tomba entre les mains de brigands qui la dépouillèrent de son or et de ses bijoux. Elle profita du moment où ils se partageaient ce butin pour s'échapper et s'enfoncer dans la partie la plus épaisse du bois ; mais un des brigands l'avait suivie, et il était sur le point de l'atteindre, lorsque Marguerite, s'avançant au-devant de lui et lui présentant son enfant, lui dit : « Ami, je confie à ta loyauté le salut du fils de ton roi. » Cet homme, touché de cette grandeur d'âme, se dévoua au service de la princesse, et parvint à la conduire en sûreté au quartier des lancastriens. Elle repassa en France où elle fut bien accueillie par le comte de Charolais, fils du duc de Bourgogne. Avec l'escorte qu'il lui donna, elle se rendit à Bar, ville des Etats de son père René, et y fixa sa résidence, attendant des jours plus heureux.

Edouard poursuivit le cours de ses vengeances, et fit couler sur l'échafaud le sang que les combats avaient épargné. Lord Gray, l'une des plus illustres victimes de cette époque, fut amené devant le roi, qui voulut jouir de sa honte et de ses souffrances. On lui lut sa sentence en ces termes : « Lord Gray, tes éperons d'or seront brisés à tes talons par un homme de cuisine ici présent. Tu iras à pied au lieu du supplice, jusqu'à l'extrémité de la ville, au milieu du peuple qui te reprochera ton infamie. Le bourreau te crachera au visage ; tu auras ensuite la tête tranchée, et ton corps sera inhumé sans honneur par des moines ; ta tête sera placée où voudra le roi, pour subir les outrages des serviteurs fidèles. » Cette sentence reçut aussitôt son exécution. Quant à l'infortuné Henri VI, Edouard lui laissa la vie, mais il le fit étroitement enfermer dans la Tour de Londres.

La rose blanche triomphait, mais des discordes intestines devaient perdre la cause des yorkistes. Edouard s'était épris d'une vive passion pour lady Elisabeth Gray, veuve d'un gentilhomme qui avait été tué à la seconde bataille de Saint-Alban, dans les rangs des lancastriens ; il l'éleva au rang d'épouse ; et bientôt les parents de la nouvelle reine remplacèrent, dans la faveur d'Edouard, les seigneurs qui avaient suivi sa fortune et servi puissamment sa cause. La noblesse s'indigna de voir prodiguer à ces parvenus les honneurs et les dignités, et forma un parti redoutable à la tête duquel se mit le comte de Warwick. Après avoir gagné à sa cause Georges, duc de Clarence, et s'être réconcilié avec Marguerite d'Anjou, Warwick alla débarquer à Darmouth. Edouard, qui se croyait libre de toute crainte, oubliait son danger au milieu des plaisirs de sa cour. Il ne sortit de son repos que quand il apprit l'arrivée de 60,000 hommes sous les murs de Nottingham. Il marcha au-devant d'eux ; trahi par les siens, il se sauva précipitamment en Hollande, tandis que Warwick entrait dans Londres, et tirant Henri VI de sa prison, le replaçait sur le trône. C'est par là que le comte de Warwick mérita dans l'histoire le surnom de *faiseur de rois*.

A la nouvelle de ces événements, Marguerite quitta les Etats de son père, mais elle ne devait point recueillir les fruits de la victoire remportée par Warwick. Edouard, avec les secours que lui fournit Charles le Téméraire, revint en Angleterre, et pour mieux tromper ses ennemis, il usa de mensonge et de dissimulation. Il quitta les armoiries de la monarchie d'Angleterre et ne conserva que la plume d'autruche des princes de Galles, déclarant hautement qu'il ne venait point pour rallumer la guerre civile et revendiquer le trône, mais pour réclamer son duché patrimonial d'York. Afin de mieux tromper le peuple, il avait ordonné à ses soldats de crier : *Longue vie au roi Henri!* Mais quand il se crut assez fort, il ne déguisa plus ses projets. Clarence lui avait promis en secret son appui; il se repentait d'avoir travaillé pour la cause des lancastriens. Warwick marcha à la rencontre d'Edouard, et, apprenant que Marguerite venait de débarquer sur les côtes d'Angleterre, il livra précipitamment la bataille pour avoir seul tout l'honneur de la victoire. Au moment de l'action, Clarence passa aux yorkistes avec 12,000 hommes; Warwick fut vaincu et tué. La bataille s'était donnée le 14 avril 1471, près de Barnet.

Le même jour, Marguerite, qui avait pris terre à Weymouth avec son fils, fut attaquée avant d'avoir eu le temps de réunir ses forces : elle fut faite prisonnière avec le jeune prince. Celui-ci fut amené devant Edouard, qui lui demanda de quel droit il était venu en Angleterre. « Je suis venu sur les domaines de mon père, dit-il, pour venger ses injures et les miennes. » Edouard irrité le frappa au visage de son gantelet de fer, et aussitôt Clarence et Glocester, se jetant sur ce malheureux enfant, le poignardèrent sous les yeux mêmes du roi. Marguerite fut enfermée à la Tour de Londres, où elle retrouva Henri VI, son époux ; ce prince infortuné expira peu de jours après. On attribua généralement sa mort à Glocester, qui, dit-on, convoitait déjà le trône, et qui ne devait reculer devant aucun crime pour l'accomplissement de ses desseins.

Après la mort de Henri VI et l'assassinat du jeune prince de Galles, Edouard fit prendre à son fils aîné le titre de prince de Galles, et le fit reconnaître comme héritier présomptif du trône par un grand conseil de prélats et de barons. Edouard chercha à oublier les horreurs de la guerre civile en se livrant tout entier aux plaisirs; mais il ne trouva pas le repos : ses dernières années furent troublées par des querelles domestiques entre Clarence et Glocester. Tous deux se disputaient l'héritage de Warwick, quoique la veuve de ce comte vécût encore. Le roi partagea la succession entre eux deux, mais il n'opéra qu'une feinte réconciliation ; leur haine n'en subsista pas moins. Aussi, après une infructueuse expédition en France, qui se termina par le traité de Pecquigny, si favorable à Louis XI, Edouard revint en Angleterre, et retrouva la discorde dans sa famille. Les querelles de Clarence et de Glocester avaient recommencé plus vives et plus ardentes que jamais. Clarence avait quitté la cour et nourrissait des projets ambitieux contre son frère, ou du moins Glocester le fit croire à Edouard. A force d'obsessions, Glocester parvint à obtenir du roi que Clarence fût traduit devant la chambre des lords. Clarence fut condamné, mais Édouard recula devant le blâme d'une exécution publique. Quelques jours après, on annonça que Clarence, enfermé à la Tour de Londres, avait cessé d'exister : on ignore de quel genre de mort il périt; mais une rumeur ridicule circula alors dans le public; on disait qu'il avait demandé à être noyé dans un tonneau de malvoisie.

Peu de temps après éclata une rupture entre l'Angleterre et l'Ecosse, et Louis XI n'y fut pas étranger. Edouard, apprenant en outre que le roi de France, qui avait promis de faire épouser Elisabeth d'York au Dauphin Charles VIII, était infidèle à ses engagements, tourna toutes ses pensées vers la vengeance. Mais le ressentiment qu'il éprouva fut si vif, l'agitation de son esprit épuisa tellement ses forces, qu'il tomba malade, et mourut au mois d'avril 1483. On croit généralement que Glocester avait hâté sa fin par le poison. Après avoir fait condamner Clarence, il se débarrassait du roi, et il n'y avait plus entre le trône et lui que deux faibles enfants.

Questionnaire.

Quelle guerre civile éclata sous le règne de Henri VI? — Quelle était la cause de cette guerre? — Quel signe prirent les deux maisons? — Qui était le chef des mécontents? — Quel fut le résultat de la tentative de Jean Cade? — Où se livra le premier combat entre les yorkistes et les lancastriens? — Que fit Richard? — Marguerite ne remporta-t-elle pas une victoire sur lui? — Quel fut le sort du second fils de Richard? — Sur qui

Marguerite remporta-t-elle une autre victoire? — Qui fut vainqueur à la croix de Mortimer? — Sous quel nom le comte de March fut-il proclamé roi? — Quelle fut sa conduite après la victoire? — Quel secours Marguerite alla-t-elle implorer? — Fut-elle plus heureuse? — Que lui arriva-t-il en traversant une forêt? — Où se retira-t-elle après avoir été sauvée? — Comment Edouard parvint-il à mécontenter les seigneurs? — Quel homme se mit à la tête des mécontents? — Quelle résolution prit Edouard? — Quel surnom a mérité Warwick? — Avec quel secours Edouard revint-il en Angleterre? — Quels moyens employa-t-il pour tromper les esprits? — Quel homme lui avait promis secrètement son appui? — Qui fut vainqueur dans la rencontre près de Barnet? — Quel fut le sort de Marguerite et de son fils? — Comment Edouard traita-t-il ce jeune enfant? — Où fut enfermée Marguerite? — Henri VI survécut-il longtemps à ces désastres? — A qui attribue-t-on sa mort? — Quels étaient déjà les projets ambitieux de Glocester? — Que fit Edouard après la mort de Henri VI? — Trouva-t-il le repos dans sa famille? — Quelles haines divisaient Clarence et Glocester? — Que fit Glocester? — Comment fut traité Clarence? — Où périt-il? — Quelle cause anima Edouard d'un vif ressentiment? — En quelle année mourut-il? — Ne croit-on pas que Glocester ait hâté sa fin?

CHAPITRE V.

Histoire d'Angleterre, depuis la mort d'Edouard IV jusqu'à celle de Henri VII (1483-1509). — Histoire d'Ecosse, depuis le règne de Jacques I jusqu'à la mort de Jacques IV (1424-1513).
Les enfants d'Edouard. — Ambition de Glocester. — Sa dissimulation et sa cruauté. — Jeanne Shore. — Glocester élu roi sous le nom de Richard III. — Assassinat des enfants d'Edouard. — Henri de Richmont. — Ses premiers revers. — Bataille de Bosworth. — Mort de Richard. — Fin de la guerre des deux roses. — Divers prétendants au trône. — Perkin Warbeck. — Caractère de Henri VII. — Situation de l'Ecosse. — Jacques I — Jacques II. — Jacques III. — Jacques IV. — Bataille de Flowden.

Edouard IV laissait deux enfants; l'aîné, nommé comme son père, et qui était prince de Galles, lui succéda sous le nom d'Edouard V. Le plus jeune, Richard, était duc d'York. Les deux princes sont connus dans l'histoire sous le nom des enfants d'Edouard. Au moment où leur père rendait le dernier soupir, Glocester dirigeait l'armée d'Ecosse. Edouard V était au château de Ludlow, dans la principauté de Galles, avec lord Rivers, son oncle maternel. Ce seigneur s'empressa de ramener le jeune roi vers Londres, suivant les ordres de la reine-mère Elisabeth. A quelque distance de la ville, Edouard V et sa suite furent rejoints par Glocester, accompagné de ses partisans. Il avait quitté l'armée sans ordre du roi. Après avoir trompé lord Rivers en lui prodiguant des témoignages d'affection, il le fit arrêter le lendemain et enfermer dans un château fort, tandis qu'il ramenait le roi à Northampton. La reine s'effraya. Le caractère de Glocester n'était point fait pour la rassurer, et, ne pouvant pas lui arracher son fils aîné, elle courut avec Richard, son second fils, s'enfermer dans l'abbaye de Westminster.

Glocester revint à Londres, où il se fit donner le titre de protecteur; puis il envoya le roi à la Tour, pour s'y préparer, disait-il, selon l'ancien usage, à la cérémonie du couronnement, qui devait avoir lieu le 4 mai, et qui fut remise au 22 juin. L'ambitieux avait besoin d'un délai, et il lui fallait Richard d'York entre les mains. Il songea à s'en emparer. Il voulut d'abord violer le sanctuaire de l'abbaye; mais le conseil ayant refusé de s'associer à ce dessein, il usa de ruse. Il persuada aux archevêques d'York et de Canterbury qu'il fallait que le frère du roi assistât à la cérémonie, et il les chargea d'obtenir de la reine qu'elle leur livrât le jeune prince. La malheureuse Élisabeth céda après une longue résistance; mais, en se séparant de son fils, elle fut saisie d'un douloureux pressentiment; elle versa des larmes, couvrit son enfant de baisers, et sembla lui dire un dernier adieu. L'innocente victime passa des mains de sa mère dans celles des prélats, et fut conduite à la Tour, où les deux frères, sans crainte ni méfiance, se livrèrent au bonheur d'être réunis avec tout l'abandon et toute la gaîté de leur âge.

Une fois maître de Richard, Glocester commença ses manœuvres en s'assurant de Londres. Il fit assassiner les lords Rivers et Gray, et fit approuver leur exécution secrète dans la prison par quelques seigneurs au nombre desquels se trouvait lord Hastings. Ce dernier était l'ennemi de Rivers, mais il était dévoué aux enfants d'Edouard, et le protecteur le savait. Lord Hastings était donc pour lui un obstacle embarrassant. Le jour même où Rivers et Gray recevaient la mort, Glocester se rendit au conseil à la Tour. Quand chacun eut pris place, il accusa Jeanne Shore, jeune femme qui avait joui d'un grand crédit sous le feu roi, et lord Hastings, qui la protégeait, d'avoir conspiré contre lui et de l'avoir réduit par leurs sortiléges à l'état de maigreur dans lequel il était. En même temps il montra un de ses bras desséché, infirmité dont il était atteint depuis son enfance. Les membres du conseil se regardaient interdits et muets ; lord Hastings s'enhardit à prononcer quelques paroles de justification. Alors Richard s'écria : « Tu es un traître ! et je veux qu'on m'apporte ta tête pour premier mets de mon dîner. » Puis il frappa du poing sur la table. A ce signal, des soldats entraînèrent lord Hastings, et le décapitèrent sur une pièce de charpente. Jeanne Shore eut la vie sauve, mais elle fut dépouillée de ses biens et condamnée à faire amende honorable devant l'église de Saint-Paul, en chemise, les pieds nus, et tenant un cierge allumé. On défendit aux habitants de Londres de donner asile à cette femme qui, au temps de sa puissance, ne s'était fait connaître que par ses aumônes et ses bienfaits : réduite bientôt à la plus affreuse indigence, elle mourut de faim et de misère.

Les projets de Glocester étaient dévoilés par l'arrestation et la mort des principaux partisans de son frère. Aussi ne recula-t-il pas dans la carrière du crime où il s'était engagé. Il attaqua d'abord la légitimité du mariage d'Edouard et d'Elisabeth, pour faire déclarer ses neveux indignes de succéder au trône. Puis il s'entendit avec Buckingham, seigneur qui lui était entièrement dévoué, et celui-ci alla trouver le lord maire de Londres pour convoquer une assemblée des notables bourgeois : après y avoir fait l'éloge du protecteur, Buckingham demanda s'ils ne le voulaient pas pour roi. Une douzaine d'ouvriers payés d'avance jetèrent en l'air leurs bonnets en criant : « Vive le roi Richard ! » Alors Buckingham alla trouver le protecteur pour lui faire connaître *la volonté du peuple*, et Glocester, ayant joué la surprise et résisté pour la forme, finit par se soumettre à ce que la *nation anglaise lui demandait*.

A peine avait-il donné son consentement qu'il envoya l'ordre au gouverneur de la Tour de faire mourir les deux jeunes princes. Cet officier opposa un refus formel à cette horrible mission. Richard III s'entendit alors avec le maître de ses écuries, Jacques Tyrrel, homme perdu d'honneur, et donna l'ordre de lui remettre, pour une nuit, les clefs de la Tour. Tyrrel se fit accompagner de trois scélérats, et, pendant la nuit, il leur ouvrit la porte de la chambre où reposaient les deux frères. Il resta lui-même sur l'escalier pour veiller à ce que personne ne s'approchât. Les assassins étouffèrent les pauvres enfants sous des oreillers et des couvertures; puis ils appelèrent Tyrrel, lui montrèrent les corps des deux victimes, et les enterrèrent dans une fosse creusée au bas de l'escalier.

Richard III alla se faire couronner à York. Mais déjà son trône chancelait. Buckingham, ne se croyant pas suffisamment récompensé par le titre de connétable des services qu'il avait rendus au roi, résolut de le renverser. Il se souvint qu'un jeune prince du parti de Lancastre avait échappé au massacre des champs de bataille : c'était Henri Tudor de Richmont, petit-fils de sir Owen Tudor tué à la croix de Mortimer dans l'armée du comte de Pembroke. Henri était alors réfugié à la cour de Bretagne, près de François II. Ce fut sur lui que Buckingham jeta les yeux pour arriver à son but. Afin de fortifier les droits du jeune prince à la couronne, il proposa à la reine Elisabeth un mariage entre sa fille Elisabeth d'York et Henri Tudor de Richmont. La reine consentit au sacrifice de ses inimitiés personnelles, et envoya à son futur gendre la somme nécessaire pour l'expédition. Buckingham, impatient de réussir, et sachant d'ailleurs que ses projets étaient connus de Richard, pensa qu'il fallait agir sans délai. Il s'empressa de faire des levées dans le pays de Galles; mais abandonné et trahi, il fut livré à l'usurpateur et décapité.

Pendant ce temps, Henri s'était embarqué à Saint-Malo, ayant avec lui 5,000 hommes: mais il arriva trop tard. De plus, sa flotte avait été battue par une violente tempête, et, n'ayant pas assez de ressources pour risquer une bataille, il retourna en Bretagne. Peu de temps après, Henri de Richmont obtint de la régente de France des secours avec lesquels il aborda au pays de Galles. Il livra bataille à l'usurpateur dans la plaine de Bosworth, près de Leicester (1485). Richard commandait à 12,000 hommes; mais dès le commencement de l'action, lord Stanley passa à l'ennemi avec un nombreux détachement. A cette vue, Richard ne consulta que son désespoir. Il s'élança, la couronne en tête, en s'écriant : « Trahison! trahison! » et il cherchait à joindre le prétendant. Déjà il avait tué deux ennemis et renversé l'étendard de Henri, quand il succomba. Lord Stanley lui arracha la couronne et la plaça sur la tête de Henri.

La mort de Richard III finit la dynastie des Plantagenêts et la querelle des deux roses. Cette lutte meurtrière avait ruiné l'aristocratie décimée sur les champs de bataille et sur l'échafaud.

Henri de Richmont, chef de la dynastie des Tudors, fut proclamé roi sous le nom de Henri VII, et couronné à Londres le 30 octobre 1485. Il réunit sur sa tête les droits des Lancastres et des Yorks en épousant la princesse Elisabeth, et fit sanctionner par le pape Innocent VIII l'acte du parlement qui lui confirmait la couronne. Mais toutes ces précautions n'assurèrent point la tranquillité de son règne. Jusqu'à la fin du XVe siècle, l'Angleterre ne cessa d'être troublée par les prétendants nombreux suscités contre lui. Le premier fut un nommé lord Lovel, qui prit les armes dans le comté de Worcester, et réunit trois ou quatre mille hommes. Mais il n'osa combattre, abandonna son armée, et s'enfuit en Flandre auprès de Marguerite d'York, sœur d'Edouard IV, et duchesse douairière de Bourgogne. Après lord Lovel vint le fils d'un boulanger, Lambert Simnel, qui se fit passer pour le fils de Clarence, comte de Warwick. Il se rendit en Irlande, parmi les partisans de la maison d'York : les Irlandais le nommèrent Edouard VI, et le couronnèrent à Dublin. Henri VII tira de la Tour de Londres le jeune Warwick, et désabusa les Anglais en le leur montrant. Toutefois Lambert Simnel, se voyant à la tête de 2,000 soldats, se crut assez fort pour envahir l'Angleterre. Il fut vaincu et fait prisonnier. Henri VII eut pitié de sa jeunesse et de sa lâcheté; il lui laissa la vie et l'employa dans ses cuisines comme marmiton : plus tard, en récompense de sa bonne conduite, il l'éleva à la charge de fauconnier.

Mais bientôt il eut affaire à un rival plus redoutable; c'était Perkin Warbeck. La duchesse douairière de Bourgogne fit courir le bruit que Richard, duc d'York, n'était pas mort avec son frère Edouard, mais qu'il s'était échappé. Perkin Warbeck se fit passer pour le jeune prince, avec lequel il avait effectivement de la ressemblance. Marguerite d'York, après un examen solennel, le reconnut pour son neveu, et le nomma publiquement la Rose blanche d'Angleterre. Par son conseil, Perkin fit une descente sur la côte de Kent, mais il revint bientôt sans avoir réussi. Une seconde expédition, dirigée sur l'Irlande, ne fut pas plus heureuse. Enfin Perkin fit une troisième tentative, et vint aborder sur la côte de Cornouailles, où il prit le titre de Richard IV. Il avait avec lui environ 7,000 hommes. A l'approche de Henri VII, il n'osa combattre, et se rendit sous promesse de la vie. Henri VII le fit jeter en prison. Perkin s'évada, fut repris, envoyé à la Tour, et forcé de lire publiquement, dans la salle de Westminster, une confession signée de sa main, par laquelle il se déclarait fils d'un juif converti qui avait résidé en Angleterre sous le règne de Richard III. Son rôle politique était fini, mais il ne sut pas rester dans l'obscurité. Dans la prison où il était enfermé, il fit de nouvelles intrigues avec le comte de Warwick, et l'engagea dans un projet de fuite. Henri VII ordonna sa mort, et se crut obligé de sacrifier le véritable et malheureux fils du duc de Clarence. Cette exécution mit un terme aux guerres civiles, et dès lors le chef des Tudors gouverna en paix.

En 1501, Henri VII songea à consolider son trône par un double mariage. Il fit épouser à son fils aîné, Arthur, prince de Galles, l'infante d'Aragon et de Castille, Catherine, seconde fille de Ferdinand le Catholique et d'Isabelle. Le prince Arthur étant mort peu après, il donna la main de la princesse à son second fils, Henri, héritier présomptif de la couronne. Ce mariage, pour lequel le jeune prince avait une vive répugnance, devait être plus tard la cause du schisme anglican. Henri VII s'allia avec Jacques IV, et lui donna sa fille aînée, Marguerite. Ce mariage prépara le règne des Stuarts sur l'Angleterre, et la réunion des deux royaumes.

Henri VII était d'un caractère pacifique et cherchait à vivre en bonne intelligence avec ses voisins; il sut maintenir la paix intérieure par sa vigilance et sa fermeté. Il encouragea le commerce et l'industrie, la marine et les voyages lointains, et il fit partir pour l'Amérique le Vénitien Sébastien Cabot, qui découvrit l'île de Terre-Neuve. Ce que l'histoire peut reprocher à ce prince, c'est une économie qui dégénérait en avarice. Pendant son règne, on le vit occupé à augmenter son trésor par toutes sortes de moyens, par des proscriptions, des amendes inouïes et des taxes arbitraires. Vers la fin de sa vie, il se repentit, dit-on, de ces exactions et disposa de grandes sommes pour être distribuées après sa mort en aumônes et en restitutions. Mais ses intentions ne furent pas exécutées; le jour de sa mort, arrivée le 22 avril 1509, son fils et son successeur Henri VIII s'empara de tous les trésors amassés par son père, et les dissipa en fêtes et en libéralités.

Tandis que l'Angleterre éprouvait ces violentes commotions, l'Ecosse, sans être aussi agitée, était dans un trouble continuel. C'était le résultat du pouvoir excessif des seigneurs, qui se faisaient la guerre entre eux et la faisaient même contre le roi. Celui-ci n'avait que de faibles revenus, et point d'armée permanente. Son autorité était précaire, et il ne pouvait faire régner les lois là où régnait une aussi barbare coutume que celle des guerres privées qui se perpétuaient de génération en génération. Les divisions désolaient les contrées du centre et les basses terres, où le roi tenait sa résidence. Dans les montagnes ou hautes terres, l'anarchie était plus complète. Les Highlanders étaient distingués du reste de la nation par un caractère plus sauvage, par des mœurs, un costume, un langage particuliers. Ils étaient divisés en tribus ou clans : chaque clan prenait le nom de son chef principal : il y avait les clans des Mac-Grégor, des Mac-Donald, des Mac-Callum-More. Souvent ils étaient en guerre entre eux, et toujours en hostilité ouverte avec les habitants des basses terres, qu'ils regardaient comme les descendants des Saxons. Plusieurs chefs des Highlanders étaient des monarques indépendants; le plus puissant était le comte de Ross, connu aussi sous le nom de lord des Iles.

Les Stuarts essayèrent de réprimer le désordre: mais l'ambition de la famille des Douglas, les discordes de la maison régnante, et une suite de six minorités, perpétuèrent l'état déplorable de l'Ecosse. Aussi à la mort de Robert Stuart, en 1406, son fils et successeur Jacques I était prisonnier en Angleterre, et dix-huit années s'écoulèrent avant qu'il fût de retour en Ecosse. Devenu libre à la mort de Henri V, Jacques retourna dans son royaume, et parvint à reconquérir par sa politique les prérogatives qu'il avait perdues; mais ses projets de réforme furent interrompus par une mort soudaine. Il fut assassiné par son oncle le comte d'Athol (1437).

Jacques II, son fils, n'avait que huit ans; pendant sa minorité, le chancelier Crichton dirigea les affaires, et voulut comme Jacques I, abattre la noblesse; mais, au lieu de suivre des voies légales, il chercha à parvenir à son but par la violence et la barbarie. Tels furent les principes dans lesquels il éleva son royal pupille; et bientôt deux membres de la famille de Douglas furent attirés dans un piége et tués sans forme de procès. Le chancelier devenait de jour en jour plus odieux, lorsque Jacques II prit en main les rênes de l'Etat. Il se rapprocha des Douglas, et nomma même le chef de cette famille lieutenant général du royaume; mais bientôt, effrayé de son ambition, il le disgracia. Douglas prit les armes, rassembla ses partisans et souleva la moitié de l'Ecosse. Il fut pris dans le piége où avait péri son père. Il alla trouver le roi à Stirling, et là il fut poignardé de la main même de Jacques II. Ce prince profita de la guerre des deux roses pour reprendre deux villes aux Anglais; mais il périt au siége de la dernière, en 1460.

Jacques III, son fils et successeur, montra, comme son père et son aïeul, le désir d'abaisser la noblesse, sans avoir leurs talents ni leur habileté. Jamais prince ne choqua plus ouvertement les mœurs de son peuple. Retiré dans un château fort, étranger aux exercices militaires que chérissait la noblesse, il était entouré d'artistes anglais, et décidait de la paix ou de la guerre d'après le conseil de gens incapables. Bientôt le mécontentement devint général et des signes de révolte se manifestèrent. Les rebelles prirent pour chef le duc de Rothsay, fils aîné de Jacques III, vainquirent ce prince à Bannokburn, en 1488, et l'assassinèrent dans la déroute. Effrayés de ce meurtre, ils proclamèrent le duc de Rothsay, sous le nom de Jacques IV. Le nouveau roi sut éteindre l'ancienne haine qui existait entre la noblesse et la couronne. Il gagna l'affection des seigneurs par ses manières affables et son caractère chevaleresque : aussi, dans la guerre qu'il eut à soutenir contre Henri VIII, roi d'Angleterre, il les vit tous accourir sous ses étendards et rivaliser de dévouement. Jacques IV fut tué à la bataille de Flowden, et une foule de comtes, de lords et de barons qui se pressaient autour de lui, succombèrent en même temps. Jacques V, son fils, n'avait qu'un an lorsqu'il lui succéda, en 1513.

Questionnaire.

Quels étaient les deux enfants d'Edouard? — Où était alors son fils aîné? — Que fit le duc de Glocester? — Où se réfugia la reine Élisabeth? — Que fit Glocester pour se faire livrer le jeune duc d'York — De quels hommes Glocester se débarrassa-t-il d'abord? — Quelle accusation porta-t-il contre lord Hastings et Jeanne Shore? — Comment lord Hastings fut-il traité? — Quel fut le sort de Jeanne Shore? — Que fit Glocester pour exclure ses neveux du trône? — Quel seigneur lui prêta son appui? — Sous quel nom Glocester fut-il proclamé roi? — Racontez la mort des deux enfants d'Edouard. — Dans quelle ville Richard III fut-il couronné? — Quel compétiteur s'éleva contre lui? — Les premières tentatives de Henri de Richmont furent-elles heureuses? — Où remporta-t-il la victoire? — Quel fut le sort de Richard? — Quelle dynastie s'éteignit avec lui? — Quelle dynastie commença Henri de Richmont? — Quel nom prit-il en montant sur le trône? — Quel fut le premier prétendant qui lui disputa la couronne? — Quel fut le résultat des tentatives de lord Lovel? — Lambert Simnel fut-il plus heureux? — Comment fut-il traité par Henri VII? — Le roi n'eut-il pas à combattre un rival plus redoutable? — Racontez les diverses tentatives de Warbeck? — Que fit Henri VII? — Quel fut le sort du véritable comte de Warwick? — Quels mariages le roi fit-il célébrer dans sa famille? — Quel était le caractère de Henri VII? — A qui laissa-t-il la couronne? — Dites quelle était la situation de l'Ecosse à cette époque? — Où Jacques I était-il retenu prisonnier? — Comment périt-il — Quel âge avait son fils Jacques II? — Qui gouverna l'Ecosse au nom du jeune prince? — Comment fut traitée la famille des Douglas? — Où périt Jacques II? — Quel était le caractère de

Jacques III ? — Ses sujets ne se révoltèrent-ils pas ? — Comment périt ce prince ? — Qui fut proclamé roi ? — Quel était le caractère de Jacques IV ?—Où fut-il tué ? — Quel fut son successeur ?

CHAPITRE VI.

Histoire d'Espagne, depuis le milieu du XVe siècle jusqu'à la mort de Ferdinand le Catholique (1453-1516).

L'Espagne partagée en plusieurs royaumes. — Caractère des Maures et des Espagnols. — Jean II et don Carlos. — Guerre civile en Navarre. — Mort de don Carlos. — Son testament. — Soumission de la Catalogne. — Henri IV, roi de Castille. — Sa déposition. — Isabelle, sa fille. — Mort de Henri IV. — Guerre civile. — L'Aragon et la Castille réunis. — Guerre contre les Maures.—Prise de Grenade.— La Sainte-Hermandad et l'inquisition. — Expulsion des Juifs. — Mort d'Isabelle. — Le cardinal Ximénès. — Conquête d'Oran. — Mort de Ferdinand. — Conquête de la Navarre.

Au milieu du XVe siècle, l'Espagne était partagée en trois royaumes chrétiens, la Navarre, l'Aragon, la Castille, et un royaume musulman qui était le royaume de Grenade : c'était le dernier débris de l'ancienne domination des Arabes en Espagne; il avait seul survécu au démembrement du califat de Cordoue. Une différence profonde séparait la race chrétienne et la race musulmane, différence la plus grande de toutes, celle de religion.

Dès le XIIIe siècle, les chrétiens avaient prévalu, et les Maures, n'ayant plus que le sud-est et se trouvant adossés à la mer, ne pouvaient plus reculer. Il était facile de prévoir qu'une fois attaqués dans cet asile, ils seraient obligés ou de se fondre dans la nation, ou de s'expatrier. Le caractère des Maures et leurs habitudes les éloignaient de la guerre : ils s'amollissaient dans les plaisirs, et dirigeaient toute leur activité vers l'industrie. Les Espagnols n'aimaient que la guerre; ils abandonnaient le négoce et les sciences aux juifs, et ne connaissaient d'autre noblesse que celle de l'épée : leur plus beau titre était celui d'*Hidalgos*, c'est-à-dire fils de Goths. La fierté castillane et l'indépendance aragonaise étaient passées en proverbe. Les seigneurs, maîtres des terres, n'avaient point, comme ailleurs, perdu une portion notable de leur pouvoir; ils s'étaient rendus redoutables aux rois, et les troubles de la Castille et de la Navarre montrèrent quelle influence leur restait encore. Nous allons examiner tour à tour l'histoire de la Navarre, de l'Aragon, de la Castille et de Grenade.

Depuis 1441, Jean II gouvernait la Navarre, mais il n'avait point le titre de roi. Ce titre appartenait à Blanche d'Evreux, sa femme, et héritière de la Navarre suivant l'usage du royaume. A la mort de cette princesse, le trône revenait à son fils don Carlos, prince de Viane, qui dans le commencement, ne voulut point enlever l'autorité à son père, et se contenta de sa principauté. Mais une marâtre cruelle, Jeanne Henriquez, voulant assurer le trône à son fils Ferdinand (le Catholique), au détriment de don Carlos, s'empara de la confiance de son époux. Don Carlos avait alors trente ans, et n'avait point encore réclamé sa couronne. Il eût peut-être continué à vivre dans l'obscurité, si sa belle-mère ne l'eût poussé à bout; sollicité par les seigneurs de Navarre, il songea à revendiquer ses droits. Deux partis se formèrent dans le royaume, les Beaumont et les Grammont, qui, sous les noms de deux princes, voulaient satisfaire leurs inimitiés. Les Beaumont étaient pour don Carlos, et les Grammont pour Jean II.

Don Carlos prit les armes; il obtint quelques secours du roi de Castille et livra bataille à son père. Il fut vaincu et fait prisonnier. Relâché en 1453, il ne dut sa liberté qu'aux murmures du peuple; mais Jeanne Henriquez voulait sa mort et elle le força à reprendre les armes. Il fut vaincu de nouveau, et s'enfuit d'abord auprès de Charles VII, roi de France, dont il ne put obtenir de secours, puis auprès de son oncle, Alphonse le Magnanime, roi d'Aragon. Pendant ce temps, Jean II avait convoqué les états de Navarre, proclamé la déchéance de son fils et légitimé son usurpation. Les Beaumont ne souscrivirent point à tous ces actes; ils protestèrent en décernant de leur côté le titre de roi au prince déshérité et absent.

Cependant don Carlos, fatigué d'une lutte qu'il regardait comme odieuse, sollicita de son père une réconciliation. Celui-ci, maître de l'Aragon, écrivit à son fils de se remettre entre ses mains. Don Carlos y consentit. Il fut arrêté, jeté en prison, et accusé calomnieusement de conspirer contre Jean II. Les persécutions accrurent ses partisans. La Navarre, l'Aragon et la Catalogne réclamèrent vivement sa liberté. Jean II, s'effrayant de ces démonstrations unanimes, n'osa pas poursuivre une procédure odieuse contre son fils : mais, ne voulant pas se dessaisir de sa personne, il le promena de prison en prison, dans l'espoir que ses partisans se lasseraient de s'intéresser à son sort. Mais, poursuivi toujours par les demandes des rebelles, il se décida enfin à relâcher don Carlos en 1461. Ce malheureux prince mourut bientôt après. Quelques auteurs rapportent que sa belle-mère l'avait empoisonné dans sa prison; d'autres pensent que le chagrin abrégea ses jours.

Don Carlos légua ses droits à sa sœur Blanche de Castille. Ce testament fut l'arrêt de mort de cette princesse. Jean II la livra au comte de Foix et à Léonore, sa cœur cadette, qui l'empoisonna au château d'Orthez. L'horreur de ce double crime exalta les Catalans; ils invoquèrent don Carlos comme un saint, et en appelèrent au roi de Castille, qui leur envoya un corps de troupes. Ce fut alors que Jean II sollicita l'appui de Louis XII; avec les secours qu'il en reçut, il triompha de ses ennemis, et soumit enfin toute la Catalogne par la prise de Barcelone qui était le foyer de l'insurrection (1472).

Pendant ce temps, la Castille avait été le

théâtre de longues révoltes. Le souverain de cette contrée, nommé Henri IV, avait excité le mépris des seigneurs par ses débauches, et leur mécontentement par son despotisme. Le peuple s'indignait aussi de la lâcheté de ce prince, et supportait impatiemment la lourdeur des impôts. Les grands firent subir au monarque castillan les humiliations qu'avait essuyées jadis un roi de France, Louis le Débonnaire. Ils se réunirent dans la plaine d'Avila, où avait été dressée une estrade ; ils exposèrent sur un trône l'effigie de Henri IV, couverte de longs voiles de deuil, avec tous les attributs de la royauté. Ils procédèrent aussitôt à l'acte de déposition en adressant la sentence à la statue. L'un lui ôta la couronne, un autre l'épée, un troisième le sceptre ; et après l'avoir ainsi dépouillée de ses ornements, ils la renversèrent et la foulèrent aux pieds. Ils placèrent ensuite l'infant don Alphonse sur le trône et le couronnèrent. Henri IV livra une bataille dont l'issue resta indécise ; mais le jeune Alphonse étant mort peu de temps après, les révoltés jetèrent les yeux sur sa sœur Isabelle et lui déférèrent la couronne. Celle-ci refusa cet honneur et demanda seulement d'être reconnue princesse des Asturies, c'est-à-dire héritière présomptive du trône, que lui ouvrait déjà son mariage avec Ferdinand d'Aragon, qui était, après elle, le plus proche héritier de la couronne.

La mort de Henri IV, arrivée en 1474, fut le signal d'une nouvelle guerre civile. La princesse

Jeanne, sa fille, comptait de nombreux partisans dans les pays de Tolède et de Murcie. Le roi de Portugal, Alphonse l'Africain, son oncle, soutint les droits de sa nièce à la tête des chevaliers qui venaient de conquérir Arzile et Tanger. Le courage d'Isabelle et les armes de son mari triomphèrent à la journée de Toro. Les Castillans et les Portugais, découragés, abandonnèrent la cause de la princesse Jeanne, et quelque temps après, aux états de Castille et d'Aragon, Ferdinand et Isabelle prirent ensemble le titre de roi et de reine d'Espagne.

Les deux sceptres d'Aragon et de Castille assuraient une prépondérance marquée à la puissance des chrétiens. De toutes leurs conquêtes, les Maures n'avaient conservé que le royaume de Grenade. Vainement imploraient-ils, de leur dernière capitale, le secours des musulmans africains : les royaumes de Fez et de Maroc, déchirés eux-mêmes par des dissensions intestines, ne pouvaient s'occuper des affaires lointaines; le soudan d'Egypte seul envoya auprès de Ferdinand le Catholique le gardien du Saint-Sépulcre, dont les représentations stériles n'amenèrent aucun résultat. Les ressources intérieures étaient aussi faibles; les Maures, bien que d'une bravoure à toute épreuve, étaient incontestablement inférieurs aux chrétiens sous le rapport de la science militaire. Sous le règne de Henri IV, ils avaient déjà perdu Gibraltar; leurs autres villes, dépourvues d'artillerie, peu fortifiées, n'avaient plus pour défense qu'une cavalerie brillante, aussi prompte à la charge qu'à fuite.

A la veille de se voir attaqués par Isabelle et Ferdinand, les Maures, par une imprudente conquête, fournirent un prétexte de guerre aux Espagnols. A la nouvelle de la prise de Zahara, les Castillans encouragés par leur jeune reine, soutenus par les talents de Pédro de Navarre et de Gonzalve de Cordoue, le futur conquérant du royaume de Naples, se rendirent maîtres à leur tour d'Alhama, de Malaga et de Baça, ville puissante et peuplée de 150,000 habitants.

Les hostilités duraient depuis onze années, lorsque les Castillans placèrent le siége devant Grenade elle-même. Cette capitale était alors en proie à l'anarchie la plus violente. La famille royale se partageait les reste d'un pouvoir expirant. Boabdil et son oncle continuaient leurs discordes en présence de l'ennemi : le second avait traité avec les Espagnols; le premier, secondé par l'opiniâtreté furieuse de son peuple, repoussait depuis neuf mois les assauts des vainqueurs. Isabelle, résolue de forcer le dernier boulevard des ennemis, se rendit au camp, où sa présence inspira aux troupes une nouvelle ardeur. Peu après un accident ayant mis le feu à la tente qu'elle occupait, l'incendie se communiqua à tout le camp, dont les cabanes, couvertes seulement de roseaux et de chaume, furent bientôt la proie des flammes. Isabelle répara ce malheur. A la place du camp incendié, on vit s'élever rapidement une ville qui reçut le nom de Santa-Fé. Les Maures comprirent que leur siége ne serait jamais levé : ils ouvrirent leurs portes, pendant que la reine, à qui ce triomphe venait d'être annoncé, se jetait à genoux en pleine campagne, et faisait célébrer un Te Deum. On rapporte que Boabdil, forcé de s'éloigner du beau climat de Grenade, contemplait une dernière fois sa capitale, les larmes aux yeux. « Pleure comme une femme, lui dit sa mère, ce que tu n'as pas su défendre comme un homme. » Boabdil eût pu obtenir un riche domaine de la générosité des vainqueurs, mais il refusa cette triste consolation, et alla périr dans un combat en Afrique. Avec lui s'éteignit une dynastie qui avait donné dix-neuf rois à Grenade. La même année, Christophe Colomb, par la découverte du nouveau monde, mettait le comble à la gloire et à la puissance de Ferdinand et d'Isabelle.

Cependant les Espagnes réunies par la conquête, à l'exception de la Navarre, étaient loin de former un même corps indissoluble et harmonieux. Les Aragonais et les Castillans, jaloux les uns des autres, confondaient dans une même haine les juifs et les Maures qui se trouvaient au milieu d'eux. D'un autre côté, la rivalité des villes et de leurs *cortès*, ou assemblées nationales, leurs réclamations continuelles, opposaient à l'habileté de Ferdinand les plus graves obstacles. Le roi catholique triompha par la *Sainte-Hermandad* et par *l'inquisition*, des révoltes des vassaux et des prétentions de leurs seigneurs. Déjà la réunion à la couronne des trois grandes maîtrises d'Alcantara, de Calatrava et de Saint-Jacques lui avait donné une armée et des biens considérables.

La Sainte-Hermandad consistait dans l'organisation fraternelle des cités d'Aragon; elle avait pour but de maintenir la paix publique, et de frapper sans exception tous les coupables. L'inquisition, destinée à préserver l'Espagne des nouvelles hérésies, composait un tribunal immense, d'autant plus terrible qu'il unissait la force de l'autorité politique à la violence du fanatisme religieux. Les Aragonais, issus pour la plupart de familles juives, s'opposèrent à l'établissement de cette nouvelle magistrature, assassinèrent même un inquisiteur dans l'espoir d'effrayer les autres. Mais ils durent céder à la puissance d'une institution fondée sur les croyances religieuses du reste du pays, et plus tard le titre de *familier de l'inquisition* fut tellement recherché dans plusieurs villes, qu'on ne put faire droit à toutes les demandes.

Malheureusement, le zèle de l'inquisition fut porté trop loin : tous les juifs reçurent l'ordre de se convertir ou de quitter l'Espagne; on leur défendit même d'emporter l'or, l'argent et les pierres précieuses. Ces malheureux, qui s'élevaient au nombre de 800,000, aimèrent mieux perdre leurs richesses que de renoncer à leur foi; ils s'embarquèrent à la hâte, et se réfugièrent en Portugal, en Italie et en Afrique. Cette condamnation impolitique, pour quelques sommes qu'elle donna au trésor royal, priva le royaume d'un revenu considérable que les juifs payaient annuellement pour avoir le monopole du commerce.

Sept ans après l'expulsion des juifs, Ferdinand, violant un des articles de la capitulation de Grenade, voulut aussi convertir les Maures. Ses ordres furent suivis de révoltes encouragées et soutenues par les peuplades d'Afrique; à la fin, les musulmans, forcés de se soumettre, feignirent d'embrasser la religion chrétienne pour rester sur le sol de l'Espagne. A la même époque (1504) mourut à cinquante-quatre ans la reine Isabelle, laissant une fille nommée Jeanne, qu'elle avait mariée avec Philippe, archiduc d'Autriche, père de Charles-Quint. Cette princesse, adorée de son peuple, joignait aux grâces de son sexe la grandeur d'âme d'un héros et la politique d'un profond ministre. Elle régna toujours de moitié avec son époux, et voulut être nommée dans tous les actes publics.

Sa mort fut le signal de nouveaux embarras pour le roi Ferdinand. Les Castillans, toujours jaloux des Aragonais, refusèrent d'obéir à l'époux d'Isabelle qui demandait la régence, et se soumirent à l'archiduc d'Autriche. A son entrée en Espagne, ce dernier prit des mesures propres à flatter la multitude et réprima les violences de l'inquisition qui excitaient un soulèvement général. Mais Philippe mourut bientôt lui-même, et Ferdinand aidé par les talents d'un homme extraordinaire, le célèbre Ximénès, archevêque de Tolède, se maintint sur le trône de Castille. Ximénès, né dans la vieille Castille, avait prononcé ses vœux dans un couvent de cordeliers; il se livra quelque temps dans la retraite à l'étude des langues orientales, et fut choisi pour confesseur et pour conseiller par la reine Isabelle. Dès ce moment, sa vie ne fut plus qu'une suite de bonnes œuvres. Il visitait les églises et les hôpitaux, écoutait avec bonté les indigents et employait ses revenus à soulager leur misère. Il fallut un ordre exprès du pape pour lui faire accepter l'archevêché de Tolède que la reine lui avait offert. Au milieu des grandeurs et de l'opulence, Ximénès vécut toujours humble et pauvre, observant les règles de la discipline la plus sévère, s'occupant de la réforme des mœurs et de l'administration des affaires d'Etat. Le pape Jules II honora ce grand homme de la pourpre romaine sous le titre de cardinal d'Espagne.

Les dernières années de Ferdinand le Catholique furent marquées par deux importantes conquêtes, celle d'Oran et celle de la Navarre. L'archevêque de Tolède résolut de faire lui-même, à ses dépens, la première expédition; il leva une nombreuse armée et en confia le commandement aux plus habiles capitaines de l'Europe, se réservant le soin de surveiller cette entreprise. Le succès fut complet : les Espagnols, après une vive attaque, firent un horrible carnage des Maures, Oran fut emporté d'assaut, et cette prise, suivie de celle de Tripoli, entraîna la soumission d'Alger, de Tunis et de Trémécen. Au retour du cardinal, le roi alla au-devan de lui jusqu'à quatre lieues de Séville et mit pied à terre pour l'embrasser. Quelques temps après, sur le point de mourir, il le désigna pour régent jusqu'à l'arrivée de son petit-fils Charles d'Autriche. Ximénès avait alors quatre-vingts ans. Il n'en pressa pas moins la guerre de Navarre. Jean d'Albret, qui gouvernait alors ce royaume depuis la mort de Phébus, était un des partisans de la couronne de France. Ximénès, pour empêcher les Français de s'emparer de la Navarre, donna à Villalva, général espagnol, l'ordre de dévaster cette contrée, et de démanteler toutes les places fortes. Il accordait en même temps de nouvelles libertés aux villes, et diminuait les priviléges des grands. Ceux-ci témoignèrent leur mécontentement, et mirent en doute les pouvoirs accordés au cardinal. « Mes pouvoirs, répondit le ministre en leur montrant un train formidable d'artillerie, les voici. » Et le pays ne tarda pas à se soumettre.

Questionnaire.

En combien de royaumes était partagée l'Espagne? — Quelle différence séparait la race chrétienne et la race musulmane? — Quel était le caractère des Maures? — Quel était celui des Espagnols? — Qui gouvernait alors la Navarre? — A qui revenait la couronne à la mort de Blanche d'Evreux? — Qui voulut ravir la couronne à don Carlos? — Quels étaient les deux partis rivaux dans le royaume? — Quel fut le résultat de la première bataille? — Où don Carlos chercha-t-il un refuge? — Comment fut-il traité après s'être livré entre les mains de son père? — Survécut-il longtemps à ces persécutions? — A qui légua-t-il ses droits? — Quel fut le sort de Blanche de Castille? — Quel secours Jean II sollicita-t-il? — Quelle contrée soumit-il? — Quel prince gouvernait alors la Castille? — Que firent les grands du royaume? — A qui déférèrent-ils la couronne? — Sur quelle princesse jetèrent-ils les yeux après la mort de don Alphonse? — Quel prince Isabelle avait-elle épousé? — De quels événements la mort de Henri IV fut-elle suivie? — Par qui était soutenue la princesse Jeanne? — A qui resta la victoire? — Quelle était alors la situation des Maures en Espagne? — Quel prétexte fournirent-ils à Ferdinand et à Isabelle de leur déclarer la guerre?—Devant quelle ville les Castillans placèrent-ils le siége? — Racontez les diverses circonstances de ce siége. — Que devint Boabdil? — Quels moyens employa Ferdinand pour combattre les révoltes des vassaux et les prétentions des seigneurs? — Qu'était-ce que la Sainte-Hermandad? — Quel était le but de l'inquisition? — Quelle mesure impolitique prit Ferdinand? — Les Maures ne furent-ils pas aussi persécutés? — Quel parti prirent-ils? — En quelle année mourut Isabelle? — De quelles qualités était douée cette princesse? — Quel peuple refusa d'obéir à Ferdinand? — Par qui ce prince fut-il aidé pour se maintenir sur le trône de Castille? — Quel était le caractère de Ximénès? — Par quelles conquêtes furent marquées les dernières années du règne de Ferdinand?

CHAPITRE VII.

Histoire des découvertes et établissements des Portugais dans les deux Indes, depuis le commencement du XVe siècle jusqu'à la fin du XVIe.
Villes commerçantes. — Henri de Portugal. — Il encourage les découvertes maritimes. — Premiers voyages. — Voyages entrepris sous le règne de Jean II. — Barthélemi Diaz. — Jean II rejette les offres de Colomb. — Vasco de Gama. — Son séjour dans les Indes. — Zamorin. — Alvarès Cabral. — Seconde expédition de Vasco de Gama. — Albuquerque, vice-roi des Indes. — Ses conquêtes. — Son humanité. — Castro et Ataïde. — Décadence des colonies portugaises. — Elles passent sous la domination de l'Espagne.

Le progrès des barbares au moyen âge, leurs invasions multipliées semblaient devoir briser sans retour les relations entre les différents peuples. Toutefois, malgré cette crise universelle, quelques villes, favorisées par leur position et par le courage de leurs habitants, ne tardèrent pas à se trouver libres et florissantes. Les beaux jours de l'Italie étaient à leur aurore : Amalfi, Pise, Gênes, Florence, gouvernées par des lois sages, rivalisaient de puissance et d'activité. Venise, enrichie par les croisades, était alors au comble de la gloire : ses manufactures de soie, ses tissus d'or et d'argent, ses armures artistement ciselées, attiraient les étrangers de toutes parts. Des bords de l'Egypte aux extrémités de la mer Baltique, Venise était regardée comme un immense entrepôt de marchandises, et comme le centre des richesses du monde. La France, malgré les malheurs de la guerre, comptait au nombre de ses cités commerciales Marseille, Nîmes, Narbonne et Montpellier. L'Espagne, moins heureuse, n'avait encore que Barcelone. Enfin plusieurs villes du nord, connues sous le nom de *villes anséatiques*, transportaient par eau les marchandises d'un lieu à l'autre, et formaient entre elles une ligue défensive contre la concurrence des vaisseaux de Flandre et d'Angleterre.

Alors régnait en Portugal Jean I. Le troisième fils de ce prince, l'infant don Henri, mathématicien savant, géographe habile, astronome zélé, poussé par le double motif de propager la foi dans les terres lointaines, et de reculer les bornes de la science, consacra une partie de ses richesses à l'exécution de ce noble projet, et inspira à ses compatriotes le désir des grandes découvertes. Sous ses auspices, la marine portugaise prit un accroissement rapide que favorisait encore la prise récente de Ceuta en Afrique. Quelque temps après, l'infant don Henri fixa son séjour à Sagres, petite ville des Algarves près du cap Saint-Vincent; il y fonda un collège naval pour former d'habiles navigateurs. Au sein de la retraite il relisait jour et nuit les vieux récits de voyages, et préparait à ses audacieux pilotes la route de ces contrées mystérieuses où la nature, disait-on, enfantait les monstres et semait l'or à la surface de la terre.

Après quelques tentatives infructueuses, Jean Gonzalès Zarco, écarté des côtes par la tempête, découvrit l'île de Madère (1413). Quelques années plus tard, Nugno Tristan apercevait le cap Bojador, ainsi nommé à cause de la terre blanche et sablonneuse dont il est formé; et Gonzalès de Cintra, s'avançant jusqu'aux îles d'Arguin, établissait les premières relations de commerce avec les nègres d'Afrique.

Alphonse V, successeur de Jean I, stimulé par le succès de ces entreprises, redoubla d'efforts. Ses vaisseaux dépassèrent le cap Vert, les Açores (1448), et s'arrêtèrent à l'embouchure d'un grand fleuve que les noirs appelaient Sénégal. La mort de l'infant don Henri (1463) n'arrêta point le cours rapide de ces découvertes : le cap de Sierra-Leone fut doublé par Juan de Santarem en 1471; six ans plus tard, la Guinée fut entrevue, et la croix plantée sur ces côtes barbares. Les hardis marins rapportèrent de leurs excursions des animaux et des plantes d'espèces inconnues, qui excitèrent l'étonnement et l'admiration de leurs compatriotes.

Sous le règne de Jean II, les Portugais étendirent leurs courses maritimes. En arrivant au Sénégal, ils avaient été surpris et un peu découragés en voyant la couleur noire des habitants : ils craignaient, en poussant plus loin leurs recherches, de devenir semblables à ces hommes. Leur étonnement fut bien plus grand encore, quand, après la découverte de Benin, en 1484, ils franchirent l'équateur et aperçurent de nouvelles étoiles. Néanmoins, ils allèrent hardiment le long de la côte et abordèrent au Congo, où ils bâtirent des forts (1485). Enfin, en 1486, Barthélemi Diaz aperçut le cap des Tourmentes à l'extrémité de l'Afrique méridionale. Ainsi se trouvaient confirmées les prévisions du prince don Henri, et la véracité des voyages entrepris par les Phéniciens autour de l'Afrique. Jean II, voulant s'assurer de plus en plus de cette vérité, chargea deux gentilshommes de sa cour de traverser le continent dans un sens opposé; ils devaient se retrouver au Caire en Egypte, et de là pousser jusqu'aux Indes. L'issue de cette expédition ne fut pas heureuse : l'un de ces deux Portugais fut enlevé par la maladie; l'autre périt assassiné. Mais leurs notes parvinrent jusqu'à Lisbonne, et confirmèrent le roi dans l'idée que la véritable route des Indes venait d'être trouvée. Barthélemi Diaz, assailli par de violentes tempêtes, n'avait osé dépasser le cap des Tourmentes; Jean II changea cette dénomination de mauvais augure en celle de cap de Bonne-Espérance et prépara de nouvelles flottes.

Vers la même époque, l'illustre Christophe Colomb rejeté par sa patrie, par la France et par l'Angleterre, vit également son génie méconnu par les Portugais. Jean II refusa les propositions du Génois; mais par une supercherie blâmable, il arma secrètement plusieurs vaisseaux et les fit partir sur la route indiquée. Les pilotes inhabiles revinrent tout effrayés, traitant Colomb de visionnaire, et ses plans de rêves chimériques. Isabelle de Castille, plus éclairée, eut, comme nous le verrons plus tard, le bonheur de mettre ce grand homme en possession d'une gloire qui était près de lui échapper, et Jean II mourut (1435) sans pouvoir se consoler d'avoir laissé enrichir l'Espagne à ses dépens. C'est du règne de ce prince que date la célèbre bulle du pape Alexandre VI établissant le partage des nouvelles découvertes entre les Espagnols et les Portugais. Une ligne idéale passant à 44 myriamètres des Açores séparait les conquêtes des deux peuples. Sur les réclamations du roi de Portugal, cette ligne fut reculée de 210 myriamètres à l'ouest des mêmes îles, et reçut le nom de *ligne de démarcation*.

Emmanuel le Grand, qui remplaça Jean II sur le trône de Portugal, chargea le célèbre Vasco de Gama (1497) de doubler le cap de Bonne-Espérance. La flotte de Gama se composait de trois vaisseaux portant 160 hommes, parmi lesquels se trouvaient dix condamnés à mort qui pouvaient par leur courage mériter leur grâce. La veille du départ se passa en larmes et en prières dans une chapelle de la Vierge, remplacée plus tard par un couvent magnifique. Enfin les équipages mirent à la voile et s'approchèrent du terrible cap; les matelots épouvantés se révoltèrent contre leur chef. Gama, inaccessible à la crainte, mit quelques mutins aux fers, saisit lui-même le gouvernail et tourna la pointe de l'Afrique. La flottille courut la côte orientale, essayant de faire alliance avec les souverains d'une foule de petits États, accueillie par les uns, repoussée par les autres : ainsi furent visités successivement Sofala, Kiloa et Mélinde, pays peuplés de Maures et d'Arabes; en ce dernier endroit, Vasco prit à son bord un pilote indigène qui connaissait la route des Indes, et, treize mois après avoir quitté le Portugal, il jeta l'ancre dans le port de Calicut.

Le souverain de cette ville portait le nom de zamorin. Vasco, pour flatter son orgueil, lui demanda une audience solennelle. Le palais du zamorin, suivant une relation contemporaine, était revêtu de tapisseries d'or et de soie; les grands de la nation, échelonnés d'après leurs grades, entouraient le roi couché sur un lit, couvert d'une tunique blanche comme la neige, et toute parsemée de diamants; il avait les bras chargés de bracelets précieux, et la tête ceinte de perles fines. Il répondit à Gama qu'une alliance avec le roi Emmanuel lui serait très-agréable, et promit de favoriser toute espèce de commerce entre les deux nations.

La jalousie des Maures, qui faisaient le commerce de l'Afrique et de l'Inde, changea les dispositions du zamorin, corrompit ses principaux officiers, et sema de funestes préventions contre les étrangers. Vasco vengea, par le bombardement de Calicut, la mort de plusieurs de ses compagnons assassinés, triompha par son courage et sa fermeté des embûches dressées sur son passage, et rentra au port de Lisbonne (1499), accompagné d'un ambassadeur du roi

2.

de Mélinde. Emmanuel, pénétré d'estime pour son mérite et de reconnaissance pour ses services, le combla d'honneurs et de richesses, et le fit amiral des mers des Indes, de Perse et d'Arabie, titre que ses descendants conservèrent après lui.

Pendant que ce grand homme jouissait de sa gloire et des bienfaits du roi, Pierre Alvarès Cabral, à la tête de treize vaisseaux et de 1500 jeunes Portugais, poussé à l'ouest par la tempête, découvrait, par un effet du hasard (1500), le Brésil que l'Espagnol Pinçon avait reconnu l'année précédente. Quelque temps auparavant (1496), Gaspard de Cortéréal touchait à l'île de Terre-Neuve, au nord de l'Amérique, et à cette partie du pays qu'il nomma *terre de Labrador*, c'est-à-dire terre labourable. Cabral remit à la voile et se dirigea vers le cap de Bonne-Espérance : il fut assailli par de nouveaux orages, et il eut la douleur de voir plusieurs de ses vaisseaux engloutis par une trombe : l'un d'eux se trouvait monté par le même Barthélemi Diaz qui avait touché le premier le cap de Bonne-Espérance. L'amiral portugais, en abordant à Mozambique, ne comptait plus que six vaisseaux ; il traita néanmoins avec les chefs de plusieurs Etats et fonda un comptoir dans la capitale du zamorin de Calicut.

Jean de Nuéva, envoyé par la cour de Lisbonne pour consolider l'œuvre de ses prédécesseurs, découvrit entre Mozambique et Kiloa, dans la mer de Madagascar, une île à laquelle il donna son nom, et (1501) battit la flotte de Calicut dans la baie de Canonor. L'année suivante, Vasco de Gama, placé à la tête d'une seconde expédition, posa les fondements de la domination portugaise sur la côte orientale d'Afrique : Mozambique fut le centre de ces établissements naissants dont l'inauguration fut célébrée par de nouvelles alliances et par une brillante victoire sur le zamorin.

Ce dernier, profitant du départ de Gama, rassemble 50,000 hommes, et incendie la capitale du roi de Cochin, dernier allié des Portugais. Alphonse d'Albuquerque, récemment nommé vice-roi des Indes orientales, délivre le roi de Cochin, et obtient en récompense la permission de bâtir un fort dont il confie le commandement à son lieutenant Edouard Pachéco. François d'Almeïda, qui avait remplacé Albuquerque dans la vice-royauté des Indes, réduisit en cendres la ville de Monbaza, vainquit de nouveau le zamorin, et fit couler à fond soixante gros vaisseaux qui composaient la flotte ennemie. Les Arabes, abandonnant alors le commerce de l'Inde, transportèrent leur industrie dans la presqu'île de Malacca. Almeïda, vainqueur, les y poursuivit, et, dans une de ses courses (1507), il prit, au nom de son maître, possession de l'île de Ceylan, riche en épices et en arbustes précieux.

Albuquerque reparut alors aux Indes, et signala son retour par la prise de Socotora, suivie de la conquête d'Ormuz, à l'entrée du golfe Persique, l'une des villes les plus riches de l'Asie. Le roi de Perse, sous la dépendance duquel elle avait été longtemps placée, exigeait un tribut des Portugais. Albuquerque présenta aux envoyés des boulets et des grenades. « Voilà, leur dit-il, la monnaie des tributs que paye le roi de Portugal. »

La prise de Goa et de Malacca (1510-1511), et celle de Diu assurèrent à la nation portugaise l'empire des deux presqu'îles de l'Inde. La conquête des Moluques, des îles de la Sonde, mit entre les mains des vainqueurs tout le commerce maritime de l'Asie, vaste théâtre sur lequel ils déployèrent la plus rare valeur : mais le peuple portugais s'épuisait par ses efforts réitérés sur une terre lointaine. Une suite presque non interrompue de grands hommes avaient combattu dans les Indes : celui qui avait pris la part la plus active aux victoires, le grand Albuquerque, mourut à Goa (1515), pauvre et disgracié. Il avait su faire aimer sa nation par son équité et assurer au nom portugais le respect des peuples indiens. Mais avec lui disparurent chez les vainqueurs la pitié et l'humanité. Longtemps après sa mort, les Indiens, prosternés sur son tombeau, lui demandaient justice de la tyrannie de ses successeurs. Cinq ans plus tard, Vasco de Gama termina sa glorieuse carrière, au moment où ses lieutenants battaient les flottes réunies de Calicut et de Canonor.

Deux héros, don Juan de Castro et Louis

Ataïde, retardèrent la décadence des colonies portugaises. Le premier remporta plusieurs victoires sur les Turcs et les Indiens, et releva les fortifications de la citadelle de Diu. L'argent venant à manquer, il fit un emprunt aux habitants de Goa, et leur déposa ses moustaches en gage. Il mourut entre les bras de saint François Xavier, en 1548, laissant pour tout bien la somme de trois réaux, après avoir disposé des trésors de l'Inde. Ataïde eut à souffrir le soulèvement universel des colonies; il battit les Indiens, détruisit leurs vaisseaux, et, se relevant de la position la plus désespérée, il leva les tributs ordinaires et les fit partir pour Lisbonne. Mais sa mort fut le signal d'une chute rapide. Après la conquête du royaume de Portugal par Philippe II, les colonies suivirent l'exemple de la métropole, et se soumirent aux Espagnols (1582). Mais elles ne se relevèrent point sous ce nouveau gouvernement, et toute la puissance du roi d'Espagne n'empêcha pas la décadence commencée d'avoir son cours jusqu'à l'époque où les Hollandais, plus habiles que leurs devanciers, remplacèrent dans les Indes les Portugais et les Espagnols.

Questionnaire.

Quelle cause avait retardé les progrès de la civilisation au moyen âge? — Quelles sont les villes qui se faisaient remarquer par leurs relations commerciales? — Quel prince encouragea les expéditions lointaines? — Que fit-il pour former d'habiles navigateurs? — En quelle année et par qui fut découverte l'île de Madère?

HISTOIRE MODERNE.

— Quelles tentatives furent faites sous Alphonse V ? — Le règne de Jean II ne fut-il pas aussi marqué par quelques découvertes? — Quel navigateur aperçut le cap des Tourmentes? — Quelle crainte avait empêché les Portugais de pousser plus loin leurs recherches? — Quel fut le succès du voyage entrepris par deux gentilshommes de la cour du roi Jean II? — Quel nom ce prince donna-t-il au cap des Tourmentes? — Accepta-t-il les offres que lui fit Christophe Colomb? — Quel était le sens de la bulle que le pape octroya sous ce règne? — Quel célèbre navigateur fut chargé de doubler le cap de Bonne-Espérance? — Quels pays visita-t-il? — Dans quel port jeta-t-il l'ancre? — Depuis combien de temps avait-il quitté le Portugal? — Quelle réception le zamorin fit-il à Gama? — Ce dernier ne courut-il pas quelques dangers? — Quelle contrée découvrit Cabral? — Sa flotte ne fut-elle pas assaillie par la tempête? — Que fit Jean de Nuéva? — Vasco de Gama ne revint-il pas aux Indes? — Où établit-il le centre des établissements portugais? — Quels succès remportèrent Albuquerque et Alméida? — De quelle ville importante s'empara le premier? — Que répondit-il aux envoyés du roi de Perse? — Quelles nouvelles conquêtes assurèrent aux Portugais l'empire des deux presqu'îles de l'Inde et le commerce maritime de l'Asie? — Quelle circonstance avait contribué à l'établissement de la puissance portugaise? — Quel homme y avait eu la plus grande part? — Quels hommes, après lui, retardèrent par leurs victoires la décadence des colonies portugaises? — Sous quelle domination passèrent-elles?

CHAPITRE VIII.

Histoire des colonies espagnoles du commencement à la fin du XVIe siècle.

Premiers travaux de Christophe Colomb.—Ses offres rejetées presque partout. — La cour d'Espagne accueille son projet.—Départ de Colomb.—Révolte des matelots.—Fermeté de Colomb.—Son arrivée à San-Salvador.—Ses découvertes.—Son retour en Espagne. — Accueil qu'il y reçoit. — Second voyage. — Nouvelles découvertes. — Motifs de son retour en Europe. — Troisième voyage. — Colomb chargé de fers. — Quatrième voyage. — Retour de Colomb en Europe. — Sa mort. — Le Florentin Améric Vespuce. — Traitements barbares infligés aux Indiens. — Las Casas.

Le Génois Christophe Colomb, dont le nom est devenu depuis si célèbre, naquit en 1447. Il prit part aux premières expéditions maritimes des Portugais sur la côte d'Afrique, et fit de nombreux voyages aux Canaries et aux Açores. Il savait que la forme de la terre est sphérique, et, voyant que l'un des deux hémisphères était occupé par l'ancien monde, c'est-à-dire par l'Europe, l'Afrique et l'Asie, il jugeait, à la seule inspection d'une carte géographique, qu'il devait exister un nouveau monde, et que ce monde était situé à l'occident de l'ancien. Il se présenta pour ainsi dire devant toutes les puissances de l'Europe, et leur proposa de tenter cette découverte. Gênes, sa patrie, repoussa ses offres; il envoya son frère au roi d'Angleterre, Henri

VIII, qui n'écouta point ses propositions; et Jean II de Portugal, auquel il s'adressa ensuite, ne l'accueillit pas plus favorablement. Colomb, ne comptant plus que sur la cour d'Espagne, se fit présenter à Ferdinand le Catholique et à la reine de Castille, Isabelle, et leur remit un mémoire où se trouvaient les paroles suivantes : « J'ai navigué dès ma jeunesse : il y a quarante ans que je cours les mers : j'ai lu tous les livres qui traitent d'histoire et de géographie, et je suis en état de rendre compte de toutes les villes, rivières et montagnes, et de les placer sur les cartes. Présentement, je me sens porté à entreprendre la découverte des Indes occidentales, et je supplie Vos Majestés de seconder mon entreprise. »

Les circonstances n'étaient pas favorables; le siége de Grenade durait encore. Huit années se passèrent en sollicitations. Encore fallut-il que le prieur Jean Pérez redoublât d'instances auprès de la reine Isabelle, qui vendit ses bijoux pour subvenir aux frais de l'expédition. Par un traité signé au nom de la couronne de Castille, Christophe Colomb fut déclaré amiral et vice-roi de toutes les mers, îles et terres fermes qu'il découvrirait, et il devait avoir le dixième des profits. Le 3 août 1492, trois petits bâtiments, montés par 1,200 hommes et munis de vivres pour un an, s'éloignèrent du port de Palos, en Andalousie : c'étaient la *Sainte-Marie*, commandée par Colomb, la *Nina* et la *Pinta*, sous les ordres des frères Pinson, riches marins.

Les vaisseaux touchèrent d'abord aux îles Canaries, puis, allant à l'ouest, ils se trouvèrent, après trois semaines de navigation, au milieu d'un océan immense. Alors commencèrent pour Colomb d'autres obstacles. Les matelots, voguant sur une mer inconnue, arrêtés par des herbes flottantes qui retardaient la marche des navires, firent entendre des murmures. Ils s'écriaient qu'ils ne reverraient jamais la terre, et qu'ils allaient être engloutis dans les abîmes de l'Océan. Les variations de la boussole vinrent encore redoubler leur frayeur; aux gémissements succéda le désespoir, ils menacèrent de jeter Colomb à la mer. L'amiral resta impassible; la fermeté, la résignation, la confiance qu'il montra dans ces moments de crise ne sont pas moins admirables que la persévérance dont il avait fait preuve pour obtenir l'exécution de son projet. Il demanda encore trois jours, promettant solennellement de reprendre la route de l'Europe, si, ce délai passé, ils ne voyaient point la terre. Mais déjà quelques signes annonçaient que la terre n'était pas loin : depuis quelque temps, la sonde touchait le fond; les oiseaux volaient en plus grand nombre, se dirigeant vers le sud-ouest : des morceaux de bois taillés, un roseau fraîchement coupé, une branche chargée de fruits, furent recueillis sur les flots. Le soir, Colomb aperçut une lumière dans le lointain, et à minuit les cris répétés de « terre! terre! » se firent entendre à bord de la Pinta qui marchait en avant. Les trois jours n'étaient pas écoulés; les matelots, touchés de repentir, se jetèrent aux pieds de l'amiral en implorant leur pardon.

Le lendemain, dès que le jour parut, toutes les chaloupes s'avancèrent vers cette terre tant désirée, et Colomb, s'élançant le premier sur le rivage, l'épée nue d'une main, et l'étendard royal de l'autre, prit solennellement possession du pays pour la couronne de Castille et Léon. C'était l'île Guanahani, qu'il appela San-Salvador, et il apprit des naturels du pays qu'elle faisait partie de l'archipel des Lucayes. Les Indiens (Colomb les appelait ainsi parce qu'il croyait que cette île appartenait au continent des Indes), les Indiens couvraient le rivage, et se montraient doux et sans défiance. Mais leur étonnement était extrême à la vue des vaisseaux qu'ils prenaient pour des maisons flottantes; à leurs yeux, les chevaux étaient des animaux ailés et les Castillans des dieux armés du tonnerre.

La plupart de ces insulaires portaient de petits ornements d'or, et ils apprirent à Colomb que cet or leur venait d'un pays situé au sud. Colomb marcha dans cette direction, visita plusieurs petites îles, et aborda enfin à la grande île de Cuba. Ce n'était pas encore la terre cherchée, mais les habitants lui indiquèrent l'île d'Haïti au S.-E. de Cuba; Colomb y arriva le 6 décembre, et lui donna le nom d'Hispaniola. Dans cette île était à l'est le pays de Cibao, riche en or. Haïti était partagée entre cinq caciques ou souverains. Celui de Cibao, nommé Guacanahari, offrit des présents à Colomb et lui témoigna une grande bienveillance. Colomb avait besoin de cet accueil, car il ne lui restait que le plus petit de ses vaisseaux ; l'un avait échoué contre des écueils, l'autre s'était séparé de lui avec un des frères Pinson. Ce départ inquiéta l'amiral ; il craignit que son compagnon ne fût retourné en Europe, et il se disposa à partir. Il construisit à la hâte un fort qui fut le premier établissement des Européens en Amérique, laissa dans l'île une partie de ses compagnons auxquels il recommanda la modération et la prudence, et promit au cacique le secours des Espagnols contre les Caraïbes, nation féroce qui venait souvent attaquer Haïti.

Le 4 janvier 1493 Colomb mit à la voile. Au milieu de la traversée, il fut assailli par une violente tempête, et, craignant que sa découverte ne pérît avec lui, il écrivit un récit de son voyage et l'enferma dans une barrique qu'il abandonna aux flots. Le 15 février il aborda aux Açores avec la *Pinta*, celui des vaisseaux qui s'était séparé de lui, et qui l'avait rejoint dans la traversée. Enfin, après une nouvelle tempête qu'il eut à essuyer près du Portugal, il arriva au port de Palos d'où il était parti sept mois auparavant. De là il rejoignit Ferdinand et Isabelle à Barcelone. Il entra triomphalement dans la ville ; le roi et la reine se levèrent à son approche, le firent asseoir et lui demandèrent le récit de son voyage.

Le bruit de la découverte de Christophe Colomb se répandit en Europe, et donna naissance à divers systèmes sur les terres qu'il venait de trouver. Mais on s'en tint généralement à l'opinion de Colomb, qui les regardait comme une portion des Indes. De là leur est venu le nom d'Indes occidentales. L'enthousiasme excité en Espagne par ce premier voyage fit décider l'envoi d'une seconde expédition, composée de 17 vaisseaux et de 1,500 hommes. En même temps Ferdinand et Isabelle se firent donner, par le pape Alexandre VI, l'investiture des découvertes faites et à faire.

Le 25 septembre 1493 Colomb partit, et, après vingt-six jours de navigation, il toucha aux îles du Vent ou des Caraïbes. Celle sur laquelle il prit terre fut nommée Désirade. Après avoir découvert Marie-Galande, la Guadeloupe, Porto-Rico, il revint à Hispaniola, mais n'y trouva plus les Espagnols. Leurs cruautés avaient révolté les insulaires, et Coanabo, l'un des cinq caciques, avait attaqué les Européens et les avait tous tués ou brûlés dans leur fort. Colomb éleva une ville à la place du fort et l'appela Isabelle. Il visita ensuite la Jamaïque, Sainte-Marthe et un grand nombre de petites îles situés au S. de Cuba et qu'il appela le jardin de la Reine.

De retour à Isabelle, Colomb trouva la division parmi les Espagnols, et les naturels du pays insurgés contre eux. Il voulut rétablir la paix et la concorde, mais déjà l'admiration se changeait en envie : Colomb était calomnié en Espagne, et le roi nomma une commission pour examiner sa conduite. L'amiral partit pour l'Europe afin de se justifier. Il fut comblé de marques d'estime, obtint une nouvelle escadre et revint dans le nouveau monde. Il aborda à l'île de la Trinité, près de l'embouchure de l'Orénoque, et, naviguant à l'ouest, il reconnut la côte du continent de l'Amérique méridionale.

Pendant l'absence de Colomb, les Espagnols restés à Isabelle avaient fondé Saint-Domingue et soumis l'île entière. Mais une révolte avait éclaté, et, quoique promptement réprimée, elle avait laissé des germes de désordre. A son retour, Colomb publia une amnistie en faveur des rebelles. Alors les ennemis de l'amiral renouvelèrent leurs intrigues et leurs plaintes. Ferdinand et Isabelle, cédant à leurs obsessions, envoyèrent un commissaire pour informer des griefs reprochés à Colomb. Cet homme, vendu aux ennemis de l'amiral, se nommait François Bovadilla. A peine arrivé à Hispaniola, il envoya Colomb chargé de fers en Espagne. Ce traitement cruel n'ébranla point la fermeté du grand homme. Malgré l'injustice dont il était l'objet, et les offres du capitaine qui le conduisait en Europe, il voulut garder ses fers, et se présenta ainsi devant Ferdinand et Isabelle. Il se justifia sans obtenir une réparation complète. Il ne fut point renvoyé dans le nouveau monde, et le gouvernement d'Hispaniola fut accordé à Ovando. Dès lors Colomb ne cacha plus son ressentiment ; il ne cessa de porter partout avec lui ses chaînes, et voulut qu'à sa mort on les mît dans son tombeau.

Cependant en 1502 il entreprit un quatrième voyage. Ovando refusa de le recevoir. Colomb fut jeté par la tempête sur les côtes de la Jamaïque. Là, privé de tout secours, menacé de mourir de faim, il se sauva par une heureuse inspiration de son génie. Sachant qu'une éclipse de lune était prochaine, il réunit les Indiens, et leur dit : « Si vous me refusez des vivres, attendez-vous à voir la lune s'obscurcir peu à peu et vous refuser sa lumière. » En effet, l'éclipse arriva au moment qu'il avait indiqué, et les Indiens effrayés s'empressèrent de lui apporter tout ce qu'il leur demanda.

Colomb se rembarqua ensuite pour l'Espagne, où il arriva en 1504. La reine Isabelle n'existait plus : privé de tout espoir par ce triste événement, Colomb, se retira à Valladolid, où il mourut, en 1506, à l'âge de 60 ans. Il fut enterré à Séville, et trente ans plus tard sa dépouille et celle de son fils Diégo furent transportées et ensevelies dans la cathédrale de Saint-Domingue. Le service que Colomb rendit à l'Espagne ne fut pas seulement d'avoir découvert les premières terres d'un nouveau monde, mais d'avoir montré la route. En 1499, Alonzo Ogieda partit d'Espagne, et, suivant la route déjà frayée, arriva à la côte du continent américain et vérifia les premières découvertes. Le Florentin Améric Vespuce qui l'accompagnait composa une relation du voyage, s'attribua l'honneur d'avoir découvert le continent, et donna son nom au nouveau monde, ravissant ainsi à Christophe Colomb une gloire qui n'appartenait qu'à lui seul.

Cependant les Espagnols d'Hispaniola tyrannisaient la population indigène, et les Indiens apprirent à quels dieux ils s'étaient confiés. Bovadilla et Ovando, les nouveaux vice-rois, secondèrent l'aveugle cupidité des colons espagnols qui condamnaient les vaincus aux travaux les plus durs, et dépeuplèrent les Antilles. On se refuse à croire les horribles traitements que souffrirent les Indiens. Ces malheureux, dans leur désespoir, se donnaient la mort ou s'enfuyaient dans les bois et dans les montagnes. Les Castillans déchaînaient contre eux des dogues qui partageront la triste immortalité de leurs maîtres : le dogue Bérillo se fit un renom par sa férocité. En quinze ans une population de 1 million d'Indiens se trouva réduite à 60,000, et huit ans après il ne restait plus que 14,000 indigènes. Il fallut suppléer à cette population en prenant des esclaves sur le continent, aux îles, et plus tard en Afrique, et de là vint l'origine de la traite des nègres.

Au milieu de leurs maux, les Indiens trouvèrent des défenseurs : la cruauté des Espagnols était attaquée par les missionnaires, et les dominicains, les premiers, firent entendre leur voix généreuse en faveur des opprimés. Parmi eux il faut citer Barthélemi Las Casas, qui, après de vains efforts pour arrêter la tyrannie, se rendit en Espagne en 1516, et plaida solennellement la cause des Indiens devant le roi Ferdinand. Ce prince promit de porter remède à ces maux, mais il mourut bientôt après, et le cardinal Ximénès, qui fut investi de la régence, acquitta la promesse de son maître. Il envoya quelques religieux, et fit partir avec eux Las Casas, nommé protecteur des Indiens. Ils engagèrent les Européens à se conduire avec modération. Las Casas, peu satisfait encore des résultats qu'il avait obtenus, revint en Espagne pour exciter la commisération en faveur de ses protégés, et ce service ne fut pas le dernier qu'il rendit à la cause des Indiens. Il repassa douze fois l'Océan, et ne s'arrêta dans cette pieuse mission que quand la vieillesse y mit un terme. En 1566, il mourut âgé de 77 ans.

Questionnaire.

En quelle année naquit Christophe Colomb ? — Quels furent ses premiers voyages ? — Quel projet voulait-il mettre à exécution ? — A qui le présenta-t-il ? — Comment fut-il accueilli ? — Ne fut-il pas obligé de solliciter longtemps à la cour d'Espagne ? — Quel traité signa-t-il ? — En quelle année et de quel port partit l'expédition qu'il commandait ? — De quoi se composait-elle ? — Quels obstacles Colomb eut-il à surmonter ? — Comment apaisa-t-il les murmures des matelots ? — A quelle île aborda-t-il ? — Quelles marques d'étonnement manifestaient les indigènes ? — Quelle indication donnèrent-ils à Colomb ? — Quelles autres îles découvrit-il alors ? — Quel accueil reçut-il à Haïti ? — Pourquoi s'empressa-t-il de retourner en Europe ?

— Que fit-il pendant la tempête qui l'assaillit ? — Comment fut-il accueilli à Barcelone ? — Quelle opinion avait-on en Europe sur les terres découvertes par Colomb ? — Quelles îles découvrit Colomb dans un second voyage ? — Qu'étaient devenus les Espagnols qu'il avait laissés à Hispaniola ? — N'eut-il pas à combattre d'injustes accusations ? — Que firent les Espagnols pendant son absence ? — Quelles mesures prit Colomb à son retour ? — Ne fut-il pas encore calomnié ? — Comment fut-il traité par Bovadilla ? — Obtint-il réparation de l'injustice qui lui était faite ? — En quelle année entreprit-il un quatrième voyage ? — Où aborda-t-il ? — Quel moyen employa-t-il pour se faire donner des vivres par les Indiens ? — Quel triste événement apprit-il à son retour en Espagne ? — Où se retira-t-il ? — En quelle année mourut-il ? — Où fut-il enseveli ? — Quel homme lui ravit la gloire de donner son nom au nouveau monde ? — Quels traitements les Espagnols faisaient-ils subir aux Indiens ? — Que faisaient les Indiens pour échapper à ces cruautés ? — Quels hommes élevèrent la voix en faveur des opprimés ? — Qui prit surtout leur défense ?

CHAPITRE IX.

Suite de l'histoire des colonies espagnoles du commencement à la fin du XVIe siècle.
Nouvelles découvertes. — Balboa. — Magellan. — Entreprise de Fernand Cortez. — Les Tlascalans lui refusent le passage. — Arrivée à Mexico. — Description de cette ville.—L'empereur Montézuma. Victoires de Fernand Cortez.—Mort de Montézuma. — Gualimozin, son successeur. — Soumission du Mexique. — Disgrâce de Fernand Cortez. — Le Pérou. — Départ de Pizarre. — Son entrevue avec l'Inca de Cusco. — Celui-ci est fait prisonnier. — Sa rançon. — Sa mort. — Soumission du Pérou. — Discordes entre les vainqueurs.—Pizarre assassiné. — Découvertes faites sous Philippe II.

Cependant, avec les découvertes nouvelles, augmentait aussi le nombre des aventuriers qui tous voulaient acquérir de la gloire et des richesses. En 1512, l'Espagnol Ponce de Léon, qui avait visité l'intérieur de Porto-Rico, découvrit, le jour de *Pâques fleuries*, une grande presqu'île qui reçut le nom de Floride. Un an après, Balboa, gouverneur d'une colonie qu'il avait fondée près du golfe de Darien, se dirigea vers le sud pour découvrir un riche pays dont il avait appris l'existence par le récit d'un cacique. Il aperçut l'Océan Pacifique des hauteurs de Panama, et, entrant dans les flots l'épée à la main : « Soyez témoins, cria-t-il à ceux qui le suivaient, que je prends possession de cette partie du monde pour la couronne de Castille ; je lui en conserverai le domaine avec cette épée. »

Vers la même époque, Fernandez de Cordoue trouvait la presqu'île du Yucatan (1517), et Grijalva reconnaissait les côtes du Mexique ; le Portugais Magellan, entré au service de Charles d'Autriche, donnait son nom au détroit situé à l'extrémité de l'Amérique méridionale, et, naviguant le premier sur l'Océan Pacifique, trouvait les îles Mariannes et les Philippines. Il périt quelque temps après assassiné par les insulaires ; ses compagnons continuèrent leur route et découvrirent les Moluques. Sébastien Camet, qui avait accompagné Magellan, acheva le tour du monde en trois années, et l'empereur Charles-Quint lui donna pour récompense un globe d'or qui portait cette devise : *primus me circumdedisti*, tu as le premier fait le tour de la terre.

A l'époque où Christophe Colomb découvrit le nouveau continent, la plupart des habitants de cette partie du monde étaient sauvages, uniquement adonnés à la chasse, errant d'un lieu à un autre comme des peuples nomades. Il existait cependant deux nations plus civilisées, l'une au nord, l'autre au sud ; c'était le Mexique et le Pérou. Fernand Cortez fit la conquête du Mexique ; François Pizarre, celle du Pérou.

Fernand Cortez, simple lieutenant de Vélasquez, le gouverneur de l'île de Cuba, partit en 1519 à la tête de cinq cents soldats, de seize chevaux et de dix pièces de campagne. Ce fut avec ces forces qu'il s'aventura dans l'Amérique septentrionale. Le pays qu'il allait conquérir obéissait à un puissant empereur, cacique ou Inca, nommé Montézuma. Arrivé à Saint-Jean d'Ulloa, il reçut une ambassade du souverain qui lui demandait les motifs de son expédition. Sans donner de réponse, Cortez poursuivit sa route, tantôt caressant les naturels du pays, tantôt les effrayant par ses armes. Les Tlascalans, nation guerrière qui avait depuis longtemps secoué le joug des Mexicains, osèrent lui refuser le passage et braver la foudre des étrangers; mais la vue seule des chevaux et le bruit terrible de l'artillerie les mirent en déroute : six mille d'entre eux guidèrent le vainqueur vers la capitale du Mexique. Là résidait Montézuma, ce puissant souverain, chef de trente caciques, dont chacun pouvait réunir cent mille hommes armés de flèches et de pierres tranchantes.

La ville de Mexico, bâtie au milieu d'un grand lac, était remplie de temples et de maisons où brillaient l'or et l'argent, les étoffes de coton, les tissus de plumes nuancés des plus vives couleurs. Les palais de l'empereur étaient entourés de jardins, et l'un de ces derniers était consacré à la culture des plantes médicinales, distribuées gratuitement aux malades. La justice était rendue sur le marché, les finances étaient tenues avec ordre, les écoles publiques ouvertes pour les enfants des deux sexes. L'astronomie elle-même paraissait cultivée : l'année des Mexicains était de 365 jours. Mais les Espagnols, ayant ouvert les portes du grand temple, furent saisis d'horreur en voyant les murs souillés de sang, des crânes et des ossements humains suspendus comme des trophées. Les envoyés de l'empereur assurèrent à Cortez que leur maître sacrifiait chaque année près de vingt mille victimes.

Les victoires précédentes des étrangers, les forteresses mouvantes qui les avaient amenés sur l'Océan, le fer dont ils étaient couverts, furent autant de sujets de crainte et d'admiration. L'empereur Montézuma donna l'exemple de la soumission; un de ses caciques, voyant passer un capitaine espagnol, lui offrit des esclaves et des vivres : « Si tu es dieu, lui dit-il, voilà des hommes, mange-les; si tu es homme, voilà des vivres; ces esclaves te les apprêteront. » Cependant les Mexicains s'apprivoisèrent avec leurs hôtes; un cacique qui avait reçu des ordres secrets de l'empereur, attaqua les Espagnols, en tua trois ou quatre, et envoya la tête de l'un d'eux à Mexico pour montrer aux Mexicains que les prétendus dieux de l'Orient étaient mortels comme les hommes. A cette nouvelle, Cortez, suivi de cinquante guerriers, se rend au palais impérial; avec une audace incroyable, il arrête Montézuma et le fait conduire au milieu de son camp, l'obligeant à rendre hommage au roi de Castille et à payer un tribut annuel.

Cependant Vélasquez, jaloux de la gloire de

son lieutenant, avait envoyé contre lui huit cents fantassins, quatre-vingts cavaliers et douze pièces de canon. Cortez laisse une poignée d'hommes à Mexico, marche contre ses compatriotes, change la fortune, et range sous ses drapeaux l'armée qui l'attaquait comme rebelle. A son retour, la ville était en armes; l'empereur était toujours prisonnier; mais les Mexicains, aguerris par leurs défaites, assiégeaient eux-mêmes les quatre-vingts soldats à qui la garde de Montézuma était confiée. Cortez exigea que l'empereur se montrât sur les murailles pour apaiser le tumulte; mais pendant que ce malheureux prince haranguait ses sujets, il fut frappé mortellement d'un coup de pierre à la tête, et il expira en implorant la vengeance du ciel contre ses persécuteurs. Le siége continuant, Cortez abandonna Mexico. Poursuivi dans sa retraite, il fut forcé de livrer bataille dans les plaines d'Otumba : après une lutte opiniâtre, il se fit jour au travers des ennemis, renversa de sa propre main l'étendard royal, et finit par remporter la victoire. Bientôt il veut rentrer dans Mexico par le lac même qui semble lui en interdire l'accès, et fait construire neuf bateaux par les Tlascalans, ses fidèles alliés. Les Mexicains, de leur côté, rassemblent quelques milliers de canots qui sont écrasés par l'artillerie espagnole. Guatimozin, successeur de Montézuma, fut pris après de nouveaux combats, et placé sur des charbons ardents parce qu'il refusait de déclarer en quel endroit du lac il avait jeté ses richesses. Son grand prêtre, condamné au même supplice, poussait des cris que lui arrachait la douleur : « Et moi, lui dit Guatimozin, suis-je donc sur un lit de roses? » Cortez arracha l'empereur des mains des bourreaux : mais peu après une révolte ayant éclaté, Cortez punit les Mexicains par des cruautés infinies, et fit pendre Guatimozin. Ainsi périt le dernier roi du Mexique.

La prise de Mexico (1521) fit tomber le reste de l'empire sous la domination espagnole. Le conquérant revint en Espagne : il y jouit de peu de considération, et eut à défendre ses biens menacés par un injuste procès. A peine put-il obtenir la faveur d'une audience. Un jour, il se fit un passage au travers de la foule, et monta sur le marchepied de la portière impériale. « Quel est cet homme? » demanda Charles-Quint. « Celui, répondit fièrement le vainqueur des Indes, celui qui vous a donné plus de provinces que vos pères ne vous ont laissé de villes. » Cortez eut le sort de Christophe Colomb : il fut persécuté, et mourut malheureux malgré les titres dont il était décoré.

Une grande découverte restait encore à faire après celle du Mexique. Un jour que les Espagnols se partageaient quelques parcelles d'or, un Indien renversa leurs balances, et leur apprit qu'à plusieurs soleils de marche vers le midi, ils trouveraient une contrée où l'or servait aux usages les plus vils. Un ancien gardeur de pourceaux et un enfant trouvé, François Pizarre et Almagro, entreprirent la conquête de ces régions inconnues que les Espagnols ont désignées sous le nom de Pérou.

Ces vastes contrées, comprenant un espace de trente degrés, étaient soumises à la domination absolue d'une race particulière de conquérants nommés Incas. Le premier de ces conquérants, Manco-Capac, passait pour le fils du soleil; ce législateur était venu à bout de civiliser et d'adoucir les mœurs de ses compatriotes : les Péruviens, à l'époque de la conquête, passaient pour la nation la plus avancée, la plus industrieuse du nouveau monde. Ils se servaient d'obélisques et de cadrans solaires pour fixer les différentes époques de l'année. L'écriture était inconnue, et remplacée par un assemblage symbolique de cordes entrelacées, dont la couleur et les nœuds transmettaient à la postérité les principaux faits de leur histoire. Le dernier Inca avait augmenté son empire par la conquête de Quito, la ville la plus importante après celle de Cusco. Une route de 222 myriamètres, construite à travers les rochers et les précipices, joignait les deux capitales, et des relais d'hommes, établis de deux en deux kilomètres, transmettaient rapidement les ordres du monarque.

Tel était l'empire que deux aventuriers avaient projeté de conquérir. Pizarre, au moment d'exécuter son projet, fut rappelé tout à coup par la jalousie du gouverneur de Panama. Il refusa

6

d'obéir, s'enferma avec seize soldats fidèles dans une île déserte, où pendant cinq mois il eut à souffrir des maux incroyables. Un navire vint enfin le délivrer de cette position critique. Continuant alors sa marche vers le sud, il prit terre à Tumbès, grande ville où l'or était si commun qu'on l'employait à faire des instruments de labourage. Pizarre, n'ayant pas assez de soldats pour entreprendre la conquête du pays, se rendit en Espagne où il fit approuver ses projets par Charles-Quint, qui le nomma vice-roi de toutes les terres qu'il découvrirait.

Pizarre partit avec trois petits vaisseaux, n'emmenant avec lui que trente-six cavaliers et cent cinquante-quatre fantassins. Il s'avança au centre du Pérou, favorisé par la guerre civile qui déchirait alors cette contrée. L'Inca Huescar, dépouillé par son frère Atahualpa, réclama la protection des Espagnols, dont la renommée grossissait les exploits et les forces. Une tradition conservée dans le pays, annonçait qu'il viendrait de l'Orient des hommes barbus, porteurs du tonnerre, et montés sur des animaux formidables. Atahualpa, effrayé de la réalisation de ces oracles, crut voir dans les étrangers les vengeurs de son usurpation; il leur adressa des présents magnifiques en les sommant de sortir de ses Etats. Les Espagnols, s'avançant toujours, arrivent à Caxamalca, où se trouvait Atahualpa avec quarante mille hommes armés de flèches. Pizarre lui fait demander une entrevue. L'Inca de Cusco parut en triomphateur, porté sur un trône d'or enrichi de pierres précieuses. Cette magnificence excita la cupidité des Espagnols. Un prêtre ayant ordonné à l'Inca de se faire chrétien, celui-ci refusa, et aussitôt Pizarre fit faire feu. L'artillerie espagnole épouvanta les Péruviens ; quatre mille d'entre eux furent massacrés, et l'Inca fut fait prisonnier. Atahualpa offrit pour sa rançon l'or que pourrait contenir une salle de son palais remplie jusqu'à hauteur d'homme : il tint parole. La somme dut être énorme, car, indépendamment de ce que Pizarre envoya à Charles-Quint ou garda pour lui, chaque cavalier eut soixante kilogrammes pesant d'or pur, et chaque fantassin quarante kilogrammes. Mais par une autre perfidie, au lieu de rendre la liberté à l'Inca, on le fit comparaître devant un tribunal inique qui le condamna à mort, et cette sentence reçut son exécution.

La discorde sépara bientôt ceux que l'intérêt et la cupidité avaient réunis. Pendant que Pizarre va fonder, en 1535, la ville de Lima sur la côte de la mer du Sud, Almagro pénètre jusqu'au Chili où il éprouve une grande résistance ; puis, apprenant que les Péruviens menacent Cusco, il revient secourir ses compatriotes. Après avoir dispersé les insurgés, il pénètre dans la capitale, où il veut commander en maître. Les frères de Pizarre fomentent le feu de la guerre civile ; les troupes se partagent entre les différents chefs. Après un combat sanglant livré sous les murs de Cusco, Almagro tombe entre les mains de son rival, qui le fait étrangler sans respect pour le grand âge de son compagnon d'armes, sans égard pour ses nombreux services. Peu de temps après, Pizarre lui-même fut assassiné par les soldats d'Almagro. La mort de son frère Gonzalès Pizarre, celle du jeune Almagro, mirent un terme à ces sanglantes tragédies. L'inquisiteur Pédro de la Gasca, chargé par la cour d'Espagne de rétablir l'ordre, rallia à lui la plupart des mécontents, battit les uns, gagna les autres et assura la tranquillité du Pérou par les plus sages mesures. Ce fut pendant ces discordes civiles que Valdivia exécuta la conquête du Chili, et fonda, vers 1538, la ville de San-Iago du Chili.

La fin du règne de Charles-Quint ne fut signalée par aucune autre découverte. Sous Philippe II son successeur, les îles Philippines, explorées déjà par Magellan, furent définitivement conquises; l'île de Luçon, la plus importante, vit s'élever la ville de Manille, destinée à devenir l'entrepôt du commerce espagnol en Asie et en Amérique après la conquête des colonies portugaises. Un service régulier de vaisseaux appelés galions de la mer du Sud transporta en Europe les trésors du nouveau monde. L'Espagne s'épuisa dans le cours de ces étonnantes révolutions; l'agriculture et les manufactures y furent négligées pour l'exploitation des mines, et amenèrent l'inévitable ruine de la métropole. Mais l'énorme quantité d'or et d'argent que l'Amérique versa à l'Espagne, fit

HISTOIRE MODERNE. 101

de ce dernier Etat la première puissance de l'Europe dans le cours du seizième siècle.

Questionnaire.

Quelle découverte est due à l'Espagnol Ponce de Léon? — Quelle mer aperçut Balboa? — N'en prit-il pas possession? — Quelles découvertes fit Magellan? — Comment périt-il? — Quel homme fit le premier le tour du monde? — Quelle récompense reçut-il? — Quelles étaient à cette époque les contrées les plus civilisées du nouveau monde? — Quel projet forma Fernand Cortez? — Quelles forces avait-il? — A qui obéissait le Mexique? — N'envoya-t-il pas une ambassade à Cortez? — Que fit ce dernier? — Par qui fut-il arrêté dans sa marche? — Les Tlascalans ne firent-il pas la paix? — Décrivez la ville de Mexico. — Que fit l'empereur Montézuma? — Comment fut-il traité par Cortez? — Cortez ne fut-il pas obligé de combattre ses compatriotes? — Dans quel état trouva-t-il la ville de Mexico à son retour? — Quel fut le sort de Montézuma? — Quel fut le résultat de la bataille que Cortez livra aux Mexicains? — Comment fut traité Guatimozin? — Quel accueil Fernand Cortez reçut-il de Charles-Quint? — Quel homme entreprit la conquête du Pérou? — A quelle domination était soumise cette vaste contrée? — Par qui Pizarre fut-il arrêté au moment d'exécuter son entreprise? — Où resta-t-il pendant cinq mois? — Par qui fut-il délivré? — Où alla-t-il prendre terre? — Pourquoi revint-il sur ses pas? — Par qui fit-il approuver son projet? — Avec quelles forces partit-il? — Que fit-il demander à l'Inca de Cusco? — Comment fut traité ce prince? — Qu'offrit-il pour sa rançon? — Comment périt-il? — La discorde ne se mit-elle pas parmi les vainqueurs? — Comment périt Almagro? — Quel fut le sort de Pizarre? — Par qui fut exécutée la conquête du Chili? — Quelles découvertes eurent lieu sous Philippe II? — Quelles conséquences eut pour l'Espagne l'exploitation des mines du nouveau monde?

* 6

CHAPITRE X.

Histoire de la rivalité de la France et de l'Autriche, depuis le traité de Noyon jusqu'au traité de Madrid. François Ier et Charles-Quint. — Charles-Quint en Espagne. — Adrien d'Utrecht régent. — Mort de Ximénès. — Trois prétendants à la couronne impériale. — Charles-Quint nommé empereur. — Alliance de Henri VIII recherchée. — Révolte en Espagne. — La France attaquée au nord. — Désastres des Français en Italie. — Trahison du connétable de Bourbon. — Bataille de Pavie. — François Ier prisonnier. — Traité de Madrid.

Le traité de Noyon, que le roi de France, François Ier, signa avec Charles d'Autriche, plus connu sous le nom de Charles-Quint, suspendit un moment les guerres de l'Europe. Les deux rivaux semblaient avoir besoin de ce repos pour rassembler toutes leurs forces, et se préparer à la lutte terrible qui ne devait finir qu'avec leur vie. François Ier possédait toutes les qualités qui, à cette époque demi-barbare, demi-civilisée, rendaient un roi populaire. Il était d'une taille presque gigantesque, si l'on en juge par l'énorme cuirasse qu'il portait à la bataille de Marignan, et qui a été conservée comme un glorieux trophée au Musée d'artillerie. Brillant de jeunesse, avide de gloire, bouillant de courage, il semblait avoir pris pour modèle les héros de l'ancienne chevalerie. Charles d'Autriche se présente à nous sous un aspect plus sévère; c'est un roi tout moderne. Entouré d'hommes d'État, de guerriers illustres, il se met rarement à la tête de ses armées; c'est du fond de son cabinet qu'il dirige toutes les affaires. Attaqué de toutes parts, et par les révoltés de Flandre, et par les protestants d'Allemagne, et par les hordes de Soliman, il sut triompher des uns et des autres, et se montra le véritable défenseur du monde chrétien.

Après avoir signé la paix avec François Ier, Charles-Quint se rendit en Espagne pour se faire couronner. Il ôta la régence de Castille à Ximénès pour la donner à son ancien précepteur, Adrien d'Utrecht, qui fut plus tard élevé au trône pontifical. Néanmoins Ximénès conserva l'autorité, et l'exerça avec autant de vigueur que de sagesse. Il força à la soumission quelques seigneurs rebelles, et, en établissant une milice bourgeoise, soldée et exempte d'impôts, il affranchit la couronne de la servitude dans laquelle elle se trouvait. Charles-Quint avait amené avec lui des Flamands qui convoitaient toutes les dignités et tous les honneurs, et se montraient jaloux de Ximénès. Ce grand homme résista pendant quelque temps à leurs intrigues; mais enfin le monarque, cédant à de continuelles obsessions, disgracia son ministre. Ximénès ne put supporter le chagrin que lui causa l'ingratitude de son maître : il mourut, dit-on, quelques heures après avoir reçu la lettre qui lui ordonnait de quitter la cour (1515). De la Castille, Charles-Quint se rendit en Aragon, et pendant qu'il était à Sarragosse, il reçut les députés de

François Ier qui le sommaient de rendre la Navarre. Charles ne répondit point, et en éludant la question, il autorisa François Ier à se croire dégagé du traité de Noyon. Un autre événement amena une désunion plus complète.

La même année (1519) l'empereur Maximilien Ier, toujours contrarié dans ses projets d'ambition, toujours malheureux, excepté dans les alliances de famille, descendit au tombeau. Trois concurrents se disputèrent la couronne impériale à la diète de Francfort : les rois de France, d'Espagne et d'Angleterre. Les électeurs hésitaient, craignant de se donner un maître ; l'un d'eux, Frédéric le Sage, électeur de Saxe, était même désigné par la voix de ses collègues, et choisi pour administrer l'empire. Il se montra digne de son surnom en refusant cet honneur, et fit porter tous les suffrages sur le roi d'Espagne, Charles-Quint, celui des trois candidats que ses richesses et sa position rendaient le plus capable de défendre l'Allemagne contre les invasions formidables des Turcs. Sélim et son fils, Soliman II, renouvelaient les craintes que le monde civilisé avait éprouvées du temps de Mahomet II.

Ainsi la maison d'Autriche, enrichie par le patrimoine des ducs de Bourgogne, et par le trône d'Espagne, dérangea tout à coup le vieil équilibre de l'Europe. Une rivalité sanglante éclata entre François Ier et Charles-Quint. De part et d'autre les ressources se trouvaient égales : l'empire de Charles était plus vaste, mais son autorité plus limitée : l'infanterie espagnole n'était pas moins redoutée que la gendarmerie française. Le roi d'Angleterre, Henri VIII, pouvait seul peut-être maintenir la balance entre les deux rivaux; mais le monarque anglais, d'une humeur versatile, gouverné lui-même par l'adroit cardinal Wolsey, contribua dans l'origine à l'agrandissement de la puissance de la maison d'Autriche. Charles et François Ier sollicitèrent avec la même ardeur l'alliance du roi d'Angleterre, qui avait pris cette orgueilleuse devise : *Qui je défends est maître.* Des pensions furent offertes au cardinal Wolsey; la main de la princesse Marie fut à la fois demandée pour le Dauphin de France, et pour l'empereur d'Allemagne. Wolsey reçut des deux mains et ne se prononça pas sur le mariage.

François Ier, pressé d'en finir, obtint du monarque anglais une entrevue près de Calais, et y étala inconsidérément le luxe et la magnificence de la cour française; cette assemblée en retint le nom de *camp du drap d'or*, et plusieurs, raconte l'historien Du Bellay, y portèrent le prix de leurs moulins, de leurs forêts et de leurs prés sur leurs épaules. Charles-Quint, plus adroit, se garda bien d'exciter la jalousie de Henri VIII; il lui rendit visite en Angleterre, fit espérer la tiare au cardinal premier ministre, et l'emporta sur son rival : il signa le traité de Windsor, et retourna à Aix-la-Chapelle, où il fut couronné empereur (1520).

Cependant une révolte grondait sourdement

en Espagne dans les États héréditaires de Charles-Quint, gouvernés alors par le cardinal **Adrien d'Utrecht**. L'oppression que quelques **nobles** exerçaient dans le territoire de Valence, excita un soulèvement. Le peuple nomma des députés pour porter des plaintes au roi. Charles-Quint les reçut avec bienveillance, et cet accueil irrita la noblesse. Elle forma une association pour combattre le roi, pendant que de leur côté les villes se confédéraient. La contagion gagna bientôt toute l'Espagne, et les communes se révoltèrent partout. C'est ce qu'on a appelé la révolte des *communeros*. Les confédérés se mirent en campagne sous le commandement de don Pédro Giron, et s'emparèrent du château de Tordesillas. L'empereur conçut quelques inquiétudes; mais ne pouvant pas dans ce moment se rendre en Espagne, il résolut d'employer la douceur. Il promit une amnistie à ceux qui se soumettraient, et s'engagea à ne plus donner de charges publiques à des étrangers. Les mécontents exigèrent en outre que les priviléges de la noblesse fussent révoqués et les libertés publiques garanties. Alors l'empereur se rapprocha des nobles, et ceux-ci, alarmés de ces principes d'égalité, et menacés de la perte de leurs priviléges, prirent les armes, marchèrent contre les confédérés et les défirent à la journée de Villalar. Cette victoire suffit pour rétablir la tranquillité publique.

François Ier, peu généreux, avait cru devoir profiter de ces troubles pour envahir la Navarre; ses troupes arrivèrent trop tard et furent battues sous les murs de Pampelune. L'empereur, après avoir mis dans ses intérêts le pape Léon X, qui fut bientôt remplacé sur le trône pontifical par Adrien, se vengea de l'invasion de son rival, en attaquant le nord de la France. L'héroïque chevalier Bayard, renfermé dans les murs de Mézières, arrêta les progrès des Allemands, et donna le temps au duc d'Alençon d'accourir à son secours : les impériaux se retirèrent. A la même époque, Lautrec, moins heureux que Bayard, se vit dans la nécessité d'abandonner une partie de la Lombardie. L'année suivante fut plus désastreuse encore : les Suisses, auxiliaires intrépides, mais ne se piquant pas d'une grande fidélité envers leurs alliés, osèrent demander à leur général : *argent, bataille ou congé*. Lautrec, forcé de livrer bataille à La Bicoque, près de Milan, fut vaincu, abandonné par ces étrangers et chassé définitivement du Milanais. La dilapidation des finances, les futiles prodigalités de la reine mère Louise de Savoie, et surtout la haine qu'elle portait à Lautrec furent les causes de ce désastre. Le malheureux Semblançai, surintendant des finances, fut sacrifié d'une manière odieuse, condamné à la place des vrais coupables, et pendu au gibet de Montfaucon.

Tandis que François Ier songe à réparer cet échec, un héraut se présente et lui déclare la guerre de la part de Henri VIII. François redouble d'activité, met en vente les offices de judicature, fait fondre la grille d'argent massif que Louis XI avait placée autour du tombeau de saint Martin, et lève une armée considérable. Il n'a plus d'alliés : Venise, frappée au cœur par les découvertes récentes des Portugais et des Espagnols, se renferme dans les bornes d'une exacte neutralité ; Gênes s'est livrée aux impériaux ; le pape Adrien VI est entré dans la ligue formée contre la France. Mais le roi supplée à tout et veut reconquérir le Milanais en personne avant que les confédérés aient pris leurs mesures.

Un complot domestique arrêta le départ du roi et mit la France dans le plus grand danger. Le connétable de Bourbon, un des vainqueurs de Marignan, poursuivi par l'injuste ressentiment de la reine mère, humilié par un affront récent, se trouvait réduit au désespoir. Le connétable, comte de Montpensier et Dauphin d'Auvergne, tenait de son épouse le duché de Bourbon et plusieurs autres domaines qui en faisaient le seigneur le plus puissant du royaume. Louise de Savoie lui disputait une moitié de cette riche succession, et elle obtint de son fils que les biens en litige fussent mis en séquestre. Le connétable justement offensé, oublia tous ses devoirs, et prêta secrètement l'oreille aux propositions de l'empereur. Ainsi la France se trouva privée des talents de son plus grand homme de guerre ; et remarquons que dans la suite le même esprit de légèreté et d'injustice éloigna du royaume le Génois André Doria qui prit également du service à la cour de Charles-Quint. L'empereur promit au transfuge la main de sa sœur Éléonore, et le rétablissement du royaume de Provence. A ce prix le connétable s'engageait à soulever ses vassaux et à fondre sur la Bourgogne dès que François Ier aurait passé les Alpes; en même temps Henri VIII devait attaquer la France par la Picardie, et l'empereur par les Pyrénées.

François Ier, averti de cette conspiration, refusa de s'assurer de la personne du coupable, et tenta vainement de le ramener par la douceur. Il n'était plus temps : Bourbon venait de s'enfuir en Italie et de prendre le commandement général des armées de l'empereur. Le roi de France lui opposa l'amiral Bonnivet, créature de la reine mère, plus brave que capable, qui commença par échouer devant Milan, et n'essuya en Italie que des défaites. Dans la retraite désastreuse de Biagrassa, Bayard fut blessé mortellement. Sur le point d'expirer, adossé contre un arbre, il vit passer le connétable de Bourbon qui s'apitoya sur son sort. Le chevalier *sans peur et sans reproche* flétrit hautement la trahison du connétable, et expira en chrétien.

Sur ces entrefaites, mourut le pape Adrien VI; Jules de Médicis, son successeur, élu sous le nom de Clément VII, offrit vainement de s'entremettre et de conclure la paix. Les Anglais, ayant pénétré en France, s'arrêtèrent aux bords de l'Oise et furent repoussés par La Trémouille; le duc de Guise chassa les Allemands qui avaient passé la Meuse; les autres bandes impériales, commandées par le marquis de Pescaire et par le connétable de Bourbon, échouèrent complétement sous les murs de Marseille, et passèrent les Alpes en désordre. François Ier pouvait accabler les impériaux en Provence; il préféra les devancer en Italie, sur cette terre qui semblait dévorer les Français, et s'abandonna de nouveau aux conseils du présomptueux Bonnivet. Louise de Savoie fut nommée régente de France.

L'entrée des Français à Milan fut le premier, le seul succès de la campagne. François Ier mettant son honneur à ne pas reculer, même pour vaincre, s'obstina au siége de Pavie, et s'affaiblit en dirigeant 12,000 hommes sur le royaume de Naples. La supériorité de l'artillerie française était reconnue; François Ier la rendit inutile en se précipitant devant elle. En un moment les Suisses furent écrasés ou prirent la fuite; les vieux compagnons d'armes du roi, La Palisse, La Trémouille, tombèrent à ses côtés; le roi de Navarre, Montmorency l'*Aventureux*, furent faits prisonniers. François Ier combattait toujours; son cheval venait d'être tué; son armure était criblée de coups de feu et de coups de lance. Un gentilhomme de la suite de Bourbon sauva le roi, qui, refusant de se rendre à un traître, fit appeler le vice-roi de Naples; Lannoy reçut à genoux l'épée de François Ier, qui écrivit le soir à sa mère: *Madame, tout est perdu, fors l'honneur.*

Charles-Quint en jugea autrement, et pensa
4.

que la France privée de son chef ne se montrerait ni moins intrépide, ni moins redoutable. Il usa de la victoire avec peu de générosité, maltraita même son prisonnier, son *bon frère*, ainsi que François se nommait lui-même, et ne songea qu'à en tirer une riche rançon. En vain l'Europe témoigna-t-elle le plus vif intérêt pour le captif; en vain les nobles d'Espagne demandèrent-ils qu'il fût prisonnier sur parole. Ce ne fut qu'après un an de captivité, et à l'occasion d'une maladie qui pouvait enlever le roi de France, que l'empereur consentit à le relâcher, en lui imposant les conditions les plus dures et les plus honteuses.

Par le traité de Madrid, François Ier cédait à son vainqueur ses droits sur l'Italie, renonçait à la Flandre et à l'Artois, et rétablissait le connétable de Bourbon dans toutes ses charges et ses biens. Il consentait à épouser la sœur de Charles-Quint, cédait la Bourgogne, laissait deux de ses fils en otage, et s'engageait à faire ratifier le traité par les états de son royaume, promettant de revenir à Madrid si les conditions n'étaient pas entièrement accomplies (1526).

Questionnaire.

Quelles étaient les qualités de François Ier? — Quel était le caractère de Charles-Quint? — A qui Charles-Quint donna-t-il la régence de Castille? — Quels services lui rendit encore Ximénès? — Comment ce ministre fut-il récompensé de son dévouement? — Quels princes se disputèrent la couronne impériale? — A qui les électeurs donnèrent-ils leurs suffrages? — Quelle alliance l'empereur et François Ier recherchèrent-ils à l'envi?—Que fit le roi de France pour mettre Henri VIII dans ses intérêts? — Quelle fut la conduite de Charles-Quint? — A quelle cause doit être attribuée la révolte qui éclata en Espagne? — Que fit Charles-Quint pour la réprimer? — Quel pays François Ier avait-il envahi? — Comment se vengea l'empereur? — Quel homme arrêta les progrès des impériaux? — Quels désastres les Français éprouvèrent-ils en Italie? — Quel prince vint encore déclarer la guerre à François Ier? — Comment celui-ci se procura-t-il l'argent nécessaire pour lever une armée? — Quels motifs engagèrent le connétable de Bourbon à trahir la cause de la France? — Quelles promesses lui fit Charles-Quint?—Quel général François Ier opposa-t-il au connétable de Bourbon? — Comment mourut le chevalier Bayard? — Par qui furent repoussés les Anglais et les Allemands qui avaient envahi la France? — Quelle faute commit François Ier? — Où fut-il vaincu? — A qui remit-il son épée? — Comment Charles-Quint traita-t-il François Ier? — Combien de temps le roi de France resta-t-il prisonnier? — Quelles furent les conditions du traité de Madrid?

CHAPITRE XI.

Histoire de la rivalité de la France et de l'Autriche, depuis le traité de Madrid jusqu'à la paix de Câteau-Cambrésis.
Ligue formée contre l'empereur. — Prise et sac de Rome. — Paix de Cambrai. — Charles-Quint bombarde Tunis. — Reprise des hostilités entre l'empereur et le roi de France. — Les impériaux en Provence. — Trêve de Nice. — Révolte des Gantois. — Mauvaise foi de Charles-Quint. — La guerre recommence. — La France envahie par l'empereur et par Henri VIII. — Paix de Crespy. — Abdication de Charles-Quint. — Traité de Câteau-Cambrésis. — Siècle de François Ier.

François Ier se hâta de quitter Madrid : mais il y laissa cette bonne foi, cette loyauté chevaleresque qui jusque-là avait fait sa gloire. Il oublia ses engagements dès qu'il fut rentré dans son royaume, et fit déclarer par les états de Bourgogne qu'il n'avait pas le droit de démembrer la France. Charles-Quint l'accusa de perfidie; François répondit aussitôt qu'il en *avait menti par la gorge*, et lui envoya un cartel en lui laissant le choix des armes. Une ligue formidable se formait en même temps contre l'empereur. Henri VIII, alarmé de la victoire de Pavie, s'alliait à la France ; le pape, Venise, Florence, le duc de Milan, livrés à la merci des troupes impériales, appelaient de tous leurs vœux les Français en Italie.

En effet, la péninsule italienne, abandonnée à une soldatesque féroce, indisciplinée, se trouvait en proie à la guerre la plus hideuse. Les troupes de Charles-Quint, qui n'étaient pas payées, cherchaient à se dédommager par le pillage des villes ; les Espagnols, aux portes de la Toscane, ne juraient plus que par *le sac glorieux de Florence;* quatorze mille Allemands passaient les Alpes sous la conduite du luthérien Frundsberg, qui portait au cou une chaîne d'or destinée, disait-il, à étrangler le pape. Ces barbares prirent la route qu'avaient suivie les Goths leurs aïeux, et s'approchèrent de Rome. Clément VII, à l'approche de l'armée du connétable de Bourbon, licencia ses meilleures troupes dans l'espoir que Rome désarmée inspirerait plus de respect. L'événement trompa son attente. Bourbon, vêtu de blanc pour être mieux aperçu des siens, agit avec la fougue d'un soldat. Il saisit une échelle, et il montait le premier à l'assaut, quand un Romain le renversa d'un coup d'arquebuse. Intrépide au sein de la mort même, il eut la force de soulever un coin du manteau jeté sur son corps et de dire aux soldats qui s'informaient de leur chef : « Bourbon marche devant. »

Sa mort fut cruellement vengée. Les troupes désespérées montèrent sur les remparts avec ces cris de rage : « Au carnage! au sang! au sang! à la scie! Bourbon! Bourbon!» Huit mille Romains furent égorgés le premier jour. Plus féroces que les soldats d'Alaric, les luthériens profanèrent les églises, mutilèrent les monuments des arts, violèrent les tombeaux et dispersèrent la cendre des morts. Les lansquenets, revêtus d'ornements sacrés, mêlèrent à leurs orgies de scandaleuses processions, traînant à leur suite les véritables prélats qu'ils chargeaient de coups avec de bruyants éclats de rire.

Un cri d'indignation s'éleva en Europe à la nouvelle du sac de Rome et de la captivité du souverain pontife. Charles-Quint se contenta d'ordonner des prières pour la délivrance de Clément VII retenu dans le château Saint-Ange. François Ier, profitant des circonstances, chargea Lautrec de marcher sur Naples, mais il le laissa manquer d'argent, comme dans les guerres précédentes; une maladie contagieuse enleva le général français et consuma son armée. Pour comble de malheur, André Doria, un des plus illustres marins de son siècle, peu ménagé par la cour de France, se donna à l'empereur sous la noble condition que Gênes sa patrie resterait indépendante. A la même époque, s'illustraient par leurs exploits maritimes Dragut le corsaire, et Barberousse, roi de Tunis et d'Alger; ces *diables de la mer*, comme les appelle le chroniqueur Brantôme, se signalèrent plus d'une fois par l'audacieuse habileté de leurs manœuvres, et flétrirent par leurs *machinations diaboliques et infernales* les lauriers de l'amiral génois.

La paix de Cambrai (1529) suspendit les hostilités de la France et de l'Autriche. L'empereur, justement alarmé des progrès de la réforme religieuse qui s'opérait en Allemagne, et des invasions du terrible Soliman qui s'était avancé jusqu'aux portes de Vienne, résolut de combattre et de vaincre ces nouveaux ennemis. Les chevaliers de Rhodes, établis dans l'île de Malte, étaient trop faibles pour défendre la mer contre les vaisseaux des puissances barbaresques qui ravageaient les rivages de l'Italie et de l'Espagne. Charles-Quint entreprit d'écraser les pirates dans leur repaire. Une flotte de cinq cents vaisseaux et de trente mille hommes, grossie des secours envoyés par le pape et par le roi de Portugal, puissamment secondée par les galères d'André Doria, se dirigea sur l'Afrique. L'empereur fit partie de cette expédition ainsi que l'élite de la noblesse espagnole; il partagea les fatigues et les privations de ses soldats, et donna un glorieux démenti aux malins propos qui le taxaient d'une extrême prudence, pour ne s'être pas trouvé en personne à la bataille de Pavie. Au reste, Barberousse ne pouvait résister à l'armement le plus formidable qui eût été dirigé contre les infidèles depuis les croisades. Tunis se rendit : vingt mille chrétiens, délivrés de leurs fers, allèrent publier dans toute l'Europe les louanges de leur libérateur.

Par un triste contraste, François Ier déclarait son alliance avec Soliman II, négociait avec l'Angleterre et avec les réformés d'Allemagne, sans recevoir de personne les secours qu'il en attendait. Les protestants ne pouvaient se fier

à un prince qui faisait brûler leurs coreligionnaires à Paris ; Henri VIII, frappé d'un esprit de vertige et de persécution, abattait sous la hache des bourreaux les têtes les plus illustres de son royaume ; et Charles-Quint, instruit des intrigues de son rival, disait publiquement à Rome : « Que, s'il n'avait pas plus de ressources que le roi de France, il irait à l'instant, bras liés et corde au cou, se jeter à ses pieds et implorer sa pitié. »

Les armées de l'empereur envahirent bientôt la Provence et la Picardie. Cette dernière province fut sauvée par le dévouement de la noblesse qui défendit Péronne. Quant à la Provence, elle n'était plus qu'un affreux désert. Le maréchal de Montmorency, qui en était gouverneur, s'était décidé à la ravager pour affamer l'ennemi ; après avoir tout détruit, moulins, fermes, villages et villes, il s'était retranché dans une position inexpugnable, entre le Rhône et la Durance. Les soldats de Charles-Quint se promenèrent sans obstacle dans ce pays désolé, ne trouvant nulle part ni vivres, ni ressources d'aucune espèce. Cette armée, d'abord si florissante, fut bientôt décimée par la famine et les maladies, et forcée de battre en retraite. Charles-Quint repassa le Var après avoir perdu la moitié de ses troupes, et alla cacher sa honte en Espagne.

La guerre continuait dans le Piémont. Cependant en 1538 la reine de Hongrie, gouvernante des Pays-Bas, et la reine de France s'entremirent pour amener la paix. Le pape Paul III offrit sa médiation et pressa les deux rivaux de se réconcilier. Il proposa une conférence à Nice, et pour les déterminer à s'y rendre, il y alla lui-même malgré son grand âge. Cette entrevue n'amena pas un traité définitif, mais une trêve de dix ans. Dans une seconde entrevue, qui eut lieu quelques jours après à Aigues-Mortes, Charles-Quint et François Ier se prodiguèrent les marques de l'amitié la plus vive. Mais cette union ne devait pas durer longtemps.

Les Gantois s'étant révoltés pour se soustraire à de nouveaux impôts, Charles-Quint résolut d'aller les châtier, et demanda à François Ier la permission de passer par la France, qui était pour lui le chemin le plus court et le plus sûr. François Ier accorda la permission sollicitée, et accueillit Charles-Quint avec la plus franche et la plus loyale hospitalité. Malgré les conseils de ses courtisans, et quoiqu'il eût pu trouver des motifs légitimes pour arrêter son rival, il refusa constamment d'user de perfidie et le laissa partir librement. Seulement il lui fit promettre l'investiture du Milanais, si longtemps différée. Tant de noblesse devait être mal récompensée. Après avoir puni les Gantois de leur insurrection, Charles-Quint éluda sa parole, et, niant qu'il eût rien promis, il fit donation perpétuelle du Milanais à son fils Philippe et à ses descendants. Cette nouvelle perfidie indigna François Ier, et la guerre recommença,

Cinq armées françaises envahirent en même

temps le Roussillon, le Luxembourg, , l'Artois, le Piémont et la Flandre. François Ier fit alliance avec Soliman, et les flottes réunies de la Turquie et de la France allèrent bombarder inutilement le château de Nice. L'Europe s'émut d'indignation en voyant les lis unis au croissant, et des chrétiens faisant cause commune avec les infidèles. Charles-Quint profita habilement de cette disposition des esprits, et s'empressa de signer un traité avec Henri VIII. La France fut de nouveau attaquée sur toutes ses frontières. Pendant que le jeune duc d'Enghien faisait triompher les armes françaises en Italie, et remportait sur les impériaux la victoire de Cérisoles, Henri VIII vint assiéger Boulogne et Montreuil. De son côté, Charles-Quint, entrant en Champagne, s'empara de Commercy, de Ligny et de Saint-Dizier. Mais la longue résistance de cette dernière ville avait donné au roi de France le temps de rassembler ses forces. Ainsi Charles-Quint, malgré la prise d'Epernay et de Château-Thierry, n'était pas sans inquiétude au milieu d'un pays ravagé où ses soldats mouraient de faim. Il craignait que la retraite ne lui fût coupée, et il fit des propositions de paix qui furent acceptées. Le 18 septembre 1544 la paix fut conclue à Crespy, près de Laon. Par ce nouveau traité les deux princes devaient se restituer les conquête faites depuis la trêve de Nice. Charles-Quint renonçait à la Bourgogne, et François Ier à toute prétention sur le royaume de Naples. Les rois de France et d'Angleterre signèrent également la paix en 1546, et moururent l'année suivante.

Les commencements du règne de Henri II, fils et successeur de François Ier, furent heureux pour la France. Le roi, tirant un habile parti des troubles excités en Allemagne par la ligue protestante de Smalkalde, racheta des Anglais la ville de Boulogne, apaisa une révolte en Guyenne, et s'empara des trois évêchés de Lorraine, Metz, Toul et Verdun. Cette importante conquête fut conservée par les talents et la bravoure du duc de Guise qui s'enferma dans les murs de Metz et repoussa les efforts d'une armées de cent mille impériaux. Charles-Quint, humilié par ce revers, fut encore vaincu à la journée de Renti. « La fortune n'aime point les vieillards, » disait-il avec amertume. Dévoré de chagrins, accablé d'infirmités, il céda le sceptre de l'Espagne à Philippe II son fils, et la couronne impériale à son frère Ferdinand II. Il se retira dans le couvent de Saint-Just, où de nouvelles afflictions, causées par l'ingratitude de son fils, portèrent le dernier coup à sa faible santé. On rapporte qu'un jour, ne pouvant venir à bout d'accorder deux montres, il laissa échapper ces mots : « Je ne puis donner le même mouvement à deux montres, et j'ai voulu donner la même opinion à tous les hommes ! » Plein d'une mélancolie religieuse, il fit célébrer de son vivant ses funérailles, et mourut quelques jours après, à l'âge de cinquante-neuf ans 1558).

Après l'abdication de Charles-Quint, les Français, appelés en Italie par le pape Paul III, firent admirer leur courage au milieu de nouveaux revers : l'intrépide Montluc, le brave duc de Guise, le défenseur de Metz, n'essuyèrent que des échecs. Le seul maréchal de Brissac, dont les vertus militaires et le désintéressement n'envient rien aux plus belles gloires de l'antiquité, fit quelques progrès en Piémont et menaça le duc Philibert Emmanuel de lui enlever ses Etats. Philippe II s'unit aussitôt avec l'Angleterre, entra en Picardie, et investit St-Quentin à la tête de soixante mille Espagnols et de douze mille Anglais. La désastreuse bataille de St-Quentin (1557) força Coligny d'ouvrir les portes de cette ville, après un siége opiniâtre. Les Français eurent le temps de se reconnaître : les nombreuses milices nationales de Paris se préparèrent à repousser l'étranger. Le duc de Guise, rappellé d'Italie et nommé lieutenant général du royaume, se rendit maître de Calais en huit jours, malgré les rigueurs de l'hiver, effaçant ainsi la honte de la bataille de Gravelines perdue la même année par le maréchal de Termes.

La prise de Calais et de plusieurs autres places hâta la conclusion de la paix. Le connétable de Montmorency, prisonnier des Espagnols, négocia le traité de Câteau-Cambrésis, peu honorable pour la France. Mais elle avait besoin de repos. On s'occupait de fêtes et de tournois, pour célébrer le mariage de la fille de Henri II avec le duc de Savoie, quand la malheureuse joute dans laquelle le roi fut mortellement atteint d'un éclat de lance, replongea le royaume dans le deuil, et fit renaître les ambitieuses espérances de la maison d'Autriche. Henri II mourut à l'âge de quarante et un ans, en 1559.

C'est ici le lieu de dire quelques mots sur le siècle de François Ier, sur cette grande époque où l'Europe sort des ténèbres de l'ignorance et brille de l'éclat des lettres et des sciences, au milieu des luttes terribles qui ne cessent de la déchirer. L'invention de Jean de Guttemberg (1441), l'imprimerie, fut en quelque sorte le signal de la renaissance des lettres. Le concile de Florence, que présida l'empereur Jean Paléologue, accompagné du patriarche Joseph et de vingt évêques, les plus savants de l'Eglise grecque, fit admirer l'éloquence du célèbre Bessarion. L'académie de Naples, fondée par Alphonse Ier, les écoles de Florence et de Venise, cultivaient avec succès la philosophie, l'histoire, les langues savantes, avant le pontificat de Léon X. Les livres des anciens furent recherchés et excitèrent la curiosité des hommes : les chefs-d'œuvre des littératures grecque et latine, si longtemps oubliés, sortirent de la poussière du tombeau et furent partout recherchés avec empressement. Homère et Démosthène furent expliqués en public, Aristote et Théophraste traduits en latin. Euclide, Archimède, furent retrouvés; la médecine elle-même recouvra son ancien éclat. L'Italie, exempte des troubles religieux qui désolèrent le reste de l'Europe, devait devancer les autres nations dans les arts et dans les sciences. La France la seconda dignement : pendant que le pape Léon X faisait exécuter les magnifiques peintures du Vatican et construire l'église de Saint-Pierre, François Ier, justement surnommé le *restaurateur des lettres*, fondait l'Imprimerie royale et le Collége de France, et encourageait tous les talents par ses bienfaits.

A aucune époque on ne vit un concours aussi nombreux de souverains remarquables. Sigismond de Pologne, Gustave Wasa de Suède, Ivan IV de Russie, dont nous parlerons plus tard, ne s'effacent pas devant la grandeur de Charles-Quint et de François Ier. L'histoire de ce siècle peut citer aussi une foule de femmes célèbres. Nous nommerons entre autres Louise de Savoie, qui, durant la captivité de son fils, sut réparer les fautes dont elle s'était rendue coupable; la duchesse d'Alençon, sœur de François Ier; Marguerite, gouvernante des Pays-Bas; et l'une des plus admirables, bien que des moins connues, Isabelle, fille de Sigismond, qui, trahie, abandonnée des siens et forcée de remettre la couronne à l'archiduc d'Autriche, dit à son fils ces paroles touchantes : « Mon fils, la vertu ne manque jamais de couronnes; celui qui sait faire des heureux trouve toujours des sujets. Oublie ta naissance, et songe que la paix, dont nous sommes les victimes, va mettre un terme aux maux de notre patrie. »

124 HISTOIRE MODERNE.

Questionnaire.

Quel fut le premier soin de François Ier après avoir recouvré sa liberté? — Quelle ligue se forma contre l'empereur? — Quelle était alors la situation de l'Italie? — Par qui étaient conduits les Allemands qui marchèrent contre Rome? — Quel fut le sort du connétable de Bourbon? — Décrivez la prise et le sac de Rome. — Que fit Charles-Quint en faveur du pape? — Quels nouveaux revers essuyèrent les Français en Italie? — A quelle condition André Doria entra-t-il au service de Charles-Quint? — Quels pirates s'illustraient alors par leurs exploits? — De combien de vaisseaux se composait la flotte que Charles-Quint envoya contre Tunis? — A quel nombre s'élevèrent les chrétiens qui furent alors délivrés? — Quelles provinces envahit Charles-Quint? — Comment fut sauvée la Picardie? — Que fit Montmorency en Provence? — Que devint l'armée de l'empereur? — Les hostilités ne furent-elles pas suspendues? — A quelle occasion Charles-Quint demanda-t-il le passage par la France? — Comment fut-il accueilli par François Ier? — Comment récompensa-t-il cet accueil? — Avec qui François Ier fit-il alliance? — Que fit Charles-Quint? — De quel côté attaqua-t-il la France? — De quelles villes s'empara-t-il? — Pourquoi conclut-il la paix? — Où fut-elle signée? — Comment furent signalés les commencements du règne de Henri II? — En faveur de qui Charles-Quint abdiqua-t-il? — Où se retira-t-il? — Racontez les principaux événements de la guerre jusqu'à la paix de Câteau-Cambrésis? — Comment mourut Henri II? — Sous quels rapports le siècle de François Ier est-il remarquable? — Quels sont les princes et les femmes les plus célèbres de ce siècle?

CHAPITRE XII.

Histoire de la réforme en Allemagne et en Suisse. — Vente des indulgences. — Premières prédications de Luther. — Il comparaît à la diète de Worms. — Il refuse de se rétracter. — Défenseurs de Luther. — La réforme adoptée dans une partie de l'Allemagne. — Les sacramentaires et les anabaptistes.—Charles-Quint combat les protestants. — Ligue de Smalkalde. — Bataille de Mulhberg.— Intérim.—Paix d'Augsbourg. — Zwingle en Suisse. — Cantons protestants. — Cantons catholiques. — Calvin. — Sa réforme.

Léon X, qui monta sur le trône pontifical en 1513, avait le dessein d'armer l'Europe contre les Turcs, qui devenaient de plus en plus redoutables, et d'achever la basilique de Saint-Pierre commencée par Jules II. Mais les finances étant épuisées, le pape eut recours à la vente des indulgences. Cet usage avait été primitivement établi dans un but pieux; l'argent que les papes retiraient de la vente des indulgences servait à soulager les misères des pauvres, à racheter les chrétiens prisonniers des infidèles, à subvenir aux frais d'une croisade en terre sainte. D'ailleurs il ne suffisait pas pour racheter ses péchés de donner une somme d'argent; l'Eglise exigeait encore la contrition et le repentir des pécheurs. Mais ceux qui étaient chargés par les papes de recevoir les dons des fidèles abusaient souvent de la confiance qui leur était accordée, et dépensaient en folles prodigalités l'argent destiné à un tout autre usage. Le dominicain Tetzel, que son ordre avait chargé de vendre les indulgences dans le nord de l'Allemagne, donna le spectacle des plus grands scandales dans l'accomplissement de cette mission, et ce fut alors qu'un jeune professeur de l'université de Wittemberg, Martin Luther, attaqua dans ses écrits la vente des indulgences.

Luther, était né en 1483 à Eisleben, dans le comté de Mansfeld, où son père travaillait aux mines. Se promenant un jour avec un de ses compagnons d'étude, il le vit périr à ses côtés frappé de la foudre. Cette circonstance le détermina à embrasser la vie monastique dans l'ordre des Augustins, à Erfurt. Ses talents le firent nommer professeur à l'université que venait de fonder Frédéric le Sage, électeur de Saxe : il y enseigna la philosophie et la théologie, et se fit remarquer par son penchant pour les nouveautés. Un caractère ardent, une imagination pleine de vivacité et nourrie par l'étude, une éloquence emportée, lui attiraient les suffrages et l'attention de ses auditeurs. Après avoir prêché contre l'abus des indulgences, Luther fut amené par degrés à nier le pouvoir qui les accordait. Une fois engagé dans cette voie funeste et poussé par son orgueil, le moine augustin alla plus loin qu'il n'aurait voulu, et finit par attaquer l'autorité de l'Eglise et le caractère sacré de son chef suprême. Cité vainement à Rome, pressé par le légat du saint-père de se rétracter, il osa en appeler du *pape mal informé au pape mieux informé;* puis, apprenant que Léon X venait d'anathématiser ses écrits, il usa de représailles : accompagné d'une foule immense, il se rendit le 10 décembre 1520, à la porte orientale de Wittemberg, où il avait fait dresser un bûcher ; il y mit le feu lui-même, et y jeta les lois pontificales et la bulle d'excommunication, en disant orgueilleusement : « Puisque tu as troublé le saint du Seigneur, tu seras livrée au feu éternel. » C'était le plus sanglant outrage qui eût été fait à la papauté depuis celui qu'elle avait reçu dans la personne de Boniface VIII.

Cependant l'empereur Charles-Quint, sur la prière du légat de Léon X, somma Luther de comparaître à la diète de Worms. Les amis de Luther lui conseillaient de ne pas s'y rendre, et lui rappelaient le sort du réformateur Jean Huss qui avait été brûlé au concile de Constance. « Je suis sommé légalement, leur répondit Luther; je comparaîtrai à Worms, dussé-je y combattre autant de diables qu'il y a de tuiles sur les toits. » Il entra dans la ville escorté d'un héraut d'armes et de cent chevaliers, et suivi d'une foule considérable qui se pressait sur ses pas. Luther persista dans ses doctrines et refusa la rétractation qu'on lui demandait. Ce refus le fit mettre au ban de l'Empire, c'est-à-dire qu'il fut proscrit et banni de toutes les terres qui étaient sous la domination de l'empereur d'Allemagne. L'université de Paris se prononça contre le réformateur, et le jeune Henri VIII, roi d'Angleterre, publia également un livre contre les nouvelles doctrines.

Mais les défenseurs ne manquèrent pas à Luther parmi les princes d'Allemagne : son protecteur le plus ardent et le plus désintéressé, Frédéric le Sage, électeur de Saxe, le fit enlever par des cavaliers masqués, au retour de la diète de Worms, et l'enferma dans le donjon de Warbourg, pour le préserver de toute atteinte. Du fond de sa retraite, Luther inonda l'Europe de ses pamphlets théologiques, et les principes du réformateur se répandirent rapidement de la haute Saxe dans les duchés de Lunébourg, de Brunswick et de Poméranie. Albert de Brandebourg, grand maître de l'ordre Teutonique, sécularisa la Prusse, qui appartenait aux cheliers de son ordre, se déclara duc héréditaire de cette province, et fit profession publique de la religion réformée. La plupart des princes se montraient favorables à des changements qui mettaient à leur disposition les biens du clergé et des monastères. D'un autre côté, les nouvelles doctrines, en égarant l'esprit de la multitude, amenèrent des excès déplorables. Peu à peu la haine éternelle du pauvre contre le riche se réveilla : les paysans, les serfs, le bas peuple, à force d'entendre parler de liberté et d'égalité, finirent par croire que la propriété était un vol fait à ceux qui ne possédaient rien, et que la science, les livres, les tableaux, étaient autant d'inventions du diable.

Aussi, pendant que Luther, invoquant la

force de la parole seule, voulait contenir le mouvement réformateur dans une voie pacifique, quelques-uns de ses disciples soulevaient les passions de la multitude par d'autres moyens. Carlostadt, fanatique ardent et singulier, allait de ville en ville, exhortant les écoliers à brûler leurs livres. Il se fit le chef d'une nouvelle secte, celle des *sacramentaires*. Un autre enthousiaste, Thomas Muncer, parcourait les églises, détruisant les images et les restes du culte catholique que Luther avait laissés subsister. « Nous sommes tous frères, disait-il à la multitude, tous égaux et libres; il n'y a ni rois, ni nobles, ni riches. Tous les biens doivent être mis en commun. » Bientôt les émissaires du fanatique, répandus dans les campagnes, soulevèrent la populace, et Muncer se vit à la tête d'une armée de quarante mille hommes avec laquelle il parcourut la Souabe. Ces nouveaux disciples prirent le nom *d'anabaptistes*, parce qu'ils réclamaient un second baptême. Ils se livrèrent partout à d'incroyables excès et reçurent le châtiment de leurs crimes. Muncer périt sur l'échafaud à Mulhausen en 1525, et les anabaptistes, traqués comme des bêtes fauves par la cavalerie des nobles, furent exterminés.

Au moment où la réforme se montrait sous un aspect si menaçant, eurent lieu les deux ligues de Ratisbonne et de Torgau, la première représentant l'opinion catholique, la seconde l'opinion protestante. Charles-Quint espérait accabler l'une par l'autre, lorsque les troubles de la Hongrie et les progrès de Soliman, empereur des Turcs, vinrent lui donner une occupation plus pressante. Soliman, après avoir pris Belgrade, l'île de Rhodes, et triomphé des Hongrois à la journée de Mohacz, vint mettre le siége devant la ville de Vienne, et se retira après avoir perdu quarante mille hommes. L'empereur Charles-Quint et Ferdinand son frère, occupés de la défense de Vienne, avaient à peine eu le temps de convoquer la diète de Spire (1529), où les luthériens furent appelés *protestants*, parce qu'ils protestèrent contre le décret qui leur enjoignait de suivre la religion romaine. A Augsbourg (1530), où les deux partis furent de nouveau en présence, les protestants, voulant distinguer leur cause de celle des anabaptistes et des autres sectes qui se déshonoraient par leurs excès, firent présenter une profession de foi rédigée par le vertueux et savant Mélanchton. Mais cet acte de modération fut également repoussé, et l'empereur, irrité de trouver une si longue résistance, songea un moment à user de moyens violents : les portes d'Augsbourg restèrent quelque temps fermées. Les protestants effrayés se réunirent à Smalkalde aussitôt que la diète fut dissoute, et y conclurent une ligue offensive et défensive.

Les fureurs de l'anabaptisme, qui semblaient éteintes en Allemagne, se réveillèrent plus ardentes que jamais. Un tailleur connu sous le nom de Jean de Leyde, après avoir attiré par ses prédications un grand nombre de disciples, dissémina douze apôtres chargés d'établir, disait-il, une autre Jérusalem. La ville de Munster, tombée au pouvoir de ces nouveaux anabaptistes, éprouva de leur part d'incroyables atrocités. Les magistrats expirèrent dans les tourments. L'auteur de ces désordres et de ces cruautés espérait étendre sa puissance sur les autres villes de l'Allemagne : il fut prévenu par l'évêque de Munster qui le fit prisonnier avec ses principaux ministres. Jean de Leyde et ses complices, promenés quelque temps dans les pays voisins, expièrent leurs crimes par le supplice qu'ils avaient mérité.

Cependant les réformés, devenus puissants par la ligue de Smalkalde, ne voulaient plus s'en remettre qu'aux armes. Après avoir chassé les Autrichiens du Wurtemberg, et encouragé l'archevêque de Cologne à suivre l'exemple d'Albert de Brandebourg, ils se réunirent au nombre de quatre-vingt mille sous l'électeur de Saxe et le landgrave de Hesse. Charles-Quint, redoutant de pareilles forces, eut recours aux négociations, il sema la division parmi ses ennemis, et, attaquant à l'improviste l'électeur de Saxe, Jean Frédéric, il le défit à la bataille de Muhlberg (1547). Le vainqueur, se jouant de toutes les lois de l'Empire, fit condamner l'électeur à mort par un conseil d'officiers espagnols : il lui laissa la vie aux conditions les plus humiliantes, et transféra son électorat au jeune Maurice, duc de Saxe.

L'empereur Charles-Quint, aveuglé par la prospérité, jouissait alors de ses triomphes et prétendait dicter des lois à toute l'Allemagne. Vainqueur des luthériens, il voulut parler en maître, et imposer aux catholiques et aux protestants son fameux *intérim*, édit de conciliation qui troubla tous les partis. Maurice, investi par Charles-Quint de l'électorat de Saxe, trahit le premier les intérêts de son bienfaiteur. Dissimulant habilement ses projets, il se charge de soumettre Magdebourg à l'*intérim*, et pendant ce temps il traite avec Henri II, roi de France. Puis, quand il se croit assez fort, il lève le masque et marche à grandes journées sur Inspruck. Le vieil empereur, alors malade et sans troupes, fut obligé de quitter précipitamment la ville, par une pluie battante, et de chercher un refuge au delà des Alpes. Après cet humiliant revers, Charles-Quint dut céder à ses adversaires. Il signa avec les protestants la convention de Passau, changée en paix définitive par le traité d'Augsbourg ou paix de religion (1555). Ce traité assurait aux protestants le libre exercice de leur religion et la possession de leurs biens ecclésiastiques.

Au milieu de tous ces événements, l'auteur de la réforme, Luther, était mort, en 1546, à Eisleben, lieu de sa naissance, à l'âge de soixante-trois ans, et dans une honorable pauvreté. Il fut inhumé avec pompe dans l'église de Wittemberg. Lorsque plus tard Charles-Quint entra en vainqueur dans cette ville, on l'excita à insulter aux cendres du réformateur : « Je ne fais point la guerre aux morts, répondit l'empereur ; qu'il repose en paix ; il est déjà devant son juge. »

La Suisse ne demeura pas étrangère aux bouleversements de la réforme religieuse : elle eut son Luther dans la personne de Zwingle, curé de Glaris, dont les doctrines nouvelles furent soutenues et adoptées par une grande partie de la nation. Comme Luther, Zwingle prêcha d'abord contre l'abus des indulgences ; puis il supprima les ordres mendiants, obtint l'abolition de la messe à Zurich, et fit retirer l'argenterie et les ornements des églises. Au milieu de cette désorganisation, les biens du clergé ne furent point dilapidés, mais utilement employés à la fondation des écoles, des hôpitaux, au salaire des pasteurs, au soulagement des pauvres. L'enseignement public reçut une extension plus grande, et des chaires de grec, de latin et d'hébreu furent fondées. Mais, d'un autre côté, ces innovations furent suivies de désordres, et les fureurs de l'anabaptisme désolèrent aussi la Suisse. Une foule de gens sans aveu, des anarchistes, se mirent à prêcher des maximes pernicieuses, invectivant contre les magistrats, les prêtres et les riches, et se signalant par d'horribles violences. Il fallut prendre les armes contre ces brigands, et leurs chefs subirent le dernier supplice. Les catholiques reprochent avec raison ces calamités à Luther et à Zwingle, dont les divisions naissantes affligeaient déjà l'Eglise réformée, et devaient enfanter le schisme qui la sépare encore aujourd'hui.

Les quatre cantons de Zurich, de Bâle, de Schaffouse et de Berne étaient entièrement protestants; mais sept autres cantons étaient restés fidèles au culte catholique. De part et d'autre des ligues se formèrent pour la défense de la foi. Il fut établi en principe que chaque canton aurait le droit de régler, en ce qui le concernait, les affaires de religion. Ces conditions ne furent pas respectées, et de part et d'autre on prit les armes. Zwingle, qui avait tenté vainement d'amener une pacification, fut obligé d'accompagner une armée de vingt mille hommes. Les protestants et les catholiques se rencontrèrent près de Capell : ceux-ci furent vainqueurs, et l'auteur de ces funestes dissensions, Zwingle resta sur le champ de bataille.

La ligue protestante se composait toujours de quatre cantons : la ligue catholique comprenait Zug, Uri, Schwitz, Unterwalden, Lucerne, Soleure, Fribourg et le Valais tout entier. Mais cet état de choses allait changer : la révolution qui éclata peu après à Genève devait assurer la supériorité au parti de la réforme.

Dès l'année 1519, les opinions de Luther avaient pénétré en France, et y avaient été adoptées par quelques novateurs, dont le plus célèbre est sans contredit le fameux Jean Calvin ou Cauvin, né à Noyon. Pour se soustraire à la persécution qui atteignait alors les réformés en France, Calvin se réfugia à Bâle où il publia sa doctrine ; puis en 1537, il alla s'établir à Genève, où il fut prédicateur et professeur de théologie. Chassé à la suite d'une dispute, rappelé après trois ans d'absence, il rentra comme en triomphe à Genève, et fit de cette ville le théâtre de son enseignement. Il y fonda des assemblées, des consistoires, établit une sévère discipline et régla la forme des cérémonies religieuses.

Le nouveau réformateur n'était pas tolérant, et il poursuivait avec une haine cruelle tous ceux qui contrariaient ses desseins ou s'opposaient à sa doctrine. Ainsi il fit chasser de Genève le savant Castalion ; et l'Espagnol Michel Servet, arrêté contre le droit des gens, fut condamné et brûlé vif avec des circonstances qui ont flétri la mémoire de Calvin. Mais il faut dire aussi, à la louange de ce dernier, qu'il rendit de grands services à Genève. D'une puissance de travail incroyable, prêchant tous les jours, embrassant l'Europe entière dans sa correspondance, il trouvait encore le temps de fonder une académie et d'encourager les libraires et les imprimeurs. Il fit aussi preuve d'un rare désintéressement, et à sa mort, arrivée en 1564, il laissa à peine de quoi suffire aux frais de ses funérailles.

Questionnaire.

Dans quelle circonstance Léon X eut-il recours à la vente des indulgences ? — Dans quel but avait été établi cet usage ? — Comment le moine Tetzel remplit-il la mission qui lui avait été confiée ? — Quel homme s'éleva contre la vente des indulgences ? — Où était né

Luther? — Quelle circonstance le détermina à embrasser la vie monastique? — A quel poste fut-il appelé par Frédéric le Sage? — De quelles facultés était doué Luther? — Quelle fut sa conduite envers le pape? — Que fit Charles-Quint? — Luther accorda-t-il la rétractation qui lui était demandée? — Où fut-il emmené par Frédéric le Sage? — Dans quelles parties de l'Allemagne se répandit la réforme? — Quels désordres amenèrent les idées nouvelles? — Par quelles paroles Muncer égarait-il la multitude? — Quel nom prirent ses partisans? — Comment furent-ils traités? — Quels soins empêchèrent Charles-Quint d'arrêter les progrès de la réforme? — A quelle occasion les réformés prirent-ils le nom de protestants? — La profession de foi qu'ils présentèrent fut-elle acceptée? — Que s'ensuivit-il? — Racontez les tentatives de Jean de Leyde. — Quelle victoire Charles-Quint remporta-t-il sur les protestants? — Comment traita-t-il l'électeur de Saxe? — Ne voulut-il pas alors agir en souverain arbitre? — Quelle fut la conduite de Maurice envers l'empereur? — Charles-Quint ne traita-t-il pas avec les protestants? — En quelle année mourut Luther? — Par qui la réforme fut-elle prêchée en Suisse? — A quel usage furent employés les biens du clergé? — Combien y avait-il de cantons protestants et combien de catholiques? — Comment périt Zwingle? — Où naquit Calvin? — Dans quelle ville alla-t-il s'établir? — Que fit-il à Genève? — Quels sont les actes d'intolérance reprochés à Calvin? — Quelles qualités peut-on louer en lui?

CHAPITRE XIII.

Histoire des trois couronnes du Nord depuis la rupture de l'union de Calmar jusqu'à Christian III et Gustave Wasa.
Successeurs de Marguerite. — Eric VIII et Christophe. — Charles Bonde. — Christian roi de Danemark. — Sténon Sture administrateur de la Suède. — Guerre contre Christian. — Bienfaits de Sténon. — Jean. — Swante Sture. — Sténon Sture le Jeune. — Christian II. — Révolte de l'archevêque d'Upsal. — Christian en Suède. — Ses cruautés. — Gustave Wasa. — Sa captivité. — Sa fuite. — Ses périls. — Ses succès. — Il est élu roi de Suède. — Ses institutions. — Déposition de Christian. — Frédéric. — Christian III.

La célèbre union de Calmar, qui avait placé sur la tête de Marguerite la triple couronne de Danemark, de Suède et Norwége, ne procura pas les fruits qu'elle semblait promettre. Marguerite, surnommée la Sémiramis du Nord, transmit sa puissance, mais non ses grandes qualités, à son petit-neveu Eric VII, qui, dès le le principe, se rendit odieux par ses vices, et ne sut conserver aucune partie de ce vaste héritage. Le Suédois Engelbrecht, soutenu par les villes anséatiques, leva le premier l'étendard de la révolte; Eric, après une vaine tentative de résistance, alla ensevelir en Poméranie les restes d'une vie obscure et languissante.

L'union fut momentanément rétablie par Christophe, dernier descendant de la reine Marguerite, et surnommé le *roi de l'écorce* par son armée, qui, dans un moment de disette, ne s'était nourrie que d'écorces d'arbres. A la mort de Christophe, les Suédois se donnèrent pour roi Charles Bonde, fils de Canut et grand maréchal du royaume. Ce prince, enfermé depuis quelques années dans un de ses châteaux en Finlande, répandait adroitement par ses amis des prophéties qui promettaient la couronne à sa famille. Lorsque l'occasion lui parut favorable, il parut à Stockholm à la tête d'une petite armée. Une pluie abondante accueillit le cortége, et, comme depuis longtemps la contrée était affligée d'une grande sécheresse, le peuple superstitieux vit dans ce fait une manifestation du ciel. Charles, profitant habilement des circonstances, se fit élire roi par l'assemblée des notables, à la majorité de soixante-deux voix sur soixante-dix. Peu de temps après, il était aussi proclamé roi de Norwége.

Mais à la même époque, les Danois prenaient pour souverain Christian, duc d'Oldenbourg, qui avait des prétentions à la couronne de Norwége : la guerre ne tarda pas à éclater entre le Danemark et la Suède. Charles assemble une armée, montre aux Suédois étonnés une artillerie de campagne composée de vingt canons montés sur des traîneaux, et dévaste le pays sur son passage. La peste et la disette combattirent contre lui. Christian s'avançait à fortes journées : Charles fut contraint de se réfugier à Stockholm. Dans cette extrémité, le roi de Suède eut l'imprudence de s'attaquer aux biens de l'Eglise. A cette nouvelle, l'archevêque d'Upsal, primat de Suède, dépose sa soutane sur le maître-autel de la cathédrale, revêt une armure de combat, et affiche une proclamation de guerre contre son souverain. Charles, ne comptant plus sur la fidélité de ses officiers, la plupart danois, mit en sûreté ses trésors, et s'embarqua la nuit pour la ville de Dantzig. Stockholm capitula après un siége de trente jours, et lorsque Christian se montra à la tête de sa flotte, le pays était soumis : il n'eut plus que la peine de se faire couronner à Upsal (1457), et de confirmer le clergé dans tous ses priviléges.

Le nouveau roi de Suède signala le début de son règne par l'établissement d'énormes impôts qui lui valurent de la part des paysans le surnom de *poche sans fond*. Bientôt les habitants se révoltèrent, et après avoir battu l'armée de Christian, ils rappelèrent leur ancien roi Charles Bonde. Durant trois années la Suède resta en proie aux horreurs de la guerre et aux fureurs des partis. Charles, après une alternative de revers et de succès, s'était retiré en Finlande. Les seigneurs parlaient de démembrer le royaume ; les paysans s'opposèrent à cet ambitieux projet. Charles, rappelé pour la troisième fois, mourut roi en 1470 et à l'âge de soixante et un ans. Il laissa le pouvoir à son neveu Sténon Sture, en lui conseillant toutefois de ne jamais prendre la couronne.

Sténon Sture, proclamé *administrateur* par

les bourgeois, eut quelque peine à se faire reconnaître par les seigneurs; Christian, qui n'avait pas renoncé à ses prétentions, se présenta devant Stockholm à la tête d'une flotte. Sténon entame aussitôt des négociations pour amuser les Danois, et lève des troupes en Ostrogothie, pendant que Nils Sture, son ami fidèle, joue le même rôle en Dalécarlie. Christian, qui ignore ces menées, regarde la Suède comme une proie facile; la seule chose qu'il regrette, dit-il, c'est la fuite de ce *misérable* Sténon, qui, pour échapper au châtiment des verges, est allé se cacher dans les forêts. Mais les deux Sture ne tardèrent pas à reparaître. Il fallut combattre: Christian plaça son armée entre la capitale et le rivage, et fortifia son camp par un rempart de bois; Sténon partagea ses troupes en trois corps, dont l'un, sous la conduite de Nils, devait traverser les marais pour tomber à l'improviste sur les Danois et surprendre leur flotte.

Les Suédois et leur chef passèrent la nuit en prières; ils se confessèrent tous, et, au point du jour, animés d'une noble ardeur, ils s'élancèrent sur les ennemis en entonnant le cantique de saint Georges. Pendant la bataille, Sténon s'exposa toujours aux coups des ennemis; mais un paysan, surnommé *l'ours valeureux*, ne quitta pas un seul instant son général, et le sauva plusieurs fois au fort de la mêlée. Une sortie des bourgeois de Stockholm restés fidèles à leur administrateur, et surtout l'arrivée de Nils qui avait triomphé des difficultés du terrain, décidèrent enfin la victoire : Christian, blessé, atteignit sa flotte avec une faible suite au moment où les Suédois de son parti allaient être jetés à la mer par les Danois. Cette bataille, où des paysans armés de flèches et de haches anéantirent une armée de chevaliers soutenue par l'artillerie, fut livrée le 14 octobre 1417. Christian, qui vécut encore dix années, n'osa plus attaquer la Suède.

Sténon profita des loisirs de la paix pour rétablir l'ordre dans le royaume. Les exactions cessèrent peu à peu. «Notre administrateur, disaient les paysans, se ferait tuer plutôt que de permettre l'enlèvement d'une brebis à notre préjudice.» Par suite des priviléges que la ligue anséatique avait usurpés à la faveur des troubles, les magistratures publiques étaient toujours confiées à des Allemands : il ne restait, disait-on, aux Suédois que l'emploi de bourreau ou celui de fossoyeur. Sténon Sture réprima cet abus et exigea que les Suédois fussent nommés aux fonctions civiles. La fondation de l'université d'Upsal n'est pas moins honorable pour la mémoire de cet administrateur.

Sur ces entrefaites mourut Christian (1481), et le prince Jean, son fils, fut proclamé roi des trois royaumes, après avoir juré de donner les emplois à la noblesse et de maintenir les priviléges de l'Eglise. Les nobles de Suède, ennemis secrets de Sténon, appelèrent le roi Jean. Sténon prit les armes et alla au secours de Stockholm assiégé par ce prince. Mais cette fois la fortune trahit ses efforts : Jean, vainqueur, se fit ouvrir les portes de Stockholm, tandis que Sténon, pour éviter la captivité, se précipitait avec son cheval dans les fossés du rempart. Peu de jours après, il consentit à reconnaître le roi Jean et l'introduisit dans le château. Pour prix de cette condescendance, il fut nommé grand chambellan et l'un des quatre gouverneurs de la Suède. Swante Sture, le fils de Nils Sture, reçut le titre de grand maréchal.

Le départ du roi fut le signal de nouveaux troubles. Sténon Sture reprit les armes pour se remettre en possession de l'autorité, et parvint à chasser les Danois de la Suède. Il sut conserver le pouvoir jusqu'à sa mort, arrivée en 1503. Son successeur, Swante Sture, maréchal du royaume, déjoua toutes les tentatives du roi de Danemark, et gouverna la Suède pendant neuf ans. Il mérita la reconnaissance de ses concitoyens, et fut également regretté de l'armée et du peuple.

Son fils, Sténon Sture le Jeune, fut élu administrateur malgré l'opposition du conseil. Quelques mois après, le roi Jean laissait le trône de Danemark à son fils Christiern ou Christian II, qui héritait en même temps des prétentions de son père à la couronne de Suède. Ce jeune prince, surnommé depuis le Néron du Nord, avait signalé ses premières années, comme le Néron romain, par des vertus et des bienfaits. Il encourageait l'agriculture, et se montrait le père des sujets dont il allait bientôt devenir le tyran.

En Suède, Gustave Troll, archevêque d'Upsal,

d'une famille qui avait toujours été hostile à celle des Sture, favorisa les vues de Christian en prenant les armes contre l'administrateur. Sténon Sture l'assiégea dans le château de Steke dont il s'empara, et fit déposer l'archevêque par les états, qui le déclarèrent rebelle et traître à la patrie. Sténon, après avoir vaincu les Danois une première fois, fut blessé dans une autre rencontre; obligé de s'enfuir, il mourut dans son traîneau sur les glaces du lac Mœlar.

Dès lors les Danois n'eurent plus que de faibles obstacles à surmonter. Tandis qu'une partie de la nation se soumettait à Christian, Christine Gyllenstierna, renfermée dans Stockholm, ranima le courage des citoyens et se défendit avec courage. Mais enfin il fallut capituler, et Christian entra solennellement dans la capitale de la Suède. Ce prince, déguisant ses projets sanguinaires, se montra plus affable jusqu'à l'époque du couronnement. Mais deux jours après la cérémonie, Gustave Troll, l'ancien archevêque, entra au château et demanda réparation des injures que lui avait faites Sténon le Jeune. Christine, indignée, représenta que la déposition de Troll n'avait eu lieu qu'en vertu d'un décret des états signé par les premiers de la nation. Christian ordonne aussitôt l'arrestation de toutes les personnes qui ont signé le décret. Une commission nommée pour juger les coupables désignés à la vengeance du roi, les condamna à mort, et quatre-vingt-quatorze des plus illustres têtes de la Suède tombèrent sur l'échafaud. Tous ceux qui manifestèrent leur pitié subirent le même sort. Le corps de Sténon Sture fut exhumé et brûlé sur la place publique. Pour inspirer la terreur de son nom, Christian parcourut le royaume, suivi d'exécuteurs, mettant à mort tous les suspects. Six cents victimes furent immolées. Le carnage principal est resté connu dans l'histoire sous le nom de *bain du sang*.

Ces crimes ne devaient pas rester impunis : ils amenèrent la ruine du pouvoir de Christian et la délivrance de la Suède. Le libérateur de cette contrée fut Gustave Wasa. Emmené en Danemark par une perfidie, Gustave était enfermé au château de Kalo sous la surveillance d'un parent, lorsqu'il apprit la mort de Sténon Sture et les succès des Danois. Dès lors sa captivité lui fut à charge; il s'échappa et parvint jusqu'à Lubeck. Les magistrats de cette ville fournirent au fugitif les moyens de passer en Suède. Ce fut au mois de mai 1520 qu'il s'embarqua sur un navire de la république et aborda près de Calmar. Ses premières tentatives furent infructueuses : on mit sa tête à prix, et il ne dut son salut qu'aux nombreux déguisements qu'il prenait chaque jour. Il se retira en Sudermanie chez un paysan, ancien domestique de son père. Ce fut là qu'il apprit la nouvelle du massacre des quatre-vingt-quatorze sénateurs au nombre desquels se trouvait son père; il résolut de les venger. Il se dirigea vers la Dalécarlie, croyant y trouver des cœurs plus ennemis de la tyrannie. Volé par le guide qui l'avait accompagné, il fut obligé de gagner son pain par le travail et se mit au service d'un paysan. Les granges dans lesquelles il coupait du bois et battait le blé ont été religieusement conservées, et les paysans suédois montrent avec fierté dans la forêt de Marnas les sapins sous lesquels il se cacha pendant trente-six heures. Un jour, une paysanne le reconnut au collet brodé de sa chemise, et le maître qui l'avait accueilli ne voulut plus lui donner asile. Une autre fois, blotti dans une meule de foin, atteint par les lances des soldats qui le cherchaient, il échappa à la mort comme par miracle. Mais sa présence, son séjour étaient connus : Gustave comprit qu'il était temps de se montrer.

La fête de Noël avait attiré à Mora, chef-lieu de la Dalécarlie, un grand concours d'habitants. Gustave se fit connaître, leur rappela leurs souffrances et les exhorta à secouer le joug. Les Dalécarliens, au nombre de deux cents, le suivirent, et bientôt il fut rejoint par les partisans de la liberté, qui accoururent en foule sous ses drapeaux. L'archevêque Gustave Troll et les favoris de Christian réunirent au printemps une armée de six mille hommes, et s'avancèrent au-devant des rebelles. Un évêque danois s'informa du nombre des paysans : « La levée en masse de la Dalécarlie monte à vingt mille hommes, lui répondit-on. — Et de quoi vivent-ils ? — Ils boivent de l'eau et mangent du pain d'écorce. — Mes frères, s'écria l'évêque, le diable lui-même ne pourrait rien contre ceux qui se contentent de bois et d'eau pour nourriture; quittons la partie. » Mais il était trop tard : Gustave et ses Dalécarliens attaquèrent l'ennemi et remportèrent la victoire. La prise de Westeras, suivie de celle d'Upsal, changea les dispositions de la noblesse, qui jusque-là avait tenu pour Christian : soixante-dix seigneurs offrirent la couronne à Gustave, qui se contenta du titre d'administrateur du royaume.

Au commencement de 1522, trois villes seulement restaient aux Danois, Abo, Calmar et Stockholm. Cette dernière ville résista deux années, et se rendit enfin lorsqu'elle eut été séparée de la mer par un pont de bateaux. Alors seulement, Gustave accepta le titre de roi de Suède, et s'occupa désormais de réparer les désordres causés par la guerre civile.

Cependant les crimes et les revers de Christian avaient fatigué les Danois eux-mêmes. Les deux ordres tout-puissants du clergé et de la noblesse se déclarèrent contre lui; poussés en secret par Frédéric, duc de Holstein, ils signifièrent au roi l'acte de sa déposition. Christian n'essaya pas de résister; il se retira en Flandre dans les États de Charles-Quint, son beau-frère, abandonnant à Frédéric les couronnes de Danemark, de Norvége et de Suède.

Mais le titre de roi de Suède n'était qu'un vain nom : Gustave affermissait son autorité de jour en jour dans cette contrée. Il résolut d'abattre la puissance du clergé catholique. A la faveur des guerres civiles, les nouvelles opinions religieuses avaient pénétré en Suède et s'y étaient assez rapidement répandues. Gustave accueillit avec distinction deux disciples de Luther, dont les prédications commencèrent en Suède la réforme religieuse qui fut définivement réglée par la grande assemblée de Westeras en 1527. Les états reconnurent au roi le droit de réunir à la couronne les châteaux forts des évêques, et de fixer les traitements du clergé.

Ces dispositions furent aussitôt mises en vigueur. Gustave, après avoir étouffé les murmures que soulevaient les innovations religieuses, s'occupa d'encourager le commerce dans son royaume, et le soin qu'il donna à cette branche importante du revenu public contribua puissamment à la décadence des villes anséatiques, qui jusqu'alors s'enrichissaient aux dépens de la Suède. Gustave créa une marine et fit respecter le pavillon suédois sur la Baltique. Enfin c'est encore à lui que la Suède doit son organisation militaire et la création d'une armée permanente. Il fut récompensé de ses travaux par une déclaration des états assemblés à Orebro, qui rendirent la couronne héréditaire dans sa famille. Gustave Wasa mourut en 1560, âgé de soixante-dix ans, et eut pour successeur son fils Eric XIV.

Christian, après un exil de dix années, essaya de remonter sur le trône de Danemark. Cette tentative ne fut pas heureuse : vaincu et contraint de se rendre, il fut emprisonné au château de Sunderbourg dans l'île d'Alsen, où il languit vingt-sept années. Frédéric Ier, débarrassé de ce rival, entra dans la ligue de Smalkalde, et assembla les états du royaume à Odensé pour établir les limites de la réforme religieuse en Danemark. La mort le surprit au milieu de ces innovations. La noblesse, devenue toute-puissante, refusa de proclamer roi le prince Christian III, fils aîné de Frédéric, et résolut de démembrer le royaume. Les Lubeckois, toujours prêts à profiter des troubles de leurs voisins, voulurent perpétuer cette anarchie, et ils chargèrent un illustre aventurier, le comte Christophe d'Oldenbourg, de faire la guerre. Le comte entra dans le Danemark en soulevant les paysans contre les nobles, et les catholiques contre les réformés. Les désordres, les malheurs de cette révolution furent tels, que la *guerre du Comte* est restée une expression proverbiale dans le pays. Les sénateurs, fatigués de cet état de choses, rappelèrent Christian III, qui, après avoir chassé les ennemis, devint paisible possesseur du Danemark et de la Norvége.

Questionnaire.

A qui Marguerite transmit-elle sa puissance? — Où se retira Eric? — Quel fut le dernier descendant de Marguerite?— Quel roi se donnèrent les Suédois?— Qui fut élu roi de Danemark? — Quel fut le résultat de la guerre entre la Suède et le Danemark?— Qui s'était révolté en Suède contre le roi? — Par quelle mesure Christian signala-t-il le début de son règne? — Régna-

HISTOIRE MODERNE.

t-il longtemps? — A qui Charles laissa-t-il le pouvoir? — Sous quel nom Sténon Sture fut-il proclamé? — N'eut-il pas à combattre les Danois? — Comment se prépara-t-il à la guerre? — Qui fut vainqueur? — Quels abus réprima Sténon? — Qui succéda à Christian? — Par qui Jean fut-il appelé en Suède? — Que fit Sténon? — Ne fut-il pas obligé de reconnaître le roi Jean? — A quelle occasion Sténon Sture reprit-il les armes? — Quel fut son successeur? — Comment se conduisit Swante Sture? — Qui fut élu administrateur après lui? — Quel fut le successeur du roi Jean? — Comment Christian II commença-t-il son règne? — Quel était l'ennemi le plus puissant de Sture? — Quels furent les résultats de la guerre entre Sture et les Danois? — Par qui fut défendue Stockholm? — Racontez la conduite de Christian en Suède. — Qui délivra la Suède? — Racontez les aventures de Gustave Wasa jusqu'au moment où il prit les armes. — Quelle armée eut-il à combattre? — Quelle fut l'issue de la bataille? — Quelles villes se déclarèrent pour Gustave? — Quel titre reçut-il d'abord? — Ne fut-il pas ensuite élevé au trône? — Quel fut le sort de Christian? — Où se retira-t-il? — Par qui fut-il remplacé sur le trône de Danemark et de Norvége? — Quels changements Gustave introduisit-il en Suède? — Quelles institutions lui sont dues? — Comment fut-il récompensé? — Christian n'essaya-t-il pas de reprendre son trône? — Quel fut le résultat de cette tentative? — Le fils de Frédéric fut-il reconnu roi? — Comment se conduisirent les Lubeckois? — Par qui Christian III fut-il alors rappelé?

CHAPITRE XIV.

Histoire d'Angleterre depuis l'avénement de Henri VIII jusqu'à Edouard VI. — Réforme religieuse. Anne de Boleyn. — Disgrâce de Wolsey. — Divorce de Henri VIII et de Catherine d'Aragon. — Excommunication du roi. — Schisme anglican. — Révolte des comtés du nord. — Supplice d'Anne de Boleyn. — Cruautés de Henri VIII. — Pacification de l'Irlande. — Guerre avec l'Ecosse. — Mort de Henri VIII. — Edouard VI. — Sommerset régent. — La réforme continuée. — Bataille de Pinkey. — Warwick régent. — Mariage de son fils. — Mort d'Edouard VI.

Henri VIII succéda à Henri VII en 1509. Les dix premières années de son règne furent consacrées à son intervention dans les guerres d'Italie et dans les démêlés de François Ier et de Charles-Quint. Les faits de cette période nous sont déjà connus. Henri VIII avait épousé en 1502 Catherine d'Aragon, veuve de son frère Arthur, prince de Galles. De cette union il ne resta au roi qu'une fille, Marie Tudor, qui depuis fut reine. Ce fut après plus de vingt ans de mariage que le roi éprouva ou feignit d'éprouver quelques scrupules, et songea à rompre les liens qui l'unissaient à Catherine d'Aragon.

Il y avait alors à la cour une jeune fille pleine d'esprit et de grâces, dame d'honneur de la reine Catherine : elle se nommait Anne de Boleyn. Henri VIII résolut de l'élever au trône et au rang d'épouse; et sollicita du pape Clément VII une sentence de divorce. Le pape, qui était alors prisonnier des troupes de Charles-Quint, donna pleins pouvoirs au cardinal Wolsey pour examiner la question : puis, devenu libre, il révoqua ces pouvoirs et se réserva le droit de juger une question aussi grave. Ces délais irritèrent vivement Henri VIII : sa colère, ne pouvant atteindre le pape, frappa le premier ministre. Wolsey fut dépouillé de ses biens, de ses dignités, et relégué dans son archevêché d'Yorck. La disgrâce du cardinal ne satisfit point ses nombreux ennemis : sur leurs accusations, Henri VIII le fit arrêter et conduire à la Tour pour être jugé : mais, arrivé à l'abbaye de Leicester, il mourut d'une maladie aggravée par la fatigue de la route.

Le crédit du cardinal Wolsey sur l'esprit de son maître avait contenu les passions fougueuses du roi : une fois affranchi de cette surveillance, Henri VIII se livra à tout l'emportement de ses caprices. Il appela près de lui un certain Thomas Cranmer, chapelain de la famille Boleyn, lui donna toute sa confiance et l'éleva à l'archevêché de Cantorbéry. Enhardi par ses conseils, et par les réponses favorables des universités d'Europe qu'il avait consultées sur la validité de son mariage, Henri VIII épousa Anne de Boleyn après avoir fait prononcer le divorce par l'archevêque de Cantorbéry. Anne de Boleyn fut reconnue publiquement et couronnée reine. A cette nouvelle le pape cassa la sentence de Thomas Cranmer, et menaça d'excommunier le roi, s'il ne reprenait sa première femme. Henri ne répondit point dans les délais fixés; le pape lança les foudres de l'Eglise.

Dès lors Henri VIII ne garda plus de ménagements envers le saint-siége, et déclara sa volonté de faire communion à part. Le schisme était consommé et l'Angleterre n'était plus catholique, par un caprice de son roi. Le parlement, docile aux volontés du maître, cassa de nouveau le mariage de Catherine, légitima celui d'Anne de Boleyn, et déclara que la couronne appartiendrait aux enfants du dernier lit, au préjudice des droits de la princesse Marie. Anne de Boleyn venait de mettre au monde un enfant qui fut depuis Elisabeth, et qui reçut à sa naissance le titre de princesse de Galles. Tous ces changements excitèrent de vifs mécontentements, et, parmi les hommes qui firent éclater leur courage, il faut signaler le chancelier Thomas Morus, qui, pour ne point apposer les sceaux de l'État sur un acte illégitime, résigna sa dignité. Henri le fit poursuivre, ainsi que l'évêque de Rochester, Jean Fisher, qui s'était montré très-opposé au divorce. Ils furent jetés en prison, mais leur fermeté ne se démentit pas un seul instant, et deux ans après ils furent exécutés.

Bientôt Henri VIII supprima les monastères, s'appropria leurs biens, leurs revenus, et dissipa tous ces trésors en folles prodigalités. Il fit traduire la Bible en langue vulgaire, imitant ainsi la conduite des protestants, qu'il avait autrefois si fortement blâmée : des innovations s'introduisirent dans les rits et les dogmes de l'Église d'Angleterre. La noblesse et les grands propriétaires ne virent pas ces changements sans s'émouvoir. Les provinces du nord se montraient fidèles à l'ancienne croyance, et il y eut un soulèvement considérable. Trente mille mécontents marchèrent sur Londres pour accomplir ce qu'ils appelaient le *pèlerinage de grâce*. Henri VIII, alors sans soldats, négocia et promit d'examiner les plaintes. Puis, quand il eut rassemblé des forces suffisantes, il mit cette multitude en déroute, et livra aux supplices tous ceux qui tombèrent entre ses mains.

Cependant la femme pour laquelle le roi avait foulé aux pieds tous les devoirs, fut aussi victime de ses farouches caprices. Anne de Boleyn, sur de vagues accusations, fut condamnée à mort par Henri VIII. Dans l'horreur qui la saisit, elle tomba à genoux, et s'écria : « Ô mon Dieu, mon créateur, vous la vérité et la vie, vous savez que je suis innocente ! » Malgré ses protestations, elle fut exécutée ; et le lendemain une de ses dames d'honneur, Jeanne Seymour, épousa Henri VIII. Elisabeth, fille d'Anne de Boleyn, eut le sort de Marie, sa sœur aînée ; elle fut exclue du trône par un acte du parlement, et on assura la succession à la postérité de Jeanne Seymour.

Henri VIII fit adopter par le parlement le *bill* ou ordonnance établissant les principaux dogmes de la réforme anglicane, qui s'éloignait sur plusieurs points de la réforme adoptée en Allemagne. Mais à ce bill était attachée la sanction qui lui a fait donner le nom de *statut de sang*. Il défendait de nier certains articles sous peine d'être brûlé vif. Non moins tracassier que cruel, le roi disputait quelquefois en personne contre les docteurs. Un ancien maître d'école, nommé Lambert, ayant été poursuivi pour avoir discuté un des articles de foi de la religion nouvelle, Henri VIII argumenta pendant cinq heures contre lui. De guerre lasse, il lui laissa le choix de s'avouer vaincu ou de mourir. Lambert préféra le martyre et fut brûlé à petit feu. Par un autre jugement non moins irréligieux que bizarre, saint Thomas de Cantorbéry, mort en 1170, eut à se justifier d'un crime de trahison et fut condamné par défaut : les reliques furent jetées dans un bûcher, et la châsse qui les renfermait fut confisquée au profit du souverain.

En 1540, Henri VIII se maria pour la quatrième fois. Jeanne Seymour était morte en donnant le jour à un fils qui fut nommé Edouard. La nouvelle épouse du monarque fut Anne de Clèves, qu'il prit bientôt en aversion, et il fit tomber toute sa colère sur Cromwell qui lui avait conseillé ce mariage. Cromwell était un homme d'une naissance obscure, que le roi avait élevé à la dignité de vicaire général pour les services personnels qu'il en avait reçus. Accusé d'hérésie et de trahison, il comparut devant la chambre des lords et celle des communes, et fut condamné à mort et exécuté. Le parlement cassa le mariage d'Anne de Clèves, et le roi prit une cinquième femme, Catherine Howard, qui périt sur l'échafaud comme l'infortunée Anne de Boleyn. Ainsi à cette époque l'histoire d'Angleterre n'est que l'histoire particulière d'un tyran farouche qui ne respecte aucun droit, aucun devoir. Catherine Parr remplaça Catherine Howard sur le trône d'Angleterre. Celle-ci du moins échappa à la tyrannie sanguinaire du roi, quoiqu'elle se fût hasardée à défendre devant lui les protestants; mais elle se rétracta et obtint sa grâce. Henri VIII exerçait les mêmes rigueurs et contre les catholiques qui méconnaissaient sa suprématie, et contre les protestants qui professaient des opinions contraires aux siennes.

Une révolte de l'Irlande et des hostilités avec l'Ecosse occupèrent les dernières années du règne de Henri VIII. L'Irlande avait mal reçu les innovations religieuses; une insurrection éclata, ayant pour chef l'indigène O'Neal, qui fut battu par lord Grey, gouverneur anglais. Il se soumit et reçut le titre de comte de Tyron. Henri VIII employait ainsi la clémence contrairement à ses habitudes, mais elle réussit mieux que la rigueur. L'Irlande fut pacifiée et élevée au rang de royaume (1543). Henri VIII voulut forcer son neveu, Jacques V, roi d'Ecosse, à adopter ses opinions religieuses: mais le parti français qui dominait encore dans cette contrée était fortement attaché aux croyances catholiques, et le peuple écossais éprouvait une aversion invincible pour tout ce qui portait le nom anglais. Aussi Georges Douglas disait-il en parlant du roi d'Angleterre : « S'il venait ici, nos plus petits garçons lui jetteraient la pierre, et nos femmes briseraient contre lui leurs quenouilles ; le peuple, les nobles, le clergé, tout est contre lui. » Jacques V refusa de changer sa croyance et de renoncer à l'alliance française. Henri VIII lui déclara la guerre : mais le roi d'Ecosse mourut au commencement des hostilités, laissant pour héritière un enfant de quelques jours, Marie Stuart, qui fut placée sous la tutelle de sa mère, Marie de Lorraine, sœur des Guises. Le cardinal Beaton s'empara d'abord de la régence. Mais il fut dépossédé par le comte d'Arran, dont les seigneurs écossais favorisèrent les prétentions.

En 1546, Henri VIII signa la paix d'Ardres, qui mit fin aux hostilités avec la France. L'Ecosse fut comprise dans le traité, mais peut-être Henri VIII n'eût-il pas respecté cette clause, s'il ne fût mort en 1547 ; il était âgé de cinquante-sept ans et en avait régné trente-huit. Sous son règne le pays de Galles, qui depuis longtemps était en proie aux désordres de la féodalité, fut incorporé au royaume d'Angleterre et soumis aux formes régulières de l'administration anglaise.

Edouard VI, fils de Jeanne Seymour, n'avait pas dix ans quand il succéda à son père. Sa majorité était fixée à dix-huit ans. Seymour, oncle maternel du jeune prince, reçut le titre de protecteur et fut créé duc de Sommerset. Partisan zélé de la réforme, il prit ses mesures pour abolir le catholicisme. Il fit élever le roi son pupille dans ses doctrines, et continua les persécutions qui avaient signalé le dernier règne. Appelé en Ecosse, où les prédications du réformateur Jean Knox avaient allumé la guerre civile, il se déclara pour les réformés, et vainquit les catholiques à la bataille de Pinkey. Mais il fut rappelé à Londres et ne profita pas de ce succès.

Cependant le crédit de Sommerset était ébranlé par les attaques de ses ennemis, au nombre desquels se trouvait son propre frère, lord Seymour, qui aspirait au titre de régent. Sommerset, cédant aux perfides conseils du comte de Warwick, qui voulait perdre les deux frères l'un par l'autre pour s'élever par leur chute, surmonta l'horreur d'un fratricide, et déféra Seymour au parlement comme coupable de haute trahison : Seymour fut condamné à mort et exécuté. Alors Warwick, qui s'était fait de nombreux partisans, n'eut pas de peine à ruiner le crédit de Sommerset. Celui-ci, se voyant perdu, résigna ses fonctions et demanda sa grâce à genoux pour éviter le supplice. Warwick le dépouilla de ses honneurs, lui infligea une amende, et, comme il n'avait plus rien à craindre d'un ennemi qui par sa lâcheté s'était fermé le chemin du pouvoir, il lui laissa une place subalterne dans le conseil.

Le premier acte du nouveau ministre fut un

traité de paix avec la France. Il restitua Boulogne à Henri II moyennant quatre cent mille écus, et poursuivit avec ardeur l'œuvre de la réforme. Le prélat Gardiner, détenu depuis deux ans à la Tour de Londres, et qui était opposé aux innovations, fut privé de son évêché. On inquiéta jusqu'à la princesse Marie elle-même, qui suivait la religion catholique.

Warwick, créé duc de Northumberland, portait ses vues plus haut. Edouard VI était d'une faible santé. Ses deux sœurs avaient été exclues du trône par un acte du parlement, et, bien qu'elles eussent été ensuite réhabilitées et reconnues aptes à la succession, Warwick se prévalait de la première déclaration, et les représentait au roi comme indignes de lui succéder. La plus proche parente d'Edouard VI était la marquise de Dorset, et, après elle, Jeanne Gray, sa fille. Des lettres patentes du roi, en 1552, appelèrent au trône les héritiers de la marquise de Dorset, et aussitôt fut conclu un mariage entre Jeanne Gray et Guilford Dudley, quatrième fils de Warwick. Peu de temps après, Edouard VI mourut dans sa seizième année (1553).

Questionnaire.

Qui succéda à Henri VII? — Comment furent employées les premières années du règne de Henri VIII? — Depuis combien de temps le roi était-il uni à Catherine d'Aragon? — Quel motif l'engagait à rompre ce mariage? — Le pape accorda-t-il la sentence de divorce? — Sur qui le roi fit-il tomber sa colère? —

Comment fut traité le cardinal Wolsey ? — A quel homme Henri VIII donna-t-il sa confiance ? — Que fit le roi d'après les conseils de Cranmer ? — Que fit le pape ? — Le parlement seconda-t-il les projets du roi ? — Quels hommes se montrèrent opposés à ces innovations ? — Quel fut leur sort ? — Quelles mesures prit Henri VIII pour abolir le catholicisme ? — Ces mesures n'excitèrent-elles pas des révoltes ? — Par quels moyens furent-elles apaisées ? — Quel fut le sort d'Anne de Boleyn ? — Par qui fut-elle remplacée ? — Quel nom reçut le bill adopté par le parlement pour la réforme ? — Comment Henri VIII traita-t-il un maître d'école nommé Lambert et saint Thomas de Cantorbéry ? — Quelle fut l'épouse du roi après la mort de Jeanne Seymour ? — Ne voulut-il pas faire casser ce mariage ? — Sur qui fit-il tomber sa colère ? — Quel fut le sort de Catherine Howard ? — Par qui fut-elle remplacée ? — Quels événements signalèrent les dernières années du règne de Henri VIII ? — Que se passa-t-il en Irlande ? — Que se passa-t-il en Ecosse ? — En quelle année mourut Henri VIII ? — Quelle avait été la durée de son règne ? — Quel pays fut réuni à l'Angleterre ? — Quel âge avait le successeur de Henri VIII ? — Qui fut nommé régent ? — Quelles étaient les opinions religieuses de Sommerset ? — Quelle victoire remporta-t-il en Ecosse ? — Comment traita-t-il son frère ? — Comment fut-il traité à son tour par Warwick ? — Quelles mesures prit ce dernier pour assurer le trône à sa famille ?

CHAPITRE XV.

Histoire d'Angleterre, d'Ecosse et d'Irlande, pendant les règnes de Marie et d'Elisabeth.
Jeanne Gray. — Marie, reine. — Son mariage. — Rétablissement de la religion catholique. — Supplices. — Mort de Marie. — Avénement d'Elisabeth. — Rétablissement de la réforme. — Troubles en Ecosse. — Etablissement de l'Eglise presbytérienne. — Marie Stuart. — Son mariage. — Le comte de Bothwell. — Marie Stuart prisonnière. — Sa fuite. — Sa captivité en Angleterre. — Son jugement. — Sa mort. — Préparatifs de Philippe II. — Destruction de sa flotte. — Révolte de l'Irlande. — Supplice du comte d'Essex. — Mort d'Elisabeth. — Améliorations dues à cette princesse.

A peine Edouard VI était-il mort, que Northumberland se hâta de proclamer Jeanne Gray, qui accepta avec répugnance un titre qui ne devait lui apporter que des malheurs. « C'est un attentat, disait-elle, de bouleverser l'ordre dans la succession au trône. La couronne appartient d'abord à la princesse Marie, puis à la princesse Elisabeth; à moi après elles seulement; et me préserve le ciel de prévenir mon rang! » Marie n'avait point renoncé à ses prétentions ni fait le sacrifice de ses droits. Retirée dans le comté de Suffolk, elle réunit une armée, marcha contre Northumberland, le vainquit et le fit prisonnier. Son procès fut instruit avec celui de ses complices et on le condamna à mort. Guilford Dudley et Jeanne Gray, compris dans la sentence, furent conduits à la Tour de Londres, mais on différa leur exécution.

Marie voulut relever l'Eglise catholique; elle rétablit d'abord sur leurs siéges épiscopaux les prélats qui avaient été précédemment déposés : les évêques du parti contraire furent persécutés. Pour faire triompher ses opinions religieuses, Marie chercha un appui dans la famille de sa mère et épousa Philippe II, roi d'Espagne et fils de Charles-Quint. Il fut stipulé dans le contrat que l'autorité resterait entre les mains de la reine, que nul étranger ne possèderait de charges dans le royaume, et que les enfants issus du mariage hériteraient de l'Angleterre, de la Bourgogne et des Pays-Bas. Malgré ces précautions et ces apparences favorables, malgré le voyage de Philippe II en Angleterre, malgré le verre de bière qu'il but solennellement à son débarquement pour s'attirer les sympathies de ses nouveaux sujets, les Anglais ne purent jamais s'attacher à ce prince dont les mœurs étaient si peu en harmonie avec celles de la nation, et le mécontentement se manifesta par des révoltes. Marie prit le prétexte de ces révoltes pour immoler à sa haine et à sa sûreté l'infortunée Jeanne Gray et son mari. Jeanne Gray avait employé les longues heures de sa captivité à se préparer à la mort, et elle montra dans ses derniers moments une admirable résignation. Elle refusa la faveur qu'on lui avait accordée de dire un dernier adieu à son époux, disant qu'ils se rejoindraient bientôt dans un lieu où leurs cœurs seraient unis pour toujours au sein de Dieu.

Ces supplices étouffèrent la sédition, mais aliénèrent davantage les cœurs des Anglais. Marie et Philippe II choisirent ce moment pour travailler avec un zèle ardent et cruel au rétablissement de la religion romaine. Le parlement, toujours humble et docile, seconda leurs vues : il avait poursuivi les protestants sous Henri VIII, il les avait encouragés sous Edouard VI, il les fit brûler sous Marie. En vain le vertueux cardinal Pole, venu d'Italie avec pleins pouvoirs du saint-siége, recommandait l'indulgence et s'efforçait d'inspirer à Marie des sentiments d'humanité et de modération. Un autre prélat, admis également au conseil, Gardiner, homme sans caractère, qui avait souscrit à tous les projets de réforme sous les règnes précédents, combattit les mesures de tolérance, et ne cessa d'exciter le ressentiment de la reine contre les hérétiques.

Son avis prévalut : une sombre tyrannie enveloppa l'Angleterre. Huit cents personnes furent livrées aux flammes. La persécution donna au protestantisme des martyrs dont le plus célèbre fut Cranmer, archevêque de Cantorbéry, qui avait d'abord signé la rétractation de sa foi, croyant ainsi échapper au supplice. Mais quand il se vit attaché au bûcher et que le feu s'alluma, il étendit la main au milieu des flammes, en disant : « Cette main a péché », et il la laissa brûler sans proférer une plainte.

Ces mesures impolitiques ne faisaient que rendre la reine de plus en plus odieuse : elle en conçut un profond chagrin qui s'accrut encore par le départ de Philippe II. Pour occuper son esprit, elle déclara la guerre à la France en faveur de son époux, auquel elle envoya dix mille hommes qui prirent part, en 1557, à la bataille de Saint-Quentin. Mais le dernier résultat des hostilités fut la perte de Calais que les Anglais possédaient depuis deux siècles, et que reprit le duc de Guise. Ce revers et la nouvelle du mariage de Marie Stuart, qui venait de s'unir au Dauphin François II, portèrent le dernier coup à la santé déjà chancelante de la reine d'Angleterre. Elle mourut en 1558 dans les accès d'une noire mélancolie, et laissa la couronne à sa sœur Elisabeth qu'elle détestait, et qui, longtemps gardée à vue et prisonnière, avait plus d'une fois tremblé pour ses jours.

Elisabeth, fille d'Anne de Boleyn, prit, en montant sur le trône, des mesures pour détruire l'œuvre de Marie et rétablir la réforme en Angleterre. Elle convoqua un parlement qui établit la religion anglicane telle qu'elle est aujourd'hui : elle fit annuler les actes du règne précédent, et décréta qu'on adopterait les dogmes du calvinisme avec la hiérarchie catholique, le gouvernement des évêques nommés par elle. Elisabeth prit le titre de chef suprême de l'Eglise anglicane, et dépouilla de leurs dignités les prélats qui tentèrent de s'opposer à ces changements.

Pendant qu'Elisabeth était occupée de ces soins, les protestants s'agitaient en Ecosse et faisaient couler le sang le plus précieux. Enflammés par les discours du fougueux Jean Knox, qui attisait sans cesse le feu de la discorde, ils s'étaient portés aux plus violents excès contre les catholiques. Menacés à leur tour par la régente, qui avait levé une armée pour les réduire, ils se réunirent et jurèrent une confédération ou *covenant* par lequel chaque membre s'engageait à défendre la religion réformée : ils sollicitèrent l'appui d'Elisabeth. Celle-ci saisit avec empressement l'occasion de nuire à Marie Stuart qui avait pris le titre et les armoiries de reine d'Ecosse et d'Angleterre. Elle envoya une armée en Ecosse pour y affaiblir l'autorité de sa rivale. Marie Stuart, qui venait de perdre François II, son époux, et qui s'était réfugiée à Reims auprès du cardinal de Lorraine pour se soustraire à la haine de Catherine de Médicis, régente de France, assista de loin aux tristes dissensions de son royaume.

Les Ecossais, à l'exemple du parlement britannique, donnèrent une constitution régulière à leur Eglise : alors fut établi le *presbytériat* ou gouvernement de simples ecclésiastiques, fondé sur une sorte d'égalité. Les évêques furent remplacés par des surintendants spirituels. En 1561, le parlement anéantit les abbayes, les cathédrales, les églises, les bibliothèques, les archives, en un mot tout ce qui appartenait au culte catholique en Écosse. Après ces actes de barbarie, les révoltés envoyèrent une députation à la reine pour la prier de revenir. Marie s'y détermina à regret parce qu'elle aimait la France, et que sa piété s'indignait des excès des réformés. Elle demanda pour la traversée un sauf-conduit à la reine Élisabeth. Celle-ci refusa, et Marie n'échappa aux vaisseaux ennemis qu'à la faveur du brouillard.

De nouvelles humiliations attendaient cette jeune reine qui quittait le *beau pays de France* pour aller régner sur un peuple ignorant, grossier et fanatique. Elle donna sa confiance au prieur de Saint-André, son frère, qu'elle fit comte de Murray. Elle se signala par sa modération, respecta la religion réformée; mais ses sujets ne montrèrent pas la même tolérance. Le lendemain de son arrivée, elle ne put célébrer la messe dans son palais. Son aumônier faillit être tué, et le fougueux Jean Knox osa la désigner publiquement sous le nom de Jézabel. La reine, sans appui, presque sans fortune, entourée d'une noblesse factieuse, résolut de s'allier avec Élisabeth, et lui demanda seulement la grâce d'être reconnue pour son héritière. Cette demande fut rejetée.

La reine d'Écosse se fatigua de supplier sa rivale; elle épousa le jeune Henri Darnley, son cousin. Elle pensait se l'attacher par les liens de la reconnaissance, en lui donnant le titre de roi, et ne fut payée que par une noire ingratitude. Darnley, soupçonneux et cruel, se montra jaloux de la faveur d'un Piémontais, David Rizzio, dont Marie Stuart avait fait son secrétaire. Il le fit assassiner sous les yeux mêmes de la reine, sans égard pour ses supplications et ses larmes. Marie, sauvée des mains des meurtriers par le comte de Bothwell, s'enfuit à Dumbar, et deux mois après elle mit au monde un fils qui fut Jacques Stuart, chef de la maison royale d'Angleterre de ce nom. Bothwell, homme violent et qui ne reculait devant aucun crime, avait remplacé Rizzio dans la faveur de la reine. Dans la nuit du 9 au 10 février 1567, il fit périr Darnley en minant la maison où se trouvait le roi d'Écosse; puis il enleva la reine et la conduisit prisonnière à Dumbar. A force d'obsessions il obtint qu'elle lui accordât des lettres de grâce, et qu'elle lui donnât sa main. Marie, en épousant ce misérable, fit soupçonner qu'elle était complice du crime qui avait coûté la vie à Darnley, et depuis ce temps elle n'éprouva que des malheurs.

A peine parvenu à son but, Bothwell voulut s'assurer du jeune prince; et peut-être songeait-il à abréger les jours de cet enfant pour que la couronne lui appartînt. La noblesse indignée prit les armes en faveur de l'héritier présomptif. Bothwell et Marie Stuart marchèrent contre les révoltés; mais ils furent abandonnés de leurs troupes. Bothwell s'enfuit dans les Orcades, où

Il se fit pirate jusqu'au moment où, chassé de cet asile, il alla continuer ses brigandages sur les côtes de la Norvége, et finit par périr d'une mort obscure au fond d'un cachot. Marie se rendit aux confédérés, et fut conduite à Edimbourg. On l'enferma au château de Lochleven sous la garde de sa belle-mère; elle fut obligée de céder la couronne à son fils, alors âgé d'un an, et d'abandonner la régence au comte de Murray. Elle parvint cependant à s'échapper de sa prison, réunit six cents hommes et tenta la fortune des armes. Vaincue et réduite à fuir encore, elle ne voulut point se remettre aux mains de ses sujets, et se confia à la générosité d'Elisabeth. A peine arrivée en Angleterre, elle demanda à voir la reine, et ne put obtenir cette faveur. Elisabeth lui fit dire qu'elle était accusée du meurtre de son époux, qu'elle devait se justifier, et elle la retint prisonnière contre les lois de l'honneur et de l'humanité.

Elisabeth, alors occupée de la gloire et de l'accroissement de la puissance anglaise, voyait sa main recherchée par plusieurs princes contemporains : mais elle ne pouvait se résoudre à choisir un époux et à sacrifier sa liberté. D'un autre côté, elle s'irritait de voir les seigneurs de sa cour s'intéresser au sort de Marie Stuart. Le duc de Norfolk, qui avait demandé des secours au roi d'Espagne et au pape pour la malheureuse princesse, fut condamné au dernier supplice et exécuté. Elisabeth redoubla de rigueur contre Marie, rendit sa captivité plus dure et la fit accabler de mauvais traitements. Mais sa mort n'arrivait pas assez vite au gré de ses désirs. Aussi, une conspiration ayant éclaté en 1586, Elisabeth fit presser le jugement de Marie. Quarante-deux membres du parlement et cinq juges du royaume allèrent interroger la reine d'Ecosse dans sa prison à Fotheringay. Jamais procédure ne fut plus irrégulière, jamais jugement ne fut plus inique. Marie, malgré ses protestations d'innocence, malgré les intercessions de l'ambassadeur français, fut condamnée à mort. On lui refusa son aumônier, et toutes ses demandes relatives à la sépulture catholique furent rejetées. En allant au supplice, elle baisait souvent un crucifix qu'elle tenait entre les mains. Le comte de Kent, préposé à l'exécution, lui dit d'un ton farouche : « C'est dans le cœur qu'il faut avoir le Christ et non dans les mains. —C'est là aussi que je le porte, répondit-elle avec douceur, mais son image me rappelle ses souffrances. » Lorsqu'il fallut quitter ses habits, elle refusa les services du bourreau, disant qu'elle n'était point accoutumée aux offices de pareils gentilshommes. Elle s'agenouilla en répétant plusieurs fois d'une voix ferme : « O mon Dieu, je remets mon âme entre vos mains! » et elle eut la tête tranchée au milieu des pleurs et des sanglots de tous les assistants. Ainsi périt, le 7 février 1587, à l'âge de quarante-quatre ans, cette reine infortunée, après dix-neuf ans de captivité.

Elisabeth, joignant la dissimulation à la cruauté, versa des larmes et laissa éclater ses lamentations quand on lui apprit la mort de la reine d'Ecosse. Elle menaça de sa vengeance les ministres qui avaient, disait-elle, abusé de sa confiance. Mais personne ne fut dupe de cette hypocrisie. L'Europe entière se souleva d'indignation à la nouvelle de cet assassinat juridique. Jacques, roi d'Ecosse, se contenta de pleurer sa mère et abandonna lâchement le soin d'une vengeance légitime. Philippe II parut plus disposé à punir la reine d'Angleterre de l'outrage fait à la majesté des rois. Il songea à conquérir les Etats de son ennemie, et rassembla, dans cette vue, une flotte formidable nommée l'*invincible*. A l'approche du danger, Elisabeth déploya le plus énergique caractère. Elle passa ses troupes en revue, et exalta par ses paroles leur enthousiasme et leur valeur. Les vents et les écueils combattirent pour les Anglais : la flotte *invincible* périt presque tout entière par la tempête. L'Angleterre, victorieuse de l'Espagne, goûta pendant quelque temps les bienfaits de la paix. Le chevalier Drake, un des plus hardis marins de cette époque, et quelques autres capitaines, non moins heureux que lui, firent de brillantes conquêtes en Amérique, enlevèrent aux Espagnols les trésors du Mexique et du Pérou, et allèrent jusque dans Cadix attaquer leurs ennemis.

La révolte des Irlandais, de tout temps irréconciliables ennemis de l'Angleterre, quoique soumis en apparence, causa de vives inquiétudes à la reine sur la fin de son règne. Le comte d'Essex, favori d'Elisabeth, envoyé dans ce pays en qualité de vice-roi, ne put comprimer les mécontents, et perdit les bonnes grâces de sa souveraine. Le dépit qu'il en éprouva lui fit prêter l'oreille à de perfides conseils, et il entama une correspondance secrète avec le roi d'Ecosse. Ses menées furent découvertes : Essex fut condamné à mort et exécuté en 1601; il était à peine âgé de trente-quatre ans. Depuis ce moment, la reine devint sombre et fut en proie à une profonde tristesse; elle fut prise d'une maladie de langueur, et mourut le 24 mars 1603, à l'âge de soixante-dix ans.

Le règne d'Elisabeth avait jeté le plus vif éclat. La puissance royale s'était accrue et fortifiée entre ses mains. Elle protégea l'agriculture et le commerce, rétablit l'ordre dans les finances, acquitta les dettes publiques sans augmenter les impôts, et donna enfin à la marine anglaise ces développements et cette impulsion dont elle a profité depuis avec tant de succès. Mais si l'on doit louer dans Elisabeth quelques grandes qualités, on peut aussi lui reprocher, outre sa vanité et son esprit vindicatif, de n'avoir pas donné à ses Etats une base de justice régulière, et de n'avoir pas compris la tolérance et la liberté.

Questionnaire.

Qui fut proclamée reine après la mort d'Edouard VI? — Que fit Marie? — Quel fut le sort de Northumberland? — De quels soins s'occupa Marie au commencement de son règne? — Qui épousa-t-elle? — Les Anglais s'attachèrent-ils à Philippe II? — Comment se manifesta le mécontentement? — Quelles victimes furent immolées à la sûreté de Marie? — Par qui cette reine fut-elle secondée pour détruire la réforme? — Quel homme cherchait à lui inspirer des sentiments d'humanité? — Quel autre combattait les mesures de tolérance? — Comment périt Cranmer? — Quels événements signalèrent la fin du règne de Marie? — A qui laissa-t-elle la couronne? — Quelles mesures prit d'abord Elisabeth? — Que se passait-il alors en Ecosse? — Que firent les réformés pour résister aux catholiques? — Quel appui implorèrent-ils? — Que fit Elisabeth? — Où était alors Marie Stuart? — Comment fut détruit le culte catholique en Ecosse? — A qui les Ecossais envoyèrent-ils une députation? — Comment Marie Stuart échappa-t-elle aux vaisseaux d'Elisabeth? — Put-elle pratiquer librement sa religion dans son royaume? — A qui donna-t-elle sa main? — Comment se conduisit Darnley? — Quel homme sauva Marie des mains des meurtriers? — Quelle fut la conduite de Bothwell? — Pourquoi la noblesse prit-elle les armes contre lui? — Quel fut le sort de cet homme? — Que devint Marie Stuart? — Que fit-elle après s'être échappée de sa prison? — Comment fut-elle accueillie par Elisabeth? — Pour quel crime le duc de Norfolk fut-il exécuté? — Quel prétexte saisit Elisabeth pour presser le jugement de Marie? — Racontez les derniers moments de Marie Stuart. — Quel projet forma Philippe II? — Comment se conduisit Elisabeth dans ces circonstances? — Quel fut le sort de la flotte *invincible?* — Par quels exploits se signalèrent quelques marins anglais? — A qui Elisabeth confia-t-elle la mission de soumettre l'Irlande? — Le comte d'Essex réussit-il? — Quel fut son sort? — Elisabeth lui survécut-elle longtemps? — Quelles améliorations sont dues au règne d'Elisabeth? — Quels reproches peut-on faire à cette princesse?

CHAPITRE XVI.

Histoire d'Angleterre pendant le règne de Jacques Ier, et le commencement du règne de Charles Ier.
Caractère du roi Jacques. — Persécutions contre les catholiques. — Conspiration des poudres. — Révolte de trois comtés. — Robert Carr et Georges Villiers. — Pacification de l'Irlande. — Guerre extérieure. — Goûts et habitudes de Jacques. — Sa mort. — Avénement de Charles Ier. — Son mariage. — Opposition des parlements. — Assassinat de Buckingham. — Mesure violente prise par Charles Ier. — Emigrations. — Révolte en Ecosse. — Traité. — Assemblée du long parlement.

Jacques VI, roi d'Ecosse et fils de Marie Stuart, succéda à Elisabeth sous le nom de Jacques Ier. En lui commence la dynastie des Stuarts. De son règne date la résistance des parlements à la couronne, et cette lutte qui devait finir par l'expulsion des Stuarts. La longue durée du règne précédent avait fatigué l'obéissance de la nation, et le caractère du nouveau monarque était peu fait pour ranimer l'enthousiasme éteint. Jacques Ier avait trente-sept ans. Timide à force de circonspection, prudent jusqu'à la lâcheté, il s'occupa plutôt de sciences et de disputes théologiques que de gouvernement. Ce roi, qui aurait eu besoin d'une fermeté énergique pour étouffer les semences de révolution qui germaient autour de lui et pour contenir le fanatisme des calvinistes puritains, ne montrait que de l'indécision et de la faiblesse, et pâlissait devant une épée. Les

Anglais virent de mauvais œil un roi qui ne s'entourait que d'Ecossais, et qui prodiguait à ces derniers les dignités et les honneurs.

Jacques, fils d'une mère catholique, signala son avénement au trône par des persécutions contre les catholiques. Un édit du 22 février 1605 condamna au bannissement tous les missionnaires. Un certain Catesby, qui se trouvait au nombre des victimes, forma un complot connu dans l'histoire sous le nom de *conjuration des poudres*. Son projet était d'exterminer d'un seul coup le roi, la famille royale, toute la cour et les deux chambres, celle des lords et celle des communes, c'est-à-dire tous ceux qui faisaient exécuter les lois pénales contre les catholiques. Catesby s'associa quelques amis, et loua près du palais de Westminster une maison vacante. Ils parvinrent à déposer trente-six barils de poudre sous la salle où devaient se tenir les parlements : l'explosion eût fait sauter l'assemblée entière. Tout était prêt. Une lettre anonyme, écrite par l'un des conjurés à un de ses amis pour le détourner de se rendre au parlement, éveilla les soupçons. Toutes les caves furent visitées, et à l'entrée de celle qui était au-dessous de la chambre fut découvert un artificier qui, peu d'heures après, devait mettre le feu à la mine. Quelques paroles arrachées à cet homme dans les tortures mirent sur la trace des coupables. Catesby et ses complices quittèrent Londres. On envoya à leur poursuite. Ils furent atteints près d'un château où ils s'étaient donné rendez-vous, et se défendirent vaillamment. Quelques-uns furent faits prisonniers et exécutés. Le jésuite Garnet, dont la culpabilité n'a jamais été bien établie, fut aussi condamné à mort et subit le dernier supplice.

Jacques 1er, depuis trois ans qu'il régnait, n'avait cessé de perdre dans l'opinion publique. La chasse et des combats de coqs se partageaient ses journées; sa légèreté, ses folles dépenses, son goût pour les plaisirs de la table ne lui attiraient que le mépris de ses sujets, et excitaient le mécontentement. Une insurrection éclata au cœur du royaume. En 1607, des rassemblements d'hommes, de femmes et d'enfants se formèrent dans les comtés de Northampton, de Warwick et de Leicester, au nombre quelquefois de cinq mille. Jacques fit doubler les gardes du palais, appela les nobles sous les armes et les envoya contre les rebelles, avec ordre de les poursuivre et de les massacrer. L'insurrection fut noyée dans des flots de sang.

Jacques se laissait dominer par ses favoris. Il avait distingué un jeune homme nommé Robert Carr, issu d'une famille qui avait souffert pour Marie Stuart. Son esprit et ses grâces extérieures lui gagnèrent promptement l'affection du roi. Il fut fait vicomte de Rochester, puis comte de Sommerset et grand chambellan. Mais, à peine arrivé au comble du pouvoir, il en fut renversé : un nouveau favori le remplaça dans les bonnes grâces du monarque; ce fut Georges Villiers, si célèbre depuis sous le nom de Buckingham. La fortune de cet homme fut incroyable : il domina non-seulement Jacques Ier, mais encore Charles Ier, le fils et le successeur de Jacques. Créé successivement baron, comte, marquis, duc, grand écuyer, grand amiral, Buckingham posséda bientôt toutes les grandes charges du royaume, et Jacques, qui ne pouvait se séparer de lui, lui donna même l'intendance des plaisirs et des divertissements. Aussi les bals, les mascarades, les fêtes se succédaient rapidement à la cour. Mais toutes ces folles prodigalités étaient peu faites pour rendre au roi l'affection de son peuple.

Jacques mérita plus d'honneur quand il voulut soumettre l'Irlande à son gouvernement. Ce malheureux pays avait été, sous Elisabeth, déchiré par des guerres sanglantes. Malgré la loi qui avait aboli le catholicisme, les principaux citoyens et les magistrats étaient restés secrètement attachés au culte de leurs pères. Aussi, à la mort d'Elisabeth, le catholicisme fut rétabli publiquement, malgré les efforts du lord gouverneur de l'île. Les Irlandais, voyant qu'on se disposait à les réduire par les armes, se préparèrent à la résistance. Mais Jacques, qui espérait les soumettre par des moyens de douceur, aima mieux chercher à civiliser l'Irlande. Il envoya un nouveau gouverneur avec ordre de ne pas mécontenter les esprits, et celui-ci exécuta les intentions de son maître avec une telle prudence, que les Irlandais s'accoutumèrent peu à peu au frein des lois, et que, du vivant de Jacques, la paix ne fut plus troublée parmi eux.

Peu après Jacques fut engagé dans une guerre extérieure, et forcé, pour défendre la cause de son gendre l'électeur palatin, de prendre part aux hostilités qui éclatèrent en Allemagne. L'électeur avait perdu la couronne de Bohême et ses États héréditaires, que lui avait enlevés l'empereur Ferdinand II. Malgré les liens qui l'attachaient au roi d'Angleterre, il n'eut peut-être pas trouvé un appui dans son beau-père si les Anglais n'eussent forcé Jacques Ier à lui envoyer quelques secours. Mais ces secours furent insuffisants pour relever ses affaires.

Le roi Jacques était peu belliqueux, mais fort érudit, ou du moins il voulait passer pour savant. Il aimait à parler latin, et s'amusait à publier des ouvrages de controverse bizarrement intitulés et bizarrement écrits. Cette manie et ces prétentions lui attiraient des critiques sévères. Henri IV, roi de France, l'appelait *maître Jacques*, et ses sujets ne lui donnèrent pas des titres plus flatteurs. Elisabeth avait mis sa gloire à élever la nation; Jacques sembla prendre à tâche de l'humilier, et mérita cette épigramme d'un auteur contemporain : *Rex fuit Elisabeth, nunc est regina Jacobus;* « Elisabeth fut un roi, Jacques n'est qu'une reine. » Jacques mourut en 1625, après avoir obtenu pour son fils Charles la main de la princesse Henriette de France, fille de Henri IV.

Charles Ier, fils et successeur de Jacques Ier, monta sur le trône à l'âge de vingt-cinq ans. La politique anglaise resta la même, les ministres conservèrent leurs fonctions, et le favori de Jacques Ier fut aussi celui de Charles Ier, et jouit même sous ce prince d'un crédit plus illimité. Charles Ier se laissa aller aux conseils de Buckingham avec toute la confiance et la crédulité d'un jeune homme. L'un des premiers soins du nouveau roi fut de conclure son mariage avec la princesse Henriette, et Buckingham alla chercher en France la nouvelle reine d'Angleterre. Cette princesse fut accompagnée par sa mère, Marie de Médicis, et sa belle-sœur, Anne d'Autriche, jusqu'au bord de la mer; Charles alla recevoir à Douvres son épouse, et le lendemain il convoqua un parlement, auquel il demanda les subsides nécessaires pour célébrer les fêtes de son mariage et payer les dettes de son père.

Charles possédait mieux que Jacques Ier les qualités qui concilient à un souverain l'estime et l'affection des peuples. Mais l'autorité royale avait été fort affaiblie sous le règne précédent; des idées républicaines agitaient déjà toutes les têtes. Les communes anglaises avaient acquis une grande importance, et, enhardies par le sentiment de leur force, elles se montraient hostiles au gouvernement, et commençaient à faire entendre une voix menaçante. Le jeune prince voulut s'arracher à une sujétion qu'il regardait comme humiliante : il rencontra une résistance aussi forte que son courage, et finit par succomber dans la lutte.

Le premier parlement qui fut assemblé laissa

échapper quelques plaintes et demanda le redressement des griefs publics. Le second dirigea ses attaques contre le duc de Buckingham, qui venait d'échouer devant la Rochelle dans une expédition entreprise en faveur des protestants. Le troisième parlement, ajournant toute contestation particulière, fit entendre des cris séditieux de liberté, et demanda, dans la célèbre *pétition des droits*, tous les priviléges qui devaient être reconnus soixante ans plus tard. Le roi se résigna à adopter la pétition des droits, en déclarant qu'il ne prenait pas sur lui la responsabilité des événements futurs. Cette première victoire enhardit les communes : elles déclarèrent dans une remontrance adressée au roi, que la cause des calamités publiques était l'abus que Buckingham faisait de son pouvoir. Charles prorogea alors le parlement, et s'occupa d'un nouvel armement en faveur de la Rochelle. Buckingham devait aller réparer son précédent échec. Au moment du départ, Buckingham fut frappé dans son appartement d'un coup de couteau que le meurtrier laissa dans la plaie; le duc arracha le couteau, puis tomba mort contre une table de marbre. Pendant la confusion qui suivit cet assassinat, le meurtrier avait disparu : mais il vint bientôt se livrer lui-même, en apprenant qu'on accusait des personnes innocentes. C'était un officier irlandais nommé Felton : il déclara qu'il n'avait assassiné Buckingham que pour servir son pays et mériter le ciel en délivrant l'Angleterre.

Le roi, fatigué de la résistance des communes, et voyant qu'elles devenaient de plus en plus hostiles, eut recours à la violence. Cinq des députés les plus fougueux furent arrêtés et transférés à la Tour de Londres. Convaincu que ses adversaires conspiraient contre ses prérogatives légitimes, il voulut détruire leur espoir en gouvernant sans les chambres. Parmi les membres du conseil ou ministres, était alors Thomas Wentworth, plus connu depuis sous le nom de lord Strafford. Le roi nomma archevêque de Cantorbéry son ami Laud, homme ferme et rigide, que les puritains appelaient leur ennemi. Ces deux hommes devaient payer de leur sang leur attachement à la royauté.

Charles Ier signa la paix avec la France et avec l'Espagne, et la tranquillité parut un moment rétablie en Angleterre. Mais les germes de discorde et de haine subsistaient toujours, et il ne fallait qu'une occasion pour les faire éclater. En 1634, le roi ayant établi quelques taxes nouvelles, beaucoup de citoyens refusèrent de les payer. Des mesures oppressives s'ensuivirent, et la tyrannie poussa une foule d'Anglais à émigrer en Amérique. Le gouvernement crut devoir s'opposer à ces émigrations, et la destinée de Charles Ier voulut que deux fois il fît arrêter dans le port un vaisseau sur lequel Cromwell et sa famille allaient s'embarquer. C'est Cromwell qui devait, quelques années plus tard, faire périr le roi sur l'échafaud.

L'orage qui grondait depuis longtemps ne

tarda pas à éclater. L'Ecosse donna le signal de l'insurrection ; les Ecossais, à qui le gouvernement voulait imposer le code ecclésiastique suivi en Angleterre, prirent les armes, et jurèrent un *covenant* par lequel ils s'engagèrent à défendre, envers et contre tous, la religion, les lois et les libertés du pays. Ils s'emparèrent des revenus de la couronne, de ses magasins et de ses places fortes. Charles marcha sur l'Ecosse avec une armée de vingt mille fantassins et de six mille chevaux. Des forces considérables devaient encore le seconder. Si l'on eût attaqué sur-le-champ les insurgés, la victoire était assurée : mais le roi, entraîné par son affection pour les Ecossais, se laissa fléchir aux premiers signes d'une feinte soumission. Il conclut un traité en vertu duquel il y eut une suspension d'armes, et il licencia son armée. Revenu à Londres, et ses ressources se trouvant épuisées, il fut obligé de convoquer un cinquième parlement, où il ne trouva que des sujets factieux et rebelles. Cette assemblée est connue dans l'histoire sous le nom de *long parlement*.

Questionnaire.

Qui succéda à Elisabeth ? — Quelle dynastie commence avec Jacques Ier. — Quel était le caractère du nouveau roi ? — Comment signala-t-il son avénement au trône ? — De quel événement ces persécutions furent-elles suivies ? — Racontez la conspiration des poudres. — Quelles étaient les occupations favorites de Jacques Ier ? — Dans quels comtés éclata une insurrection ? — Comment fut-elle apaisée ? — Par qui le roi se laissait-il dominer ? — Quel homme remplaça

Robert Carr dans la faveur du roi ? — Quelles dignités reçut Buckingham ? — Quelle était alors la situation de l'Irlande ? — Quel moyen Jacques employa-t-il pour la soumettre ? — Envoya-t-il des secours suffisants à son gendre, l'électeur palatin ? — Jacques savait-il se faire respecter de ses sujets ? — En quelle année mourut-il ? — Quelle princesse avait-il obtenue en mariage pour son fils ? — Quel âge avait le successeur de Jacques Ier ? — Quel fut le premier soin de Charles ? — Quelles étaient les dispositions des esprits au moment de son avénement au trône ? — Le parlement était-il soumis et docile ? — Quelles furent les demandes des premières assemblées parlementaires ? — Racontez l'assassinat de Buckingham. — Que fit le roi pour vaincre la résistance des communes ? — Quel homme était alors au nombre des ministres du roi ? — Pour quel motif une foule d'Anglais s'expatrièrent-ils ? — Qui donna le signal de l'insurrection ? — Pourquoi Charles ne poussa-t-il pas la guerre avec vigueur ? — Sous quel nom est connu le parlement qu'il convoqua alors ?

CHAPITRE XVII.

Histoire d'Angleterre pendant la fin du règne de Charles Ier.

Procès et supplice de lord Strafford. — Massacre des Anglais en Irlande. — Coup d'État tenté par Charles Ier. — Commencement de la guerre civile. — Le prince Robert. — Le comte d'Essex. — Olivier Cromwell. — Batailles de Newburg. — Montrose en Ecosse. — Les indépendants. — Bataille de Naseby. — Charles Ier trahi par les Ecossais. — Procès et supplice de Charles Ier.

Il y avait dans l'assemblée du long parlement, convoqué en 1640, beaucoup d'hommes modérés et de bonne foi, qui ne voulaient que restreindre sagement la puissance royale; mais le but réel et caché des principaux chefs était de la renverser et de l'anéantir. Toutefois, avant d'aller jusqu'à la personne du roi, ils attaquèrent le premier ministre, le vertueux comte de Strafford, qu'ils appelaient le *grand apostat de la cause du peuple*, parce qu'il avait consacré son zèle et ses talents à la défense de la monarchie. Un membre de la chambre des communes, nommé Pym, orateur fougueux et véhément, animé d'une haine particulière, se chargea de diriger le complot contre le ministre. Après avoir dénoncé Strafford comme traître à la patrie, il l'accusa de haute trahison devant la chambre des lords, et demanda qu'il fût à l'instant même placé sous la garde de l'huissier de la chambre. On fit droit à sa demande. Strafford fut arrêté et emprisonné. On instruisit son procès, pendant lequel la haine et la mauvaise foi de ses ennemis se manifestèrent clairement, et il fut condamné à mort. Il ne restait plus qu'à arracher le consentement du roi. Une populace armée de piques, de pioches et de bâtons, se rassembla autour du palais, demandant avec des cris de rage la tête du ministre. Charles ne voulait point consentir à signer la sentence, une lette de Strafford l'y détermina. Ce généreux ministre, s'honorant par un noble dévouement, conjurait le roi de l'abandonner à ses ennemis pour sauver son trône et sa famille. « Mon consentement vous acquittera devant Dieu, lui disait-il; je pardonne à tout le monde, et vous supplie seulement de jeter un regard de bonté sur mon pauvre fils et ses trois sœurs. » Les larmes de la reine achevèrent de déterminer le roi ; il autorisa une commission à signer pour lui, et le 12 mai 1641 la tête de Strafford tomba sur l'échafaud. En marchant au supplice, il avait obtenu que Laud le bénît de la fenêtre de sa prison ; mais le malheureux archevêque n'eut pas la force de rendre ce dernier service à son ami ; en apercevant Strafford au milieu des gardes, il tomba sans connaissance sur le pavé de sa prison.

Le supplice de Strafford était un acte menaçant pour la royauté ; mais la lutte allait devenir plus vive encore. Les chambres, empiétant sur les prérogatives royales, réformèrent les jugements des tribunaux ou hautes cours, et décrétèrent qu'à l'avenir les parlements ne pourraient plus être dissous que de leur propre consentement. Au milieu de ces circonstances, on apprit que les Anglais avaient été massacrés en Irlande, et cette nouvelle irrita l'humeur séditieuse des puritains, qui prétendirent que les catholiques irlandais s'étaient soulevés en invoquant le nom de la reine et celui de son époux. En vain Charles, pour se disculper, demanda au parlement la répression de cette révolte ; le parlement enleva au roi la conduite de la guerre, et se chargea de lever des hommes et de nommer des officiers. Bientôt même les communes, mécontentes de la chambre des lords, qu'elles accusaient de lenteur et d'indécision, déclarèrent qu'elles se passeraient de son concours, et adopteraient les mesures nécessaires pour le salut public de concert avec ceux des pairs qui voudraient se joindre à elles.

Le roi poussé à bout par une remontrance menaçante des communes, sortit enfin de sa léthargie, et voulut prendre des mesures vigoureuses. Il se rendit lui-même à la chambre pour y arrêter cinq membres des communes. Il était trop tard : il échoua dans ce coup d'Etat, et quitta Londres à la tête de la haute noblesse pour commencer la guerre civile. C'était ce que voulait le parlement; il savait bien que la guerre était le seul moyen de parvenir à son but, c'est-à-dire à la souveraine puissance. Le parlement et le roi avaient également dépassé les limites de leur pouvoir; mais le peuple, à qui l'on persuadait que le roi voulait le combattre pour l'asservir, montrait des dispositions plus hostiles à la royauté. Les ressources des deux parties belligérantes étaient loin d'être les mêmes. Charles avait pour lui une noblesse divisée d'intérêts politiques et d'opinions religieuses, qui craignait, en combattant pour la cause de la royauté, de travailler contre elle-même. Dans l'armée du parlement, le fanatisme religieux et politique faisait tout entreprendre. Le roi manquait d'argent, tandis que le parlement avait à sa disposition tous les revenus et toutes les caisses du royaume. Le roi avait dans les Hollandais des alliés actifs et fidèles ; mais le parlement, maître de la flotte et des ports, pouvait éloigner tout secours étranger.

Charles Ier donna le commandement de son armée à son neveu, le prince Rupert ou Robert, fils de l'électeur palatin Frédéric. C'était un jeune homme plein de courage, mais qui n'avait pas assez de sang-froid; et le roi, en le mettant à la tête de ses troupes, fit une double faute : il livrait au hasard le succès de sa cause, et blessait l'orgueil des seigneurs anglais qui obéissaient à regret à un étranger. Le comte d'Essex était le chef de l'armée parlementaire. Les royalistes, enhardis par le succès de quelques escarmouches, marchèrent sur Londres, et livrèrent près de Kingston, au pied d'une colline nommée Edge-Hill, une bataille dont l'issue resta indécise. D'Essex alla prendre son quartier général à Warwick, tandis que Charles se retirait à Oxford, la ville du royaume la plus dévouée à sa cause.

En 1643, pendant que le marquis de Newcastle rétablissait dans le nord de l'Angleterre l'autorité royale, le major Cromwell, qui servait le parlement, maintint dans l'obéissance plusieurs comtés importants. Olivier Cromwell, de simple capitaine, s'était élevé par des actions d'éclat au grade de colonel, et commandait un régiment de mille hommes appelé le *régiment des saints*, dont les soldats étaient des espèces de missionnaires soumis à une discipline très-rigoureuse. Le dernier service rendu par le colonel Cromwell lui valut du parlement le grade de lieutenant général. Les soldats parlementaires opposaient l'enthousiasme religieux aux sentiments d'honneur et de fidélité qui animaient les *cavaliers :* on appelait ainsi les partisans de Charles. Les hommes du parti contraire étaient désignés sous le nom de *têtes rondes*, parce qu'ils affectaient de porter des cheveux courts.

Le 20 septembre 1643, le roi livra la bataille de Newburg, où la fortune s'unit à la cause des parlementaires, et ceux-ci poussèrent la guerre avec une nouvelle vigueur. Le prince Rupert fut défait à Marston-Moor par l'invincible opiniâtreté des volontaires de Cromwell, qui reçurent sur le champ de bataille le surnom de *côtes de fer*, et mirent en pièces les drapeaux ennemis pour en orner leurs bonnets et leurs bras. La ville d'Yorck fut perdue pour le roi : la reine se réfugia en France. Cette princesse, d'une activité infatigable, était récemment arrivée de la Hollande, d'où elle avait envoyé à son époux des armes, des munitions et de l'argent.

Les derniers revers des royalistes parurent un instant réparés. Le comte d'Essex, un des généraux du parlement, venait de capituler dans le comté de Cornouailles. Le marquis de Montrose, l'un des plus vaillants cavaliers, avait soulevé en faveur du roi les montagnards écossais, et gagné deux batailles aux portes d'Edimbourg. De là les troupes royales marchaient sur Londres, où le peuple fermait les boutiques, priait et jeûnait, lorsqu'on apprit que Charles Ier avait été battu à Newburg pour la seconde fois, et que les parlementaires ramenaient en triomphe les batteries dont ils s'étaient emparés.

Charles s'était retiré dans Oxford. Pendant ce temps Cromwell travaillait à établir sa fortune et son pouvoir sur les ruines du pouvoir royal. Il colorait son ambition des dehors de la dévotion et du patriotisme, mais il songeait à mettre l'armée sous son influence, et il parvint à faire nommer seul général le chevalier Fairfax, qui lui était entièrement dévoué. Il devint par là le maître absolu de l'armée, changea l'organisation et la discipline militaires, et nomma à son gré des officiers choisis dans le parti des *indépendants,* dont il était le chef. Charles Ier avait entamé des négociations avec les parlementaires; il les rompit en apprenant que l'archevêque Laud avait été condamné à mort et exécuté. La bataille de Naseby, perdue par les royalistes le 14 juin 1645, ruina les dernières espérances de Charles Ier. En Ecosse, l'intrépide Montrose, abandonné de ses montagnards et réduit à une poignée de braves, fut obligé de quitter sa patrie.

Pendant ce temps, Henriette de France, digne fille de Henri IV, se multipliait, passait et repassait les mers pour aller chercher des secours à son époux renfermé dans Oxford, et menacé d'un siége par Fairfax. Charles, cédant aux conseils de l'ambassadeur français, se jeta dans les bras des Ecossais, croyant que ses malheurs et sa loyauté réveilleraient le respect et l'amour de ses anciens sujets. Ceux-ci se firent céder par lui la ville d'Oxford et plusieurs autres places, et ils eurent l'infamie de le livrer au parlement d'Angleterre moyennant 400,000 livres sterling. Le parlement était presbytérien, tandis que l'armée était peuplée d'indépendants; aussi vit-elle d'un œil jaloux le roi au pouvoir de la chambre. Cromwell le fit enlever du lieu où le gardaient les commissaires du parlement, et le transféra au palais de Hampton-Court. Puis, apprenant que les presbytériens nouaient des négociations avec le prince, Cromwell lui fit conseiller de s'enfuir, et lui indiqua l'île de Wight comme l'asile le plus sûr. Charles Ier suivit ce perfide conseil, et ne fit que changer de prison. Ces indignes traitements lui donnaient chaque jour de nouveaux partisans. Le pays de Galles, quelques comtés et une partie de la flotte se révoltèrent en sa faveur. Les Ecossais eux-mêmes, pour effacer la honte de leur trahison, prirent les armes; mais Cromwell les battit à Preston le 17 août 1648, et se décida à hâter la ruine du roi. Apprenant qu'en son absence le parlement avait voulu traiter avec Charles Ier, Cromwell leva le masque, marcha sur Londres à la tête de son armée, fit arrêter ou exclure tous les membres presbytériens du parlement, et obtint des communes ainsi mutilées la nomination de trente-huit commissaires qui devaient instruire le procès du roi. Le 20 janvier Charles comparut devant ce tribunal inique pour entendre l'acte d'accusation, dans lequel il était appelé tyran, traître et meurtrier. Il

récusa la juridiction de ses ennemis, en disant :
« Je ne vois pas ici de chambre des pairs,
et d'ailleurs je fais moi-même partie du parlement : l'accusation n'est donc pas légale. »
Ramené devant les commmissaires le 22 et le
23 janvier, Charles méconnut leur autorité,
et fut enfin jugé par contumace et condamné
à mort. Il reparut une quatrième fois pour
entendre prononcer l'arrêt. Sa fermeté ne se
démentit pas un seul moment. En sortant de
la salle de Westminster, se voyant poursuivi
par les clameurs de soldats apostés : « Pauvres
gens, dit-il ; pour un peu d'or ils en feraient
autant à leurs chefs. » Un de ces misérables
lui ayant craché à la figure, il dit avec douceur
que le Sauveur du monde avait souffert un
pareil outrage.

Trois jours s'écoulèrent entre le jugement
et l'exécution. Ni les instances des ambassadeurs de France et de Hollande, ni celles des
commissaires écossais, ni le dévouement des
lords Richmond, Hertford, Southampton et
Lindsay, ses ministres, qui demandèrent à
mourir pour le roi, ne purent fléchir ses implacables ennemis. Les derniers moments de
Charles Ier furent sublimes : après avoir embrassé ses enfants, il marcha à l'échafaud avec
une sainte résignation. L'instrument du supplice avait été dressé devant le palais de Whitehall : ce fut là que, le 30 janvier 1649, fut
exécuté Charles Ier devant un immense concours
de peuple, dont le silence et la douleur même

désavouaient le crime de ceux qui prétendaient avoir agi en son nom.

Questionnaire.

De quels hommes était composé le long parlement? — Qui attaquèrent-ils d'abord? — Par qui Strafford fut-il accusé? — Racontez les circonstances du procès et de la mort de Strafford. — Par quelles mesures les communes augmentèrent-elles leur pouvoir aux dépens du pouvoir royal? — Que fit le roi? — Réussit-il dans le coup d'Etat qu'il avait médité? — Quelle résolution prit-il alors? — Les ressources étaient-elles égales des deux côtés? — Qui combattait pour le roi? — Quels étaient ses alliés? — De quelles forces disposait le parlement? — A qui le roi donna-t-il le commandement de son armée? — Où eut lieu le premier engagement entre les deux partis? — Donnez quelques détails sur Olivier Cromwell. — Comment s'appelaient les partisans de Charles? — Sous quel nom étaient désignés ceux du parlement? — Quelle bataille perdit le roi? — Où fut défait le prince Rupert? — Quelle ville importante fut perdue pour la cause royale? — Que fit Montrose en Ecosse? — Quel nouveau revers éprouvèrent les armes de Charles Ier? — Quelles mesures prit Cromvell pour devenir maître de l'armée? — De quel parti était-il le chef? — Quelle dernière bataille perdit Charles Ier? — Que faisait la reine d'Angleterre pour son époux? — Où était alors Charles Ier? — Quelle détermination prit-il? — Quelle fut la conduite des Ecossais? — Où le roi fut-il transféré par ordre de Cromwell? — Où se réfugia-t-il ensuite? — N'y eut-il pas un mouvement en faveur de Charles Ier? — Que fit alors Cromwell? — Comment traita-t-il le parlement? — Comment fut composé le tribunal qui devait juger le roi? — Racontez les détails du procès de Charles Ier. — Racontez ses derniers moments.

CHAPITRE XVIII.

Histoire d'Espagne, de Portugal et des Pays-Bas depuis la paix de Câteau-Cambrésis jusqu'au milieu du XVIIe siècle.
Philippe II. — Inquisition et supplices. — Révolte des Pays-Bas. — Guillaume de Nassau. — Les gueux. — Le duc d'Albe. — Tribunal du sang. — Mort de don Carlos. — Guerre dans les Pays-Bas. — Les Maures d'Espagne. — Don Juan d'Autriche. — Les sept Provinces-Unies. — Conquête du Portugal. — Assassinat de Guillaume de Nassau. — Son fils reconnu stathouder. — Mort de Philippe II. — Philippe III. — Continuation de la guerre. — Expulsion des Maures. — Philippe IV. — Barneweldt. — Traité de Munster. — Révolte du Portugal. — Disgrâce d'Olivarès.

Charles-Quint avait laissé à Philippe II, son fils, les Etats héréditaires d'Espagne, le royaume de Naples, la Sicile, la Sardaigne, le duché de Milan, les Pays-Bas et une partie des Etats de Bourgogne. Les vastes colonies des deux Amériques lui payaient leurs tributs. Maître des plus belles provinces des deux mondes, il disait avec raison que le soleil ne se couchait jamais dans ses Etats. Pour maintenir dans l'obéissance tant de peuples différents, il disposait d'une armée aguerrie, disciplinée, orgueilleuse de ses victoires, prête à lutter contre l'Europe entière.

Philippe était un prince d'une humeur sombre, d'une volonté inflexible, dédaignant toute autre langue que la langue castillane, voulant imposer partout la gravité et la régularité des mœurs espagnoles. Par un des articles du traité de Câteau-Cambrésis (1559), il avait épousé Elisabeth de France, fille de Henri II. Revenu dans ses États pour ne plus en sortir, il éleva en mémoire de la journée de Saint-Quentin le magnifique monastère de l'Escurial, qui devint la demeure des rois.

Indépendamment de son zèle pour le catholicisme, Philippe II était l'ennemi déclaré de toute réforme religieuse ; car il savait que les idées nouvelles étaient contraires au despotisme absolu, et il résolut d'employer pour les étouffer en Espagne les rigueurs et les supplices. Il usa à cet effet de l'inquisition, à laquelle il livrait ceux qui étaient soupçonnés d'hérésie. Il voulut aussi étendre cette institution aux Pays-Bas. Mais il y trouva une résistance plus forte que celle qu'il avait attendue. Depuis que les différents États féodaux de cette contrée avaient été réunis par la maison de Bourgogne, ils se composaient de dix-sept provinces. Chaque localité jouissait de ses lois et de ses privilèges : partout le commerce et l'industrie se trouvaient florissants.

Ces provinces étaient alors gouvernées par Marguerite d'Autriche, duchesse de Parme, ou plutôt par son ministre le cardinal de Granvelle. Entièrement dévoué à Philippe II, et fidèle exécuteur des ordres de son maître, le ministre établit l'inquisition, foula aux pieds les priviléges des habitants, et les poussa par son despotisme à secouer le joug espagnol. L'insurrection éclata bientôt. Guillaume de Nassau, prince d'Orange, gouverneur de Hollande, de Zélande et d'Utrecht, le comte d'Egmont, gouverneur de Flandre et d'Artois, l'amiral de Horn, Louis de Nassau, frère de Guillaume, étaient à la tête des mécontents; ils se réunirent à Bréda et formèrent une ligue dont les membres s'engageaient à demander l'abolition des édits contre les protestants, et la réunion générale des états des provinces. « Ne craignez pas cette bande de *gueux*, disait à Marguerite un de ses ministres en regardant défiler le cortége des nobles. » Mais les mécontents acceptèrent cette injure, et le surnom de *gueux* resta le titre de gloire des confédérés qui avaient signé le compromis de Bréda.

Marguerite suspendit provisoirement les édits. Mais Philippe ne fut pas de cet avis, et chargea le duc d'Albe d'aller mettre à la raison les rebelles des Pays-Bas. La révolte était devenue sérieuse : les confédérés avaient pris pour insignes une écuelle de bois et une besace, et s'étaient partagés en *gueux de terre*, *gueux de mer* et *gueux des bois*. Le duc d'Albe arriva avec vingt mille hommes. A cette nouvelle, la gouvernante résigna ses pouvoirs, ne voulant ni prêter son nom à des ordres tyranniques, ni être témoin des cruautés futures. Cent mille familles réformées émigrèrent. Le général espagnol créa un tribunal appelé *conseil des troubles*;

et que les Flamands nommèrent *tribunal du sang*. Ce tribunal condamna dix-huit mille personnes à mort et confisqua les biens de trente mille autres. Les plus illustres victimes furent les comtes d'Egmont et de Horn, qui, le 5 juin 1568, furent exécutés après une captivité de sept mois. Le prince d'Orange avait fui le sort qui lui était réservé, et il attendit le moment de la vengeance.

Pendant que le duc d'Albe faisait tomber sous la hache du bourreau les têtes des comtes d'Egmont et de Horn, Philippe II condamnait à mort l'infant don Carlos, son fils. Trois mois après, la reine d'Espagne, qui avait été fiancée d'abord à ce jeune prince, avant de devenir l'épouse de Philippe II, mourut emportée par la douleur ou peut-être empoisonnée par son mari. Le supplice de don Carlos aigrit le ressentiment des Pays-Bays, dont l'infant avait plaint la misère. Ce fut alors que Guillaume d'Orange crut l'occasion favorable pour se montrer. Il entra dans le Luxembourg et joignit ses troupes à celles de son frère Louis de Nassau. Leurs premières tentatives furent malheureuses. Le duc d'Albe, vainqueur en plusieurs rencontres, se fit ériger à Bruxelles une statue avec les canons ennemis : deux figures étendues à ses pieds représentaient le peuple et la noblesse. Le prince d'Orange, battu sur terre, essaya de créer une marine dans les Pays-Bas. Puissamment secondé par les gueux marins, il parvint à s'emparer de plusieurs ports de mer, et fut proclamé stathouder des quatre provinces de Hollande, Zélande, Frise et Utrecht.

Presque à la même époque, les Maures d'Espagne, redoutant la tyrannie de Philippe II, se soulevèrent et appelèrent à leur aide les Turcs et le roi de Maroc. Mais personne ne répondit à cet appel. Abandonnés à leurs propres forces, et après deux années d'une guerre acharnée, ils furent défaits par le frère de Philippe II, don Juan d'Autriche, qui les transféra dans la Castille, et qui gagna peu de temps après sur les Turcs la bataille navale de Lépante, où il détruisit leur flotte dans le golfe de ce nom (1571).

Requesens, qui avait remplacé le duc d'Albe dans les Pays-Bas, n'avait ni le courage ni les talents militaires de son prédécesseur : il ne sut pas contenir dans les bornes de la subordination les troupes espagnoles elles-mêmes, et céda la place au célèbre don Juan d'Autriche, qui, par des mesures adroites, calma d'abord les esprits. Mais bientôt les insurgés, jaloux de leur liberté, appelèrent l'archiduc Mathias, qu'ils proclamèrent gouverneur pour l'opposer à don Juan. Guillaume de Nassau, sacrifiant son ambition personnelle, se réunit à Mathias pour combattre et vaincre don Juan, qui mourut quelque temps après, empoisonné, dit-on, par ordre de Philippe II. Alexandre Farnèse, duc de Parme, petit-fils de Charles-Quint par sa mère, prit alors le commandement des troupes espagnoles, et ramena dans le devoir les provinces méridionales. Quant aux provinces du nord, séparées désormais de l'Espagne, elles formaient déjà un Etat indépendant, grâce à l'habileté de leur stathouder; réunies au nombre de sept, sous le nom de Provinces-Unies, elles jurèrent dans Utrecht une union indissoluble.

Philippe II se dédommagea de la perte de sept provinces par la conquête d'un royaume. Le roi de Portugal, don Sébastien, était mort en Afrique (1578), où il était allé combattre les Maures. Son grand-oncle paternel, le cardinal don Henri, monta sur le trône. Il était âgé de soixante-dix ans, et mourut avant d'avoir réglé sa succession. Philippe II, substituant la force au droit, fit envahir le royaume par le duc d'Albe, et se rendit lui-même à Lisbonne (1581) pour recevoir les serments de ses nouveaux sujets. Il répandit des flots de sang en Portugal; des complots menaçaient sa vie, et il retourna en Espagne, laissant à des gouverneurs le soin d'appauvrir la terre conquise.

Philippe II se flattait de recouvrer aussi facilement les Pays-Bas, et les premiers succès d'Alexandre Farnèse purent lui faire concevoir la réalisation de ses espérances. Il voulut d'abord se débarrasser de Guillaume de Nassau, qu'il regardait comme le principal obstacle à ses projets, et il mit sa tête à prix. Un fanatique, nommé Balthasard Gérard, accomplit les vœux du roi d'Espagne, en tuant à Delft (1584) le fondateur de la nouvelle république. Cet assassinat fut inutile : Maurice de Nassau, fils du prince d'Orange, fut immédiatement reconnu stathouder par les états de Hollande, et bientôt après par les sept provinces. Gand, Bruxelles, Malines, Anvers tombèrent au pouvoir des confédérés; en même temps la reine d'Angleterre, Elisabeth, leur envoya six mille hommes commandés par le comte de Leicester.

Ce fut alors que Philippe, pour se venger de la reine d'Angleterre, envoya contre elle cette flotte, surnommée l'*invincible*, qui fut détruite par la tempête, et dont la perte fut un malheur irréparable pour l'Espagne. Philippe II, engagé dans une autre guerre avec la France, ne fut pas plus heureux de ce côté. Henri IV entra dans Paris malgré les armes espagnoles, et s'allia solennellement aux Provinces-Unies; la puissance des Hollandais prit sous Maurice un tel accroissement, que, lorsque la paix de Vervins eut réconcilié en 1598 la France et l'Espagne, la privation de leurs alliés ne les fit pas retomber sous le joug. Philippe II lui-même sembla reconnaître l'inutilité de ses efforts, et se débarrassa de la souveraineté des Pays-Bas, qu'il transféra à sa fille Isabelle et à l'archiduc Albert d'Autriche, son époux. Toutefois, voulant ruiner le commerce des Hollandais qui venaient s'approvisionner des denrées de l'Inde aux marchés de Lisbonne, il interdit à leurs vaisseaux l'entrée du port de cette ville. Mais il ne fit que préparer la ruine des colonies espagnoles en Asie; car les Hollandais envoyèrent chercher aux Indes orientales ce qu'ils ne pouvaient plus se procurer en Europe. Philippe II mourut en 1598, emportant dans la tombe le surnom de *démon du Midi* et l'exécration des peuples. Il léguait à son fils Philippe III un royaume épuisé par les efforts incroyables qu'il avait faits pour maintenir son pouvoir absolu.

Philippe III ne gouverna point par lui-même; il abandonna le soin des affaires à son favori, le duc de Lerme, qui était lui-même gouverné par un intrigant nommé Rodrigue Caldérone. La guerre fut continuée dans les Pays-Bas. Le marquis Ambroise Spinola, chargé de soutenir l'honneur des armes espagnoles, s'immortalisa par la prise d'Ostende (1604) : mais Maurice de Nassau, qui dirigeait les opérations des Hollandais, sut leur inspirer une énergie supérieure aux talents du général Spinola, et déconcerta toutes les vues de la maison d'Autriche. Après avoir conquis leur indépendance, après s'être agrandis au dehors, et par la voie du commerce et par celle des armes, ces anciens *gueux* devinrent à leur tour les facteurs des nations, et répandirent en Europe toutes les productions du globe. Une paix signée par Philippe III, et déguisée sous le nom de trêve (1609), permit aux Provinces-Unies de se livrer tranquillement à leur industrie. La maison de Nassau fut rétablie dans tous ses biens.

Philippe III profita de la paix pour expulser définitivement les Maures de l'Espagne. Il leur ordonna de sortir de ses Etats dans le délai de trente jours, sous peine de mort. On leur permit de vendre leurs biens, à condition de ne pas en emporter le prix en argent, mais en marchandises achetées dans le pays. Quarante mille Maures s'exilèrent : l'agriculture, le commerce, l'industrie et les arts disparurent de l'Espagne avec les derniers descendants des Arabes. La misère devint bientôt si grande, qu'en 1620 Philippe fut obligé d'encourager l'agriculture par des priviléges extraordinaires. Philippe III mourut en 1621, à l'âge de quarante-trois ans, et eut pour successeur Philippe IV, son fils. Ce prince, âgé de seize ans, se laissa gouverner par le duc d'Olivarès, comme son père l'avait été par le duc de Lerme.

Les Provinces-Unies ne jouirent pas longtemps des avantages que leur promettait la trêve de 1609. Elles furent en proie à des dissensions religieuses, et une querelle théologique donna naissance à deux sectes, les arminiens et les gomaristes. Les premiers avaient pour chef le vertueux Barneveldt, qui, par sa prudence et ses lumières, avait rendu à sa patrie d'aussi grands services que les princes d'Orange : les seconds obéissaient au stathouder Maurice de Nassau. Celui-ci, pour se venger de Barneveldt qui voulait limiter son pouvoir, fit assembler un synode à Dordrecht, qui se prononça pour les gomaristes. Sous prétexte de faire exécuter les ordres de l'assemblée, Maurice parcourut l'épée à la main les sept provinces, emprisonnant ou exilant tous ceux qu'il avait intérêt de trouver arminiens. Enfin il arrêta Barneveldt, l'accusa d'une prétendue conspiration contre la sûreté de l'Etat, et le fit condamner à mort et exécuter. Deux fils de Barneveldt, ayant formé le projet de venger leur malheureux père, entrèrent dans un complot qui fut découvert. L'un d'eux fut pris et condamné à mort ; son illustre mère demanda sa grâce au prince Maurice qui répondit : « Il me semble étrange que vous demandiez pour votre fils ce que vous n'avez pas demandé pour votre mari. — Je n'ai pas demandé la grâce de mon mari, répondit-elle avec indignation, parce qu'il était innocent ; je demande celle de mon fils, parce qu'il est coupable. »

A l'expiration de la trêve, la guerre recommença avec l'Espagne. Le duc d'Olivarès, premier ministre de Philippe IV, avait formé le vaste projet de rendre à l'Espagne sa puissance extérieure. Il commença par faire prendre à son maître le titre de *Grand,* pendant que Spinola, général des troupes espagnoles, déployait dans les Pays-Bas les plus grands talents militaires. Tous les avantages de cette guerre furent néanmoins pour la Hollande. L'Espagne éprouva en Italie, en France, aux Pays-Bas, en Allemagne, aux Indes même, une série de désastres dont elle ne put jamais se relever. Le 30 janvier 1648, Philippe IV signa le traité de Munster, en vertu duquel les Provinces-Unies furent reconnues indépendantes. Le port d'Anvers fut fermé et le commerce des Pays-Bas espagnols ruiné.

Ce ne fut pas tout. Le Portugal gémissait sous la plus dure tyrannie. Une conspiration habilement conduite enleva ce royaume à l'Espagne et le rendit à un descendant de l'ancienne famille royale, à Jean, duc de Bragance. Un homme d'un esprit rare, d'un courage intrépide, nommé Pinto, intendant du duc de Bragance, devint l'âme de cette conspiration. Les conjurés étaient plus décidés que le prince lui-même à qui on voulait donner un trône; ils lui inspirèrent enfin une partie de leur audace, et la duchesse de Bragance acheva par ses paroles de convaincre son époux. « N'allez pas à Madrid, lui dit-elle; si le ministre vous y appelle, c'est pour vous faire mourir. Il est vrai que vous trouverez peut-être la mort à Lisbonne; mais vous avez le choix de finir comme un misérable prisonnier, ou de succomber couvert de gloire et comme un roi. » Un seul jour suffit pour accomplir cette étonnante révolution, et le Portugal se vit délivré de la domination espagnole. Le duc de Bragance fut reconnu roi sous le nom de Jean IV. Olivarès annonça en plaisantant cette nouvelle à son maître. Philippe IV prit la chose au sérieux. Olivarès fut disgracié et remplacé par don Louis de Haro, qui entreprit de porter remède aux maux dont l'Espagne était accablée.

Questionnaire.

De quoi se composaient les Etats laissés par Charles-Quint à Philippe II, son fils? — Quel était le caractère de Philippe? — Quels moyens employa-t-il pour étouffer les idées de réforme religieuse? — Dans quel pays voulait-il établir l'inquisition? — Qui gouvernait les

Pays-Bas? — Quels furent les chefs de la révolte? — Qui fut chargé par Philippe II de réprimer la révolte? — Quel titre prirent les confédérés? — Que fit le tribunal établi par le duc d'Albe? — Quelles furent les principales victimes? — Quelle occasion saisit le prince d'Orange pour se révolter? — Ses premières tentatives furent-elles heureuses? — Ne fut-il pas plus heureux ensuite? — De quelles provinces fut-il nommé stathouder? — Par qui les Maures furent-ils défaits? — Quelle autre bataille gagna don Juan d'Autriche? — A quel général succéda-t-il dans les Pays-Bas? — Comment périt-il? — Par qui les provinces du midi furent-elles ramenées à l'obéissance? — Que firent les provinces du nord? — Comment Philippe II s'empara-t-il du Portugal? — Par quel moyen parvint-il à se défaire de Guillaume de Nassau? — Qui fut ensuite reconnu stathouder? — Quelle reine lui envoya des secours? — Que fit le roi d'Espagne pour se venger d'Elisabeth? — A qui transféra-t-il la souveraineté des Pays-Bas? — Quel moyen prit-il pour ruiner le commerce des Hollandais? — Ce moyen eut-il les résultats qu'il espérait? — En quelle année mourut Philippe II? — Quel fut son successeur? — Philippe III gouverna-t-il par lui-même? — Quels furent les principaux événements de la guerre dans les Pays-Bas? — Quelle mesure prit Philippe III contre les Maures? — Quel fut son successeur? — Quel âge avait-il? — Quels événements se passèrent aux Pays-Bas? — Quel fut le sort de Barneveldt? — Quels étaient les projets d'Olivarès? — Quel traité signa Philippe IV? — Racontez comment le Portugal secoua le joug de l'Espagne. — Quel ministre remplaça Olivarès?

CHAPITRE XIX.

Histoire de l'empire d'Allemagne depuis l'abdication de Charles-Quint jusqu'au commencement de la guerre de trente ans.
Ferdinand Ier, empereur. — Caractère de ce prince. — Son testament. — Maximilien II, empereur. — Siége de Sigeth. — Vertus de Maximilien. — Rodolphe II. — Guerre contre les Turcs. — Occupations de Rodolphe. — L'astronome Tycho-Brahé. — Révolte de Mathias. — Aix-la-Chapelle et Donaverth mises au ban de l'empire. — Succession de Clèves et de Juliers. — Mathias empereur. — Révolte de la Bohême. — Défénestration de Prague. — Le comte de Thurn et le comte de Mansfeld. — Ferdinand successeur de Mathias.

Les chagrins encore plus que les infirmités avaient décidé Charles-Quint à résigner le sceptre de l'Espagne entre les mains de Philippe II son fils. Il avait également cédé, en 1556, le sceptre impérial à son frère Ferdinand Ier. Ce dernier était en même temps roi de Bohême et de Hongrie et roi des Romains. Le 24 février 1558 il se fit couronner empereur d'Allemagne.

Ferdinand était doué d'une humeur conciliante et pacifique; il s'efforça de calmer les ressentiments des protestants et des catholiques, et de maintenir entre eux une bonne harmonie. La Bohême, jusqu'alors si remuante, obéit avec docilité à ce prudent souverain; il n'en fut pas de même de la Hongrie, à la fois déchirée par la guerre civile et attaquée par les Turcs. Ferdinand à force d'adresse et de modération, réunit les divers partis pour les opposer aux Ottomans, qui menaçaient ses Etats héréditaires. Il conclut ensuite une trêve de huit ans avec les Turcs, et mourut en 1564, au moment où il songeait à faire de nouveaux efforts pour établir une paix durable entre les protestants et les catholiques. Son testament partageait ses Etats entre ses trois fils : il laissait à l'aîné, Maximilien II, la Hongrie, la Bohême et l'archiduché d'Autriche; au second, Ferdinand, le Tyrol, l'Alsace et la Souabe autrichienne; au troisième, Charles, les duchés de Styrie, de Carinthie et de Carniole. Maximilien II lui succédait en outre à l'empire.

Maximilien, doux, clément, charitable, prit son père pour modèle, et mit toute son ambition à assurer la tranquillité et le bonheur de ses peuples. « Ce n'est pas, disait-il aux catholiques, ce n'est pas en répandant le sang des hérétiques que nous devons honorer le père commun des hommes. » Cette tolérance, d'ailleurs si louable, était nécessaire à l'époque où les Turcs, conduits par le terrible Soliman II, envahissaient la Hongrie, et venaient mettre le siége devant la ville de Sigeth. La réunion des catholiques et des réformés sauva l'Allemagne. Le comte Zrini se rendit célèbre par la belle défense de Sigeth. Après une résistance vigoureuse, se voyant dépourvu de munitions, il fit une sortie avec sa garnison composée de six cents hommes, et trouva une mort glorieuse au milieu des rangs ennemis. La plupart de ses soldats eurent le même sort. La prise de Sigeth avait coûté vingt mille hommes à l'armée ottomane, et Soliman n'eut pas même la satisfaction de jouir de sa conquête : il mourut avant la fin du siége.

En 1575, Maximilien, que ses vertus rendaient recommandable aux yeux de tous les peuples, fut élu roi de Pologne. Mais sa mort, arrivée peu après, l'empêcha d'accepter cette nouvelle couronne. La mémoire de ce prince resta toujours chère à l'Allemagne, qui fit revivre en sa faveur le surnom de *délices du genre humain*, surnom qu'avait autrefois mérité Titus, le meilleur des empereurs romains.

Rodolphe II, son successeur et son fils, tint d'une main peu assurée les rênes de l'empire. Sa faiblesse et son indolence réveillèrent toutes les haines et l'audace des Ottomans, qui envahirent la Hongrie sans qu'on leur opposât de résistance. Les revenus publics étaient si mal administrés, qu'on établit à la porte de toutes les églises des troncs pour subvenir aux frais de la guerre et pour secourir dans les hôpitaux les malades et les blessés. L'armée impériale n'arriva en Hongrie qu'après la prise d'Agra et de plusieurs autres places importantes. Cette armée, du reste, ainsi que toutes celles qui à cette époque combattirent les Turcs, était un composé de soldats de toutes les nations, sans discipline et sans subordination.

Rodolphe qui possédait tous les talents nécessaires pour s'illustrer dans la carrière des sciences, mais qui n'avait aucune des qualités d'un grand roi, se renfermait dans le cercle de ses études, et ne s'inquiétait nullement du bonheur de ses sujets. Chimiste, astronome, physicien, il passait son temps à distiller des eaux spiritueuses, à tailler des pierres fines, à observer le cours des astres. Cette conduite bizarre le fit mépriser de ses sujets et de sa famille. Les luthériens, depuis longtemps tranquilles, s'aperçurent que l'empereur, tout occupé de ses découvertes physiques, ne songeait ni à gouverner l'Allemagne, ni à repousser les Turcs; ils reprirent leurs premières idées d'ambition, et fondèrent, en 1608, l'*union évangélique,* dont le chef Frédéric, l'électeur palatin, se plaça sous la protection de la France. De leur côté, les catholiques s'assemblèrent à Wurtzbourg, et établirent une ligue défensive qui reconnut pour chef Maximilien, duc de Bavière, et pour protecteurs, le pape et Philippe II, roi d'Espagne.

Rodolphe, presque constamment enfermé avec l'astronome Tycho-Brahé qu'il avait pris à son service, semblait ne pas comprendre les embarras de sa position. Tycho-Brahé, qui se mêlait de prédire l'avenir et qui croyait lire la destinée des hommes dans les mouvements des planètes, avait conseillé à l'empereur de se méfier de ses plus proches parents. Dès ce moment, Rodolphe, agité de terreurs continuelles, vécut dans l'intérieur de son palais, dont l'accès était interdit à tout le monde. Les étrangers qui voulaient le voir se déguisaient en palefreniers, et l'attendaient dans ses écuries où il entretenait un grand nombre de chevaux remarquables.

Les prédictions de Tycho-Brahé semblèrent se réaliser. L'archiduc Mathias, frère de Rodolphe, poussé à bout par les défiances de ce dernier, prit les armes contre lui. Il convoqua à Presbourg, en 1608, les états de Hongrie, promit aux protestants des concessions, aux catholiques de nouveaux priviléges, et s'assura l'appui de l'Autriche méridionale et de la Bohême. Rodolphe était alors à Prague. Il ordonna quelques levées à la hâte, mais déjà Mathias marchait sur la ville à la tête de vingt mille hommes. L'empereur se vit contraint de lui céder la Hongrie, l'Autriche et la Moravie, et de le reconnaître pour héritier du trône de Bohême.

Les diverses parties de l'empire n'étaient pas moins agitées que les Etats héréditaires de la maison d'Autriche. Des désordres avaient éclaté à Aix-la-Chapelle. Les protestants de cette ville, ayant réclamé le libre exercice de leur culte et ne l'ayant pas obtenu, eurent recours à la violence. En vain l'empereur envoya des commissaires pour rétablir l'ordre, en vain il fit bloquer la ville; il lui fallut mettre Aix-la-Chapelle au ban de l'empire, et les protestants furent chassés peu après. La ville de Donaverth fut traitée plus cruellement encore pour les mêmes motifs. Le duc Maximilien de Bavière, chargé par Rodolphe de faire une enquête sur les violences exercées par les protestants contre les catholiques, fit mettre la ville au ban de l'empire, s'en empara, lui ôta tous ses privilèges, et la réduisit au rang de ville municipale de la Bavière. Dans le même temps, l'électeur archevêque de Cologne, qui avait embrassé la religion réformée pour séculariser ses Etats, fut dépossédé. Méprisé des réformés eux-mêmes et des catholiques, abandonné de ses propres troupes, il alla traîner dans les pays étrangers une vie misérable et digne de son apostasie.

L'ouverture de la succession des duchés de Clèves et de Juliers compliqua encore la situation de l'Allemagne. L'électeur de Brandebourg, le duc de Deux-Ponts, et plusieurs autres prétendants se présentèrent pour disputer cette riche succession que le dernier duc, mort sans enfants, venait de laisser vacante. Les catholiques et les protestants recommencèrent la lutte. L'union évangélique décida qu'on empêcherait la maison d'Autriche de s'emparer de la succession de Juliers, et forma alliance avec Henri IV, roi de France, qui promit un secours de dix mille hommes. Henri IV allait profiter des circonstances pour abaisser la maison d'Autriche, lorsqu'il mourut assassiné en 1610. L'empereur Rodolphe mourut lui-même en 1612, après avoir abdiqué la couronne de Bohême en faveur de son frère Mathias, qui hérita aussi de la couronne impériale.

Mathias, dont la vie avait toujours été agitée, trouva moins de tranquillité encore en prenant possession de la couronne. Les Espagnols et les Hollandais venaient d'envahir les duchés de Clèves et de Juliers, dont l'investiture restait en litige. Dans ce moment, où une étincelle devait suffire pour tout embraser en Allemagne, la Bohême croyant avoir à se plaindre d'une sentence rendue par l'empereur, se souleva. Le comte de Thurn se mit à la tête des révoltés, convoqua les états du royaume, puis alla demander justice à l'empereur. Mathias fit une réponse sévère dont les états se montrèrent offensés. Le comte de Thurn se rendit au conseil de régence assemblé à Prague, et fit jeter par les fenêtres dans les fossés du château les lieutenants de l'empereur, disant qu'il *obéissait à un antique usage de la nation.* Toutefois les gouverneurs n'eurent point de mal, parce qu'ils tombèrent sur des monceaux de papiers que le peuple irrité avait jetés dans les fossés. Cet événement est connu dans l'histoire sous le nom de *défenestration de Prague.* Les ménagements gardés par l'empereur augmentèrent l'audace des séditieux auxquels se joignirent les mécontents de la Moravie et de la Silésie. Le comte de Mansfeld, un des capitaines les plus habiles, mais les plus cruels de l'Europe, se mit, comme le comte de Thurn, à la tête des révoltés, et devint le plus dangereux ennemi de la maison d'Autriche qui le surnommait l'*Attila de la chrétienté.* Les catholiques se rallièrent autour de l'empereur, et, dès ce moment, commença la guerre célèbre qui, durant trente années, embrasa toute l'Allemagne.

Le spectacle de ces malheurs affecta tellement l'âme de Mathias, qu'il en mourut de douleur (1619), après avoir désigné pour son successeur son cousin Ferdinand, roi de Hongrie et de Bohême.

Questionnaire.

Qui fut empereur d'Allemagne après Charles-Quint? — Quel était le caractère de Ferdinand Ier? — Comment partagea-t-il ses Etats par son testament? — Qui lui succéda à l'empire? — Quelle fut la conduite de Maximilien? — Par qui fut assiégée la ville de Sigeth? — Par qui fut-elle défendue? — Maximilien fut-il regretté de ses sujets? — Quel fut son successeur? — Quelle guerre Rodolphe eut-il à soutenir? — Quels étaient les goûts de ce prince? — A quoi s'occupait-il? — Que firent les protestants? — Quel était le chef de la ligue catholique? — A qui Rodolphe avait-il accordé sa confiance? — Quel conseil lui donna Tycho-Brahé? — Que fit Rodolphe? — Quel fut celui de ses frères qui se révolta contre lui? — Quels pays lui céda-t-il? — Comment furent traitées les villes d'Aix-la-Chapelle et de Donaverth? — Quelle fut la conduite de l'électeur archevêque de Cologne? — Quelle circonstance vint compliquer la situation de l'Allemagne? — Quels étaient les prétendants à la succession de Juliers? — Avec qui l'union évangélique forma-t-elle alliance? — En quelle année mourut Rodolphe? — Qui lui succéda à l'empire? — Quelle contrée se souleva? — Quel homme se mit à la tête des révoltés? — Qu'arriva-t-il à Prague? — Par qui était secondé le comte de Thurn? — Quelle guerre commença alors? — En quelle année mourut Mathias? — Qui avait-il désigné pour successeur?

CHAPITRE XX.

Histoire de la guerre de trente ans. — Période palatine. — Période danoise. — Période suédoise. Frédéric V reconnu roi par la Bohême. — Son indolence. — Ferdinand II. — Son activité. — Bataille de Prague. — La Bohême soumise. — Mansfeld. — Tilly.— Walstein. — Edit de restitution.— Gustave-Adolphe.—Ses premiers succès.—Bataille de Leipsig. — Rappel de Walstein.— Bataille de Lutzen.— Mort de Gustave-Adolphe. — Assassinat de Walstein. — Continuation de la guerre.—Ferdinand III.—Traités de 1648.

Les Bohémiens refusèrent de reconnaître Ferdinand II pour le successeur de Mathias, et offrirent la couronne à Frédéric V, électeur palatin, surnommé *roi d'hiver*, parce qu'il ne régna que l'espace d'un hiver. Ce prince était gendre du roi d'Angleterre et neveu du stathouder de Hollande. Il hésita longtemps avant d'accepter une couronne qui devait lui être si funeste, et il n'avait pas d'ailleurs l'énergie nécessaire pour remplir le rôle qu'il était appelé à jouer. A peine reconnu roi de Bohême, il s'aliéna ses sujets par ses folles dépenses, et par les violences qu'il laissa exercer contre les catholiques et contre les luthériens. Il était soutenu par les princes de l'union évangélique, et Ferdinand II comptait dans son parti la ligue catholique d'Allemagne.

Après avoir pris Presbourg, Frédéric V se joignit en Autriche au comte de Thurn, et ils marchèrent ensemble sur Vienne avec soixante mille hommes. Ferdinand montra dans le péril qui le menaçait une constance et une intrépidité remarquables. Les rigueurs de la saison et la disette combattirent pour lui, et forcèrent les Bohémiens à la retraite. En quelques semaines tout changea de face. Tandis que Frédéric V ruinait ses affaires par de fausses mesures, Ferdinand II relevait les siennes par sa politique habile. Il sut se faire de nouveaux alliés, et détacha du parti de l'électeur palatin l'union évangélique ou luthérienne. L'armée autrichienne envahit la Bohême et alla camper près de Prague, en face de l'armée ennemie. L'action eut lieu sur la montagne Blanche, le 16 novembre 1620, et en une heure elle fut terminée par la défaite des Bohémiens. L'indolent Frédéric dînait tranquillement au château avec l'ambassadeur d'Angleterre, tandis que ses soldats mouraient pour lui. Cette bataille décida de son sort. Frédéric V, fugitif, fut mis au ban de l'empire, dégradé de sa dignité d'électeur qui fut transférée au duc de Bavière, et contraint de se réfugier en Hollande. « Je sais à présent ce que je suis, disait-il au fond de son exil; il est des vertus qui ne s'acquièrent que par le malheur, et les princes ne se connaissent bien qu'après avoir éprouvé les disgrâces de la fortune. »

Ferdinand II usa de la victoire avec une excessive sévérité, et montra dans le triomphe la même arrogance que Charles-Quint. Quarante-huit rebelles furent arrêtés, et vingt-trois furent décapités. Le comte de Thurn échappa au supplice par la fuite, et eut ses biens confisqués. La Bohême redevint province autrichienne : Ferdinand la traita en pays conquis, abolit les priviléges et bannit les ministres luthériens. Bientôt il prétendit traiter les électeurs eux-mêmes comme de simples sujets, et fit envahir par ses troupes le palatinat, que désolait encore le comte de Mansfeld, dont la mort est assez singulière pour être rapportée. Tombé malade dans un village, et ne voulant point mourir dans son lit, il revêtit ses plus beaux habits, ceignit l'épée, et expira debout appuyé sur deux domestiques. Jamais capitaine ne fut plus patient, plus infatigable, plus endurci aux veilles, au froid et à la faim. Il levait une armée et ravageait une province avec une rapidité incroyable.

Sur ces entrefaites, le duc de Brunswick, surnommé *l'ennemi des prêtres*, et le margrave de Bade se déclarèrent en faveur de l'ancien électeur palatin. Le duc de Bavière leur opposa une armée commandée par le comte de Tilly, qui avait porté l'habit de jésuite avant de prendre le parti des armes. Ce général battit complétement le duc Christian de Brunswick à Stadlau, dans le pays de Munster : il fallut qu'il ordonnât plusieurs fois de faire cesser le carnage. Quatre mille hommes restèrent sur la place; cinq mille prisonniers furent traînés jusqu'aux portes de

Munster comme des troupeaux de bétail. Les soldats, échappés à la mort et à l'esclavage, se retirèrent en Lorraine ; rencontrés une seconde fois, ils furent encore défaits, et précipitèrent leur course jusqu'en Hollande, où ils attendirent une nouvelle occasion de signaler leur féroce courage.

Cependant une nouvelle ligue s'était formée contre l'empereur Ferdinand II : Christian IV, roi de Danemark, était à la tête de cette ligue qui comptait aussi dans ses rangs le duc de Brunswick. A l'approche de la guerre qui le menaçait, Ferdinand, pour ne pas dépendre de la ligue catholique, dont le duc de Bavière était le chef, et dont le comte de Tilly commandait les troupes, accepta les offres de l'un de ses officiers, le comte de Walstein ou Wallenstein, qui se chargeait de réunir cinquante mille hommes pourvu qu'il lui fût permis d'en être le chef. Il tint parole : tous les aventuriers, tous les gens sans aveu se rangèrent sous les drapeaux de Walstein, qui reprit la Silésie, conquit l'archevêché de Brême et se rendit maître de tout le pays compris entre l'Océan, la mer Baltique et l'Elbe, pendant que le comte de Tilly écrasait l'armée danoise à la journée de Lutter (1626). L'empereur accorda au Danemark une paix humiliante ; Walstein reçut pour récompense les Etats des deux ducs de Méklembourg et le titre de *général de la Baltique*. Mais l'armée de ce général, oubliée dans le partage, occupa militairement une moitiée de l'Allemagne et frappa plusieurs Etats de contributions énormes. La détresse fut portée au comble dans les villes et dans les campagnes : la faim poussait les habitants à arracher les herbes qu'ils trouvaient et à les dévorer toutes crues.

Ferdinand II, par le fameux *édit de restitution* qui ordonnait aux protestants de rendre tous les biens sécularisés depuis 1555, acheva d'exaspérer les esprits déjà vivement irrités par les ravages qu'exerçaient les troupes allemandes. Les protestants, assemblés à Leipsig (1630) et conseillés par le cardinal de Richelieu, appelèrent à leur secours Gustave Adolphe, roi de Suède, qui venait de s'illustrer contre les Danois, les Polonais et les Russes. Walstein fut sacrifié au ressentiment de l'Allemagne et remplacé dans le commandement de l'armée par le comte de Tilly.

L'empereur s'effraya peu d'abord de l'approche de Gustave. Walstein avait dit de ce prince : « Que cet écolier ose entrer en Allemagne, je l'en chasserai avec des verges. » On plaisantait sur cette *Majesté de neige, qui fondrait devant le soleil du midi.* On ne connaissait pas encore cette nation pauvre, mais héroïque et pieuse, ces troupes suédoises composées de vieux soldats endurcis aux fatigues de la guerre, soumis à une discipline de fer, et n'oubliant pas cependant toutes les pratiques d'une scrupuleuse dévotion. Les prières se faisaient en commun dans l'armée. Gustave Adolphe montra bientôt qu'on l'avait mal jugé, et que la maison d'Autriche avait en lui un terrible ennemi. Il commença ses exploits par la prise des îles de Rugen, Usedom et Willin, afin de s'assurer la communication avec la Suède. Puis il marcha en avant, entra dans Stettin, capitale de la Poméranie, et, peu de jours après, il fut maître de tout ce duché. Il défendit sévèrement de faire le moindre mal aux habitants, distribua même du pain aux pauvres. « Pour s'emparer d'une ville, disait-il, la clémence vaut mieux que la force. » En deux ans et demi, le jeune conquérant parcourut les deux tiers de l'Allemagne, depuis la Vistule jusqu'au Danube et au Rhin.

Tilly, qui avait pris le commandement général des troupes de l'empire, fut opposé aux Suédois; après avoir secouru Francfort sur l'Oder, il prit Brandebourg d'assaut, puis il vint assiéger Magdebourg dont il avait juré de faire un terrible exemple. Le roi de Suède, mal secondé ou trahi par ses alliés, ne put arriver à temps pour sauver Magdebourg. « Nous laisserons donc périr cette malheureuse ville! » disait-il avec douleur. En effet, dans la nuit du 9 au 10 mai 1631, Tilly s'empara de Magdebourg, passa les habitants au fil de l'épée et incendia les maisons. Après cette cruelle exécution, il entra dans la ville et y fit chanter un *Te Deum* solennel. Là parurent s'arrêter les succès du comte de Tilly: complétement battu par Gustave-Adolphe à la bataille de Leipsig (1631), il fut blessé mortellement en défendant le passage du Lech, et mourut à Ingolstadt, emportant les regrets de l'empereur et des catholiques. Les vieux régiments surtout conservèrent longtemps la mémoire de celui qui montrait ses soldats quand on lui parlait de mariage, et disait : « N'ai-je donc pas assez d'enfants? » Un peu avant la mort de ce guerrier, Gustave avait entraîné dans son alliance la Saxe et le Brandebourg, pénétré jusqu'en Alsace, et soumis les électorats de Trèves, de Mayence et du Rhin ; puis, emporté par la rapidité de ses succès, il avait envahi la Bavière en même temps que la Bohême.

Ferdinand alarmé se trouva dans la dure nécessité de rappeler Walstein, qui, pour humilier l'empereur, se fit longtemps prier avant d'accepter ses offres. Il feignit de vouloir rester dans la solitude qui lui plaisait tant, disait-il, et laisser à l'empereur le soin de choisir un autre général. Mais on ne pouvait pas songer à un autre que Walstein, et il fallut les instances les plus humbles pour vaincre ces répugnances affectées. Il consentit enfin à se charger du commandement des armées, à condition qu'il aurait un pouvoir égal à celui de son maître. A ce prix, il sauva la Bohême et s'avança au-devant des Suédois. L'Europe, les yeux fixés sur les deux illustres champions, resta trois années dans l'attente. Walstein, vainqueur à Altemberg, se porta sur la Saxe, et réduisit aux abois l'électeur, qui appela à son secours le roi de Suède. Les deux armées se trouvèrent en présence dans les plaines de Lutzen. Le 16 novembre

1632, la bataille se livra. L'infanterie suédoise commençait à plier, lorsque Gustave Adolphe, qui avait enfoncé l'aile gauche des impériaux et l'avait poursuivie assez loin, revint pour soutenir ses soldats qui faiblissaient. Le temps était sombre et couvert. Tandis que le roi de Suède était emporté par son ardeur, il donna dans un parti de cavalerie impériale. Il fut atteint d'une balle au bras, et bientôt après il reçut dans la poitrine un coup mortel. Il tomba en criant : « Mon Dieu ! mon Dieu ! » Cette fatale nouvelle irrita le courage des Suédois : commandés par le vaillant Bernard de Saxe-Weimar, ils forcèrent les ennemis à plier. Walstein ordonna la retraite, abandonnant son artillerie et le champ de bataille. On découvrit le corps de Gustave Adolphe sous un monceau de cadavres, et ses soldats le firent passer en Suède où il reçut la sépulture royale. Gustave était âgé de trente-huit ans. Sa mort fut un grand malheur pour la Suède, et ses alliés et les ennemis mêmes le regrettèrent.

L'union évangélique, privée des talents militaires de son héros, tomba dans le découragement. Les protestants allaient se désunir, lorsque le Suédois Oxenstiern, chancelier de Gustave, se mit à leur tête et prolongea les malheurs de l'Allemagne en continuant la guerre. Walstein, devenu le bouclier de la maison d'Autriche, répara les échecs essuyés par les troupes impériales, battit l'électeur de Saxe à Steilau sur l'Oder, et rétablit la balance entre les deux partis. Se retirant ensuite en Bohême, il y resta dans une formidable inaction, et inspira de nouvelles craintes à l'empereur Ferdinand II. Enfermé dans son palais de Prague, suivi d'un train royal, entouré d'une foule de courtisans, cet homme terrible, qui ne riait jamais, qui ne parlait à ses soldats que pour prononcer sur leur mort ou sur leur fortune, se laissait appeler *cousin* par le roi de France, et roi de Bohême par le cardinal de Richelieu. Ferdinand, alarmé des rapports qui lui venaient de toutes parts, résolut de prévenir les desseins d'un traître ; il fit assassiner Walstein à Egra par trois hommes que ce général avait comblés de bienfaits.

Les Suédois étaient délivrés par cet assassinat de leur plus redoutable ennemi, mais ils ne furent pas plus heureux. Piccolomini, général de l'empereur, fit essuyer près de Nordlingen (1634) une défaite complète au duc de Saxe-Weimar. Le faible Jean George, électeur de Saxe, s'empressa de faire sa paix avec Ferdinand, et sa défection amena la dissolution de l'union évangélique.

La Suède ne comptait plus pour allié que le landgrave de Hesse-Cassel. Ferdinand II triomphait, lorsque la France, que gouvernait alors le cardinal de Richelieu sous le faible Louis XIII, déclara la guerre à la maison d'Autriche. Bernard de Weimar, le meilleur élève de Gustave Adolphe, Banner, Torstenson et Wrangel furent les généraux qui combattirent contre les impériaux : Ferdinand leur opposa Piccolomini et Merci, et mourut au milieu du bouleversement général (1637).

Sous Ferdinand III, son fils et son successeur, la guerre continua partout avec une égale vivacité. Bernard de Weimar remporta quatre victoires consécutives, et mourut au moment où il voulait se former une souveraineté indépendante. La France acheta son armée. Banner osa assiéger Ratisbonne, où l'empereur tenait sa diète, et la foudroya avec son artillerie; le duc d'Enghien, si célèbre depuis sous le nom de grand Condé, commençait à se faire connaître par de glorieux exploits, et Torstenson, qui était alors paralytique, étonna l'Europe par la rapidité de ses manœuvres, et renouvela à Leipsig la gloire que Gustave Adolphe y avait acquise.

Ferdinand III, fatigué de tant de revers, conclut enfin la paix de Westphalie en 1648. Les traités signés, l'un à Osnabruck, l'autre à Munster, furent longtemps le code politique et la première loi fondamentale de l'empire germanique. Les principaux articles de ce traité garantissaient : les avantages de la paix d'Augsbourg étendus aux calvinistes; la cession à la France de l'Alsace et des trois évêchés; à la Suède, la plus belle partie de la Poméranie. Telle fut l'issue de cette guerre de trente années si fertile en grands événements, et durant laquelle s'illustrèrent tant d'habiles généraux.

Questionnaire.

A qui les Bohémiens offrirent-ils la couronne? — Par qui Frédéric V était-il soutenu? — Avec qui marcha-t-il sur Vienne? — Quel fut le résultat de cette tentative? — Comment Ferdinand sut-il faire face au péril? — Où livra-t-il bataille? — Comment se conduisit Frédéric? — Où se retira-t-il? — Que fit Ferdinand après la victoire? — Comment mourut le comte de Mansfeld? — Quels princes se déclarèrent en faveur de l'électeur palatin? — Par qui furent-ils battus? — Quelle ligue nouvelle se forma contre l'empereur? — De qui celui-ci accepta-t-il les services? — Quels furent les succès de Walstein? — Comment en fut-il récompensé? — Quel édit publia Ferdinand II? — Que firent les protestants? — Par qui fut remplacé Walstein? — Quelle idée se faisait-on du roi de Suède? — Quelle était la discipline des soldats suédois? — Quels furent les premiers exploits de Gustave Adolphe? — Comment Tilly traita-t-il Magdebourg? — Quelle victoire remporta le roi de Suède? — Quel général y fut blessé mortellement? — Quelles conquêtes fit Gustave Adolphe? — Quel homme fut appelé par Ferdinand au commandement de ses troupes? — Quelle fut la conduite de Walstein? — Racontez la bataille de Lutzen et la mort de Gustave Adolphe. — Qui se mit à la tête des protestants? — Comment périt Walstein? — A qui fut donné le commandement des armées impériales? — Quelle victoire remporta Piccolomini? — En quelle année mourut Ferdinand II? — Quel fut son successeur? — Quels furent les principaux événements de la guerre sous Ferdinand III? — Quels furent les principaux articles des traités signés en 1648?

CHAPITRE XXI.

Histoire d'Angleterre depuis la mort de Charles Ier jusqu'à l'avènement de Georges Ier.
Etablissement de la république.— Charles II en Ecosse. — Batailles de Dumbar et de Worcester. — Dissolution du long parlement. — Cromwell protecteur. — Son alliance recherchée. — Richard Cromwell.— Monck. — Rétablissement des Stuarts. — Règne de Charles II.— Jacques II.— Usurpation de Guillaume de Nassau. — Règne de Guillaume III. — La reine Anne. — Guerre avec la France.

Charles Ier n'était plus, et la royauté avait été abolie : un décret des communes du 17 mars 1649 érigea l'Angleterre en république. Les emblèmes de la royauté furent détruits, et le sceau royal fut remplacé par un autre qui portait pour exergue : *L'an premier de la liberté restaurée par la bénédiction du ciel.* La chambre des lords fut supprimée, trente-huit membres formèrent un conseil privé, composé des officiers de l'armée, au nombre desquels étaient Olivier Cromwell et ses amis les plus dévoués.

L'Irlande était toujours agitée par des troubles. Cromwell fut chargé de la soumettre, et quelques mois lui suffirent pour accomplir cette mission. Rappelé bientôt en Angleterre, il laissa le commandement de l'armée à son gendre Ireton et au chevalier Ludlow, dont il redoutait le patriotisme. Pendant ce temps, les Ecossais avaient reconnu Charles II, fils de Charles Ier.

L'intrépide marquis de Montrose avait reparu en Ecosse à la tête de quinze mille hommes, et s'était rendu maître des Orcades au nom de Charles II. Mais ayant été défait, il fut obligé de se déguiser en paysan et de se cacher dans un marais. La faim le contraignit de se découvrir à un Ecossais qui avait autrefois servi sous lui, et qui eut l'infamie de le trahir. Montrose, traîné à Edimbourg, fut condamné à être pendu. La sentence portait que ses quatre membres seraient suspendus aux portes de quatre villes. Ce fidèle serviteur souffrit la mort avec le sublime courage d'un héros.

Le parlement anglais envoya une armée contre Charles II, et Cromwell en prit le commandement. Ce général, toujours heureux, battit à Dumbar, le 3 septembre 1650, l'armée ennemie forte de 32,000 hommes. Charles II, couronné à Scone le 1er janvier 1651, prit le commandement de ses troupes, et, par un mouvement hardi, entra en Angleterre. Il comptait sur une révolte générale des royalistes; mais Cromwell le prévint, et l'atteignit à Worcester. La bataille se livra le 3 septembre 1651, jour anniversaire de la victoire de Dumbar, et l'armée royale fut encore défaite. Charles II, fugitif, fut réduit à se cacher, prenant tous les jours de nouveaux déguisements pour échapper à ses ennemis. Enfin, après avoir erré pendant sept semaines, en butte à des dangers incroyables, tourmenté par la faim et par la douleur, il s'embarqua au comté de Sussex et aborda sur les côtes de France.

La bataille de Worcester avait été pour Cromwell le couronnement de ses victoires : ce fut alors qu'il laissa percer toute son ambition, méprisant plusieurs de ceux qu'il flattait naguère, et se rendant familier avec ceux qu'il haïssait auparavant. En 1654 eut lieu la publication de l'*acte de navigation,* en vertu duquel les bâtiments anglais purent seuls introduire dans les ports nationaux les productions et les marchandises étrangères. Cet acte, regardé comme une des sources de la prospérité actuelle de la marine anglaise, n'était qu'une vengeance de Cromwell contre les Hollandais qui n'avaient pas voulu refuser des secours aux Stuarts. La guerre éclata entre les deux républiques, et les Anglais, sous les ordres de l'amiral Black, eurent généralement l'avantage.

Mais la république, triomphante au dehors, était agitée au dedans. Les officiers de l'armée, gagnés par Cromwell, ayant inutilement invité le parlement à céder la place à de nouveaux pouvoirs, se décidèrent à employer la force. Cromwell, dont cette assemblée pouvait contrarier les desseins, prit trois cents soldats avec lui, se rendit à Westminster, entra dans la salle et prit sa place accoutumée : puis se levant tout à coup, il frappa du pied. Les satellites pénétrèrent dans l'assemblée : « Retirez-vous, dit-il alors aux députés, et faites place à de plus dignes : le Seigneur s'est éloigné de vous. » Les soldats exécutèrent ses ordres : à mesure que les membres sortaient, Cromwell les apostrophait grossièrement. Il couvrit ce coup d'État du masque de la religion, déclarant qu'il avait demandé nuit et jour à Dieu de le dispenser de cette mission. Quand la salle fut vide, il ferma la porte, mit la clef dans sa poche et se retira au palais de Whitehall. Ainsi finit le long parlement. Un autre parlement, assemblé peu de temps après, fut dissous de la même manière, et Cromwell, après avoir déconsidéré à dessein la représentation nationale, se fit nommer *protecteur* de la république d'Angleterre, d'Ecosse et d'Irlande. Le 16 décembre 1653, il alla à la chancellerie avec les juges, le lord maire de Londres et les aldermen; là il fut proclamé solennellement, et le sujet des Stuarts, devenu monarque absolu des trois royaumes, alla coucher dans le palais du roi qu'il avait assassiné.

Les nations étrangères, et surtout la France et l'Espagne, recherchèrent à l'envi l'alliance de Cromwell. Le protecteur s'allia avec la France qui l'aida à conquérir la ville de Dunkerque. Les offres de l'Espagne furent repoussées, et les flottes anglaises désolèrent le commerce de cette puissance, et lui prirent la Jamaïque. La Hollande, humiliée par ses défaites, demanda la paix et signa un traité favorable à l'Angleterre. Cromwell était un despote absolu, mais en compensation de la liberté qu'il enlevait à son pays, il lui donna un grand repos et releva sa considération au dehors.

Cromwell, arrivé au comble du pouvoir, ne fut pas heureux. Tourmenté par une continuelle méfiance, effrayé des nombreux complots qui menaçaient sa vie, il ne sortait plus qu'avec des gardes. Il portait sous ses vêtements une cuirasse, des pistolets, un poignard. Il couchait toujours seul, et changeait de chambre toutes les nuits. Ces tourments usèrent ses forces, et il mourut à l'âge de cinquante-huit ans, le 3 septembre 1658.

Richard Cromwell, qui succéda au protectorat de son père, n'avait ni le courage ni l'hypocrisie de son prédécesseur. Son invincible éloignement des affaires, son caractère modéré qui l'avait porté à intercéder en faveur de Charles Ier, ne pouvaient le faire craindre ni de l'armée, ni des partis qui divisaient le pays. Richard renonça bientôt au pouvoir, et vécut ignoré dans le pays qu'il avait gouverné quelques jours.

Après l'abdication de Richard, le général Lambert, héritier de l'audace et de la politique d'Olivier Cromwell, contint les partisans de la monarchie; les républicains rappelèrent l'ancien parlement nommé *rump* ou *croupion* par dérision. Mais ces succès furent de courte durée. Monck, gouverneur de l'Ecosse, jaloux de l'autorité de Lambert, conçut le dessein de replacer les Stuarts sur le trône d'Angleterre et y réussit. Après avoir dissimulé quelque temps, il se mit à la tête d'une armée fidèle, entra en Angleterre, et dissipa les restes du parti de Cromwell. Arrivé à Londres, il cassa le parlement factieux, et en assembla un autre auquel il communiqua son dessein. Il fut accueilli avec enthousiasme : la capitale se déclara en faveur de Charles II, son légitime souverain. Monck le fit proclamer roi, et alla le recevoir à Douvres. Pas une goutte de sang ne fut versée pour accomplir cette révolution.

Charles II fit son entrée à Londres au milieu des acclamations de la multitude. Il ne fut pas maître de son émotion. « Je crois en vérité, dit-il, que c'est notre faute si nous ne nous sommes pas revus plus tôt. » Charles II était naturellement affable et d'un extérieur prévenant; mais, léger par caractère, il préférait les plaisirs aux affaires. Toutefois il signala les débuts de son règne par des actes honorables. Il conféra à Monck le titre de duc d'Albermarle : guidé par les conseils de Clarendon, chancelier et premier ministre, il publia une amnistie dont les juges régicides furent seuls exceptés.

Bientôt le roi s'aliéna les esprits par des mesures impolitiques. Les presbytériens furent violemment persécutés, et ces persécutions rallumèrent le feu mal éteint du fanatisme. Charles II, qui dissipait tous ses revenus en prodigalités, n'eut pas honte de céder Dunkerque à Louis XIV pour cinq millions de florins. Une guerre malheureuse avec la Hollande ajouta encore au mécontentement du peuple. Dans le même temps, la ville de Londres, récemment désolée par une peste qui avait enlevé près de 50,000 habitants, fut presque entièrement détruite par un incendie. En 1670, Charles II signa un traité d'union avec la France, renonçant ainsi à la triple alliance qu'il avait conclue deux ans auparavant pour mettre un frein à l'ambition de Louis XIV. Il déclara la guerre à la Hollande, et, malgré les talents que déploya le duc d'York son frère, l'avantage resta aux Hollandais.

A l'intérieur, la sévérité que Charles II mettait à poursuivre ses ennemis lui suscita des complots vers la fin de son règne. D'un côté c'était le duc de Monmouth, fils naturel du roi, qui aspirait à la couronne; de l'autre lord Russel qui cherchait à faire exclure le duc d'York de la succession au trône; enfin Sidney voulait le rétablissement de la république. Tous échouèrent : Russel et Sidney périrent sur l'échafaud; Monmouth obtint sa grâce et sortit du royaume. En 1685, Charles II mourut, et le duc d'York, son frère, fut reconnu roi sous le nom de Jacques II.

Les commencements du nouveau règne furent marqués par la révolte du duc de Monmouth, qui fut vaincu et obligé de fuir. Deux jours après la bataille, on le trouva caché dans des broussailles; conduit à Londres, il trouva Jacques II inflexible et périt sur l'échafaud. La plupart de ses complices furent punis, grâce à l'activité du prévôt Jefferies qui se fit le ministre des implacables vengeances du roi. Tous ceux qu'il put arrêter furent mis à mort. Ces cruautés rendirent le monarque odieux, et il augmenta encore le nombre des mécontents en voulant rétablir la religion catholique.

Dans ces circonstances, Guillaume de Nassau,

prince d'Orange, stathouder de Hollande et gendre de Jacques II, appelé en Angleterre par un puissant parti, vint détrôner son beau-père en 1688. Abandonné de ses soldats, de ses amis, de ceux même qu'il avait comblés de bienfaits, Jacques dit à ses serviteurs : « Je veux bien accorder des passe-ports à ceux qui désirent aller trouver le prince d'Orange, afin de leur épargner la honte d'une trahison. » Obligé de fuir, il s'embarqua et se réfugia en France à la cour de Louis XIV. La révolution de 1688 fut plus soudaine et plus rapide encore que n'avait été la restauration des Stuarts.

Le parlement ayant été assemblé, Guillaume III et Marie, sa femme, reçurent la couronne et signèrent la *déclaration des droits,* qui déterminait les droits du souverain et ceux de la nation. En vain l'Ecosse et l'Irlande se prononcèrent en faveur du roi déchu; en vain Jacques II descendit en Irlande avec les secours que lui fournit Louis XIV; il fut vaincu à la bataille de la Boyne, prit la fuite, et la soumission de l'Irlande fut définitivement assurée par la victoire de Kilkonnell (1691). Jacques II passa le reste de ses jours à Saint-Germain en Laye, trouvant des consolations dans la religion et l'étude. Louis XIV, par le traité de Ryswick, reconnut enfin Guillaume III comme roi d'Angleterre.

Depuis ce moment Guillaume III régna tranquillement; mais il lutta en vain contre les communes qui cherchaient à restreindre les prérogatives royales. Il mourut en 1702 : la reine

Marie l'avait précédé de quatre ans dans la tombe. Anne Stuart, seconde fille de Jacques II, monta sur le trône.

Le règne de cette princesse fut marqué par la rivalité de deux partis puissants, les *whigs* et les *torys*, qui voulaient également le maintien de la constitution; mais les whigs étaient plus disposés à défendre les libertés du peuple, et les torys les droits de la royauté. Ce règne fut encore rempli presque tout entier par la guerre contre la France, dans laquelle s'illustra le fameux Churchill, duc de Marlborough. Cette guerre, fatale à Louis XIV, fut terminée par la paix d'Utrecht en 1713. Ce fut sous le règne de la reine Anne que s'opéra la réunion définitive de l'Ecosse et de l'Angleterre. Cette princesse mourut en 1714, laissant la couronne à Georges de Brunswick, électeur de Hanovre, arrière-petit-fils de Jacques Ier.

Questionnaire.

Quelle forme de gouvernement fut établie en Angleterre après la mort de Charles Ier? — Par qui l'Irlande fut-elle soumise? — Quel fut le sort de Montrose en Ecosse? — Quelles victoires remporta Cromwell? — Comment Charles II échappa-t-il à ses ennemis? — Quel acte parut en 1651? — Comment fut dissous le long parlement? — Quel titre se fit donner Cromwell? — Fut-il reconnu des nations étrangères? — A qui déclara-t-il la guerre? — Quel en fut le résultat? — Comment Cromwell passa-t-il les dernières années de sa vie? — Qui lui succéda comme protecteur? — Richard conserva-t-il longtemps le pouvoir? — Par qui la famille des Stuarts fut-elle rétablie sur le trône? —

Quels furent les premiers actes de Charles II? — Quel était le caractère de ce prince? — Comment s'aliéna-t-il les esprits? — Quels sont les principaux événements de son règne? — N'eut-il pas à réprimer quelques complots? — Qui succéda à Charles II? — Par quel événement fut signalé le commencement du règne de Jacques II? — Par quel prince Jacques II fut-il détrôné? — Jacques ne chercha-t-il pas à remonter sur le trône? — Où fut-il vaincu? — Où se retira-t-il? — Qui succéda à Guillaume III? — Qu'était-ce que les whigs et les torys? — Quelle guerre signala le règne de la reine Anne? — A qui laissa-t-elle la couronne?

CHAPITRE XXII.

Histoire de la Suède, du Danemark et de la Norvége depuis leur intervention dans la guerre de trente ans jusqu'à la fin du XVIIe siècle.
Eric XIV. — Jean, son frère. — Charles IX. — Sagesse de ce prince. — Gustave Adolphe. — Son caractère. — Christine. — Ses goûts. — Son abdication. — Ses voyages. — Christian IV, roi de Danemark. — Ses institutions. — Frédéric III. — Siége de Copenhague. — Révolution en Suède. — Christian V. — Ses établissements. — Charles X. — Guerre contre la Pologne. — Bataille de Varsovie. — Charles XI. — Révolution en Danemark.

Eric XIV, fils et successeur de Gustave Wasa dans le royaume de Suède, ne marcha point sur les traces de son illustre père. Capricieux et irrésolu, il rechercha la main d'Elisabeth d'Angleterre et de plusieurs autres princesses, envoyant de tous côtés des ambassadeurs et des présents. Puis, quand il eut ainsi dissipé les trésors amassés par son père, il poussa l'oubli de sa dignité jusqu'au point d'épouser la fille d'un caporal de sa garde. Ensuite, à l'instigation d'un favori, il fit arrêter Jean son frère, et le retint en prison durant cinq années. Ce prince, ayant recouvré sa liberté, n'eut pas de peine à exciter une révolte; Eric, assiégé dans Stockholm, fut obligé de renoncer à la couronne, enfermé à son tour et traîné de prison en prison. En vain réclama-t-il en sa faveur les lois qu'il n'avait pas écoutées lui-même : il mourut après dix ans de captivité.

Jean III, voulant d'abord rétablir la tranquillité publique, conclut la paix avec le Danemark, et, à la sollicitation de sa femme Catherine, fille de Sigismond, roi de Pologne, il essaya de rendre à la Suède la religion catholique que son père en avait bannie. Un caractère faible et indécis, les remontrances des grands, et surtout la mort de la reine, le rappelèrent au luthéranisme qu'il venait d'abjurer, et cet exemple du souverain ne contribua pas peu à affermir ses sujets dans la religion nouvelle.

A la mort de Jean III (1592), le prince Charles son frère fut investi de la régence, en attendant l'arrivée de Sigismond, héritier du trône de Suède, et qui était alors en Pologne. Le prince Sigismond, appelé à gouverner les Polonais, était entièrement dévoué au parti catholique. Le régent de Suède exploita habilement cette circonstance ; il inspira une secrète jalousie contre un monarque qui serait, disait-il, toujours éloigné du pays, et disposé à persécuter les luthériens. Il se fit donner la couronne et prit le nom de Charles IX. Cette usurpation amena entre la Pologne et la Suède une guerre longue et désastreuse, marquée des deux côtés par des succès et des revers, et suspendue plusieurs fois par des trêves diverses. Charles IX gouverna la Suède avec sagesse et fermeté, et mourut en 1611, laissant la couronne à son fils Gustave Adolphe, à peine âgé de dix-sept ans.

Gustave Adolphe, tout jeune encore, avait accompagné son père dans ses guerres et dans ses voyages. Son esprit et son caractère s'étaient mûris de bonne heure, et la vie rude des camps avait donné à son âme une fermeté peu commune. Il signala sa valeur et son activité dès le commencement de son règne : les Russes, les Danois et les Polonais l'avaient attaqué en même temps : il fit la paix avec les deux premiers et força les derniers à quitter la Livonie. Après avoir mis fin à cette guerre, il fit alliance avec les protestants d'Allemagne contre l'empereur et les princes catholiques. La victoire termina les glorieuses mais courtes destinées de ce héros dans les plaines de Lutzen. Ses amis ne lui reprochaient que deux défauts, l'emportement et la témérité. Gustave croyait se justifier en leur répondant : « Puisque je supporte les travers de mes sujets, ne peuvent-ils excuser la vivacité de mon tempérament? Un roi, ajoutait-il, est indigne de sa couronne lorsque, dans un engagement, il fait difficulté de se battre comme un simple soldat.» Gustave Adolphe était luthérien de bonne foi; il composa lui-même des prières pour son armée, et il disait que les meilleurs chrétiens étaient les meilleurs soldats. Sous sa tente, au milieu des armes, il donnait tous les jours quelques instants à la parole de Dieu.

Christine succéda à son père Gustave Adolphe; cette princesse était âgée de cinq ans, et fit remarquer dès son enfance la pénétration de son esprit. Elle apprit huit langues, et montra un goût passionné pour les lettres et les arts. Elle aimait à se voir entourée des savants les plus distingués de toutes les contrées de l'Europe. Douée d'une vive éloquence, d'une aptitude remarquable pour les affaires, elle gouverna avec sagesse et affermit la paix dans son royaume; mais elle refusa de se marier, malgré les vives représentations des états à ce sujet. L'amour de l'étude et de la liberté lui inspira bientôt le dessein d'abandonner un peuple qui ne savait que combattre; toutefois, elle laissa mûrir ce projet pendant sept années, et contribua en 1648 au traité de Westphalie, par lequel la Suède gagnait la Poméranie et quelques autres avantages. Après avoir rendu quelques édits en faveur de l'industrie, elle se fit couronner en 1650, et abdiqua définitivement quatre ans après, désignant pour son successeur Charles Gustave, son cousin germain.

Le dégoût pour les affaires et les embarras de la royauté contribuèrent sans doute à ce sacrifice. Christine quitta la Suède quelques jours après son abdication, et parcourut les pays étrangers. Elle vint à Bruxelles où elle embrassa le catholicisme, à Inspruck, à Rome, à Paris, à Fontainebleau, se signalant par la bizarrerie de ses costumes et de ses manières, et attirant l'attention par son esprit et l'étendue de son savoir. En revenant d'Italie, elle avait ramené avec elle l'écuyer Monaldeschi, son favori, qu'elle fit assassiner dans la *galerie des Cerfs* à Fontainebleau. Un moment elle regretta le trône, et noua quelques intrigues pour y remonter; mais demeurée seule avec son ambition déçue, elle se rendit de nouveau à Rome où elle vécut dans le commerce des lettres et des arts.

Le Danemark, dans la période que nous venons de parcourir, offre peu d'événements remarquables. La révolution religieuse s'était achevée; mais les finances de ce petit royaume s'étaient épuisées au milieu des guerres civiles, et les nobles, dont le clergé romain avait jusqu'alors réprimé le despotisme, soulevèrent contre eux les bourgeois et les paysans par leur orgueil et leurs insultes. Sous Christian III, sous Frédéric II, le Danemark, qui soutint des guerres maritimes contre les Suédois, s'affaiblit encore davantage. Christian IV fut un des chefs de la ligue protestante contre l'empereur, et combattit pour le rétablissement de l'électeur palatin : il fut défait plusieurs fois par les armées de Ferdinand II, et, après avoir traité à Lubeck avec ce prince, en 1629, il retourna dans ses Etats où il s'occupa d'améliorations utiles. Il établit des manufactures, fonda les villes de Christianophe et de Gottembourg sur la frontière de Suède, celle de Christiania en Norvége, accorda sa protection au commerce, encouragea les découvertes maritimes, et tenta des essais de colonisation aux Indes orientales, au port de Tranquebar. Comme son père Frédéric II, il protégea les lettres, les sciences et les arts, et dota Copenhague d'un jardin de botanique, d'un observatoire et d'une bibliothèque. Ses généreux efforts furent entravés par l'influence jalouse de la noblesse, et il faut regarder cette opposition comme une des causes qui rendirent la royauté chère au peuple et préparèrent la ruine des nobles. Christian IV conclut avec la Suède le traité de Bromsebro qui mit fin aux hostilités entre les deux pays, et il mourut en 1640, laissant la couronne à son fils Frédéric III.

Frédéric III s'occupait à compléter les améliorations intérieures commencées par son père, lorsqu'il fut obligé de prendre les armes pour se défendre. Les Suédois, commandés par leur roi Charles Gustave, vinrent assiéger Copenhague. Les bourgeois, auxquels Frédéric avait inspiré son courage et son activité, repoussèrent toutes les attaques avec vigueur; une flotte hollandaise venue à leur secours jeta des troupes et des vivres dans la ville, et le roi de Suède dut renoncer à l'espoir de s'en emparer. Peu après, une révolution importante s'opéra dans le gouvernement du Danemark. Frédéric III ayant convoqué à Copenhague les états généraux, en 1660, pour aviser aux réformes nécessaires, la bourgeoisie et le clergé se réunirent contre les nobles, et sous la conduite de deux vieillards respectables, Suane, évêque de Seeland, et Namsen, bourguemestre de Copenhague, ils dépouillèrent la noblesse de son autorité. La direction souveraine des affaires, qui jusqu'alors avait été concentrée entre ses mains, fut transférée au roi. L'élection imposée à chaque souverain lors de son avénement fut abolie, et la couronne fut déclarée héréditaire dans la famille de Frédéric III. En 1665 parut la loi royale qui consacra ces changements, et devint en quelque sorte la charte constitutionnelle des royaumes unis de Danemark et de Norvége. Maître absolu dans le royaume, Frédéric, loin d'abuser de la puissance suprême, gouverna ses peuples avec une douceur paternelle et mourut en 1670.

Sous le règne de son successeur, Christian V, la guerre se ralluma entre le Danemark et la Suède. Les Danois, battus à la journée de Lunden, laissèrent plus de sept mille hommes sur le champ de bataille (1675). Un traité fut conclu alors, qui mit fin aux hostilités, et Christian V put se livrer aux soins du gouvernement. Il donna un code civil à la Norvége, créa une nouvelle compagnie des Indes, encouragea le commerce et embellit Copenhague. Son règne fut encore marqué par l'établissement d'une noblesse titrée, et la création de comtes et de barons, titres jusqu'alors inconnus en Danemark. Il mourut en 1699, et eut pour successeur son fils Frédéric IV.

En Suède, Charles Gustave, qui avait remplacé Christine sous le nom Charles X, était un prince guerrier, plein d'ardeur et d'activité. Son caractère devait plaire aux Suédois, et, quoiqu'ils fussent épuisés par les efforts de la guerre de trente ans, ils se laissèrent entraîner à de nouveaux combats. Ils tournèrent d'abord leurs armes contre le roi de Pologne, Jean Casimir, qui, n'étant pas assez fort pour repousser cette invasion, se retira en Silésie : là, après avoir traité avec les Cosaques et obtenu un secours des Tartares, il reparut en Pologne et livra sous les murs de Varsovie une bataille qui dura trois jours (1656). Il fut vaincu par Charles Gustave. Mais la puissance du roi de Suède alarma bientôt ses voisins, qui se liguèrent contre lui. La noblesse polonaise s'arma en faveur de Jean Casimir, et ce prince recouvra peu après les Etats qu'il avait perdus. Charles Gustave mourut en 1660.

Charles XI, fils et successeur de Charles Gustave, n'avait que cinq ans lorsqu'il succéda à son père, et ne prit les rênes du gouvernement qu'en 1672. Les premières années de son règne furent marquées par une guerre contre les Danois ; il leur fit essuyer deux défaites sanglantes. Il perdit cependant plusieurs places importantes, et ne recouvra ces possessions qu'à la paix de Nimègue (1679). A la même époque, une révolution semblable à celle du Danemark s'opéra dans le gouvernement de la Suède. Les États de Stockholm investirent le roi d'un pouvoir suprême, et Charles XI n'usa de ce pouvoir que pour faire le bien de son pays. Il réforma l'administration publique, organisa l'armée, protégea l'industrie, encouragea la marine et les lettres. Il mourut en 1697, au moment où les puissances de l'Europe venaient de le choisir pour médiateur de la paix de Ryswick. Son fils, le fameux Charles XII, lui succéda.

Questionnaire.

Quel fut le successeur de Gustave Wasa ? — Quel était le caractère de ce prince ? — Comment traita-t-il son frère Jean ? — Comment fut-il traité à son tour ? — Quelle tentative fit Jean III ? — Qui fut régent après lui ? — A qui appartenait la couronne ? — Par qui fut-elle usurpée ? — Quelle guerre amena cette usurpation ? — Qui succéda à Charles IX ? — Quelle avait été l'éducation de Gustave Adolphe ? — Comment signala-t-il son règne ? — Quels défauts reprochait-on à ce prince ? — Qui lui succéda ? — Par quelles qualités se distinguait Christine ? — Quel projet conçut-elle ? — Quels pays parcourut-elle ? — Où se retira-t-elle définitivement ? — Quel était l'état du Danemark à cette époque ? — Quelles institutions sont dues à Christian IV ? — Quel fut son successeur ? — Par qui Frédéric III fut-il attaqué ? — Par qui fut-il secouru ? — Quelle révolution s'opéra dans le gouvernement du Danemark ? — Comment Frédéric usa-t-il de la souveraine puissance ? — Quels événements signalèrent le règne de Christian V ? — Qui lui succéda ? — Quel était le caractère de Charles X, successeur de Christine ? — Quelle guerre entreprit-il ? — Quelle victoire remporta-t-il ? — Qui succéda à ce prince ? — Quelle révolution s'opéra en Suède ? — Quels bienfaits la Suède doit-elle à Charles XI ?

CHAPITRE XXIII.

Histoire de la Russie et de la Pologne depuis le XVe siècle jusqu'à la fin du XVIIe siècle.
Casimir IV. — Sigismond Ier. — Le comte Glinski. — Sigismond II. — Iwan III. — Ses conquêtes. — Ses institutions. — Basile IV. — Iwan IV le Terrible. — Ses conquêtes — Fin de la dynastie des Jagellons en Pologne. — Étienne Bathori. — Sigismond III. — Boris Godunow. — Le faux Démétrius. — Sa cruauté. — Sa mort. — Basile Schouiski. — Michel Fédorowitch. — Alexis et Fédor III. — Leurs réformes. — Avènement de Pierre le Grand. — Jean Sobieski en Pologne.

La Pologne, réunie à la Lithuanie (1382) par Ladislas Jagellon, était devenue la puissance prépondérante dans le Nord. Casimir IV, second fils de Ladislas, qui monta sur le trône de Pologne en 1445, abaissa les chevaliers de l'ordre Teutonique, et se fit céder par le traité de Thorn la Poméranie et la partie orientale de la Prusse, appelée depuis Prusse royale. On lui reprocha de sacrifier presque toujours les intérêts des Polonais à ceux des Lithuaniens, qui étaient l'objet de son affection. « Il passe l'hiver, le printemps et l'automne en Lithuanie, » disaient les Polonais.

Casimir mourut en 1492, après un règne de quarante-sept ans, laissant le trône à son second fils, Jean Albert, dont le frère aîné Ladislas avait été élu roi de Bohême et de Hongrie. Jean Albert ne régna que quelques années, et fut lui-même remplacé par son frère, le grand-duc Alexandre, prince éclairé, mais libéral jusqu'à la profusion : il fallut lui interdire le droit d'aliéner les revenus royaux sans la permission des états, pour l'empêcher de se ruiner. Les Tartares ayant menacé la Pologne d'une invasion, le roi envoya contre eux le gouverneur de Lithuanie. Lui-même, quoique atteint d'une paralysie et presque mourant, se fit porter au milieu de son armée, et il expira en rendant grâce de la victoire au Seigneur.

Sigismond Ier lui succéda. Le comte Glinski, gouverneur de Lithuanie, choisit ce moment pour se déclarer indépendant. Dénoncé au sénat de Pologne, le farouche gouverneur assassina son accusateur, et se réfugia en Russie. Sigismond réclama en vain le meurtrier, et engagea une lutte désastreuse avec le czar Basile IV. Plus heureux dans la guerre qu'il eut à soutenir contre Albert de Brandebourg, grand maître de l'ordre Teutonique, qui venait d'embrasser le luthéranisme et de séculariser la Prusse, il força ce dernier à se reconnaître vassal de la Pologne. On convint de part et d'autre, par le traité de Cracovie, que le duché de Prusse passerait aux héritiers mâles d'Albert de Brandebourg, et qu'à défaut d'héritiers dans cette famille, il retournerait à la Pologne.

Le règne de Sigismond II Auguste, fils et successeur de Sigismond 1er, vit en Livonie une révolution semblable à celle qui venait de s'accomplir en Prusse. Cette province, gouvernée depuis plusieurs siècles par les chevaliers porte-glaive, sous la dépendance de l'ordre Teutonique, avait été affranchie de cette tutelle par l'adresse et le courage du grand maître Walter de Plettenberg (1521). Walter, reconnu comme duc de Livonie pour lui et ses successeurs, créé prince de l'empire germanique, introduisit le luthéranisme en Livonie, et fut remplacé à sa mort par Gothard Kettler, sous lequel éclata, en 1558, la guerre entre la Russie et la Pologne.

La Russie, dont nous n'avons pas encore parlé, ne commence à paraître sur la scène politique parmi les puissances indépendantes que dans la seconde moitié du quinzième siècle. Iwan III, proclamé grand-duc de Moscou, signala son avénement par la conquête de la puissante Novogorod, dont un proverbe menteur avait dit : « Qui oserait résister à Dieu et à Novogorod la Grande? » Cette ville perdit ses magistrats, son rang, ses priviléges. La ville de Pskof, surnommée la *sœur cadette* de Novogorod, se soumit volontairement au vainqueur. Fort de l'alliance du khan de Crimée, Iwan osa refuser aux Tartares le tribut que payaient ses prédécesseurs ; il réunit sous sa domination les principautés de Twer, Rostof, Jaroslaw, et, ayant obtenu du pape la main de Sophie Paléologue, réfugiée à Rome, il mit dans ses armes l'aigle double de l'empire grec. Il prit le premier le titre de *czar,* et assigna des fiefs aux *enfants boyards* ou nobles, sous la condition d'un service militaire.

Iwan III, que l'on peut considérer comme le fondateur de l'empire de Russie, introduisit dans ses Etats une foule d'importantes améliorations. En 1482, il envoya des ambassadeurs à son allié Mathias Corvin pour lui demander des ingénieurs et des fondeurs de canon ; plus tard, il attirait à Moscou des artistes grecs et italiens, bâtit l'église de l'Assomption, et le palais ou forteresse du Kremlin. Il établit dans les villes une police assez rigoureuses, et sur les routes des stations ou caravansérails où les voyageurs trouvaient des chevaux et même de la nourriture dont on n'exigeait pas le payement, si cela était spécifié sur leur passe-port. Enfin il éleva la forteresse d'Iwangorod au lieu même où devait être construite la ville de Saint-Pétersbourg, et réunit les anciennes lois de la Russie en un seul code qui fut publié en 1497.

Basile IV, son fils et son successeur (1505), fit la guerre aux Polonais pendant la plus grande partie de son règne, et leur enleva la ville de Smolensk en 1514. Il s'allia ensuite avec l'ordre Teutonique, sans pouvoir empêcher la Prusse de se soumettre à la Pologne, et mourut en 1534, laissant le trône à un enfant de quatre ans, et la régence à la princesse Hélène, mère du jeune Iwan IV. Une lutte sanglante s'engagea entre la reine mère et les boyards ; plusieurs conspirateurs furent punis du dernier supplice, et la Russie paraissait pour longtemps livrée aux désordres de l'anarchie, quand le jeune Iwan, âgé de quatorze ans, déclara qu'il voulait régner, et montra dès lors cette dureté de caractère qui lui a valu dans l'histoire le surnom de *Terrible*.

Après avoir apaisé les troubles intérieurs et châtié cruellement l'insolence des seigneurs russes, il établit une milice permanente et réglée dont les soldats furent appelés *strélitz*, c'est-à-dire *tireurs*, parce qu'ils étaient armés de mousquets. Quand cette milice lui parut assez disciplinée, il la conduisit contre les Tartares de Kasan qui avaient secoué le joug, et après avoir pris leur capitale, il anéantit leur empire. Le prince d'Astrakhan fut également soumis. Le khan de Crimée, qui était resté spectateur impassible de la ruine de ses compatriotes, voulut prévenir la sienne, et attaqua Iwan. Battu complétement, il fut heureux que l'attention du czar fût appelée ailleurs. Gustave Wasa venait de prendre les armes pour défendre les Livoniens, et de déclarer la guerre aux Russes. Il fut vaincu près de Wibourg en Finlande, et signa une paix de quarante ans. Alors Iwan IV tourna toutes ses forces contre la Livonie : Guillaume de Furstemberg, grand maître des chevaliers porte-glaive, fut fait prisonnier, et son successeur Gothard Kettler, en se mettant sous la protection de la Pologne, suscita un ennemi redoutable aux Russes.

Sigismond II Auguste, héritier des droits de

l'ordre des chevaliers porte-glaive, rassembla une armée que le palatin de Wilna, Nicolas Radziwil, conduisit contre les Russes qui furent complétement vaincus et laissèrent vingt-cinq mille morts sur le champ de bataille (1564). Sigismond, dans les dernières années de son règne, réunit définitivement le grand-duché de Lithuanie à la couronne, et montra quelque penchant pour le luthéranisme. A sa mort, arrivée en 1572, s'éteignit avec lui la dynastie des Jagellons qui depuis deux siècles occupait le trône. Le bonheur de la Pologne s'évanouit aussi avec cette illustre famille. La couronne fut déclarée élective, d'héréditaire qu'elle était auparavant, et le pays, en adoptant cette mesure, se condamna à toutes les horreurs de l'anarchie qui devaient se renouveler à l'avénement de chaque souverain.

Une foule de concurrents se présentèrent pour disputer le sceptre de Sigismond. Henri de Valois, duc d'Anjou, frère du roi de France Charles IX, fut élu. Mais ce prince, ne pouvant s'habituer au climat et aux usages de la Pologne, s'enfuit précipitamment en France à la première nouvelle de la mort de son frère. Les Polonais choisirent, pour le remplacer, Etienne Bathori, intrépide guerrier et prince de Transylvanie.

Iwan IV, à la faveur des troubles survenus en Pologne, avait repris la Livonie, et battu les Tartares de Crimée, pendant que le Cosaque Jermak faisait la conquête du vaste pays connu sous le nom de Sibérie. Bathori, ligué avec les

Suédois et les Turcs, se vengea de l'invasion russe par d'affreux ravages. Le farouche Iwan signa la paix et céda définitivement la Livonie à la Pologne par le traité de Kiewerowa-Horka (1582). Ces revers, joints à la perte d'une épouse chérie, dérangèrent l'esprit du czar, qui devint réellement *terrible* et s'abandonna à tous les caprices d'une humeur sanguinaire. Iwan mourut en 1584, après avoir attaché son nom à d'utiles innovations. Il fit fleurir le commerce, établit l'imprimerie à Moscou et fonda la ville d'Arkangel. Enfin les Russes lui doivent un code législatif. Il eut pour successeur son fils Fédor, dernier prince de la dynastie de Rurik.

Etienne Bathori profitait de quelques instants de paix pour adoucir les mœurs sauvages des Cosaques; il eut la gloire de fixer ces peuples dans des bourgades, de leur inspirer le goût du commerce et de l'agriculture. Il aurait voulu donner une nouvelle face à la Pologne; mais il vécut trop peu pour remédier aux abus qui s'étaient introduits dans le gouvernement de ce royaume. A sa mort (1586), les Polonais choisirent pour roi Sigismond III, fils du roi de Suède Jean III. Maximilien d'Autriche disputa vainement la couronne à ce prince; vaincu et fait prisonnier après des hostilités de peu de durée, il renonça à ses prétentions pour recouvrer sa liberté. Sigismond soutint une guerre longue et malheureuse contre son oncle, le duc de Sudermanie, qui avait usurpé la couronne de Suède. Trahi par le sort, il essaya vainement de recouvrer le trône de ses ancêtres, et mourut, en 1632, après avoir conclu une trêve avec Gustave Adolphe, fils du duc de Sudermanie.

D'affreuses tragédies se jouaient alors dans l'empire russe. Boris Godunow, grand écuyer de Moscovie, et beau-frère de la czarine, s'était emparé de la confiance de Fédor, prince faible et sans caractère. Il voulut se frayer le chemin au trône en assassinant Démétrius, frère unique du czar, à peine âgé de sept ans. Pour cacher ce meurtre, il ôta la vie au gentilhomme qui avait été chargé de l'exécuter, et fit raser le château d'Uglitz, où il avait eu lieu. Sur ces entrefaites mourut Fédor (1598), et Godunow s'empara du trône. Cet événement produisit une anarchie de quinze années qui bouleversa la Russie. Plusieurs concurrents s'élevèrent pour disputer le pouvoir à Godunow. Le premier qui se déclara contre lui fut un moine russe nommé Grégory Otrepief, qui, prétendant que Démétrius vivait encore, se présenta comme le frère de Fédor. Les Polonais saisirent l'occasion de troubler la Russie et soutinrent le faux Démétrius, pour lequel se déclarèrent aussi les Cosaques du Don, que Boris Godunow voulait discipliner.

Godunow alarmé fit des préparatifs de défense; mais il mourut avant la bataille, et presque toutes les provinces de l'empire reconnurent le faux Démétrius. Moscou seule resta fidèle à Godunow et proclama son fils Fédor. Le jeune prince et sa mère furent livrés par un traître à Otrepief qui les fit étouffer en prison. Mais il jouit peu de son crime. Il fut détrôné en 1606 par Basile Schouiski, qui le tua d'un coup de pistolet au milieu des préparatifs d'une fête. Un second faux Démétrius parut en 1607 contre l'assassin d'Otrepief, et, soutenu par les Polonais et les Cosaques, il eut d'abord quelques succès : mais il périt peu après sous les coups des Tartares. Basile Schouiski fut déposé lui-même en 1610, enfermé dans un monastère, puis envoyé en Pologne où il mourut.

L'anarchie fut alors à son comble en Russie. Les Suédois, profitant de ces désordres, s'emparèrent de l'Ingrie sur le golfe de Finlande, et de Novogorod sur le lac Ilmen, tandis que les Polonais prenaient Smolensk et ses dépendances. Les conquêtes des étrangers réveillèrent la nationalité russe ; les haines cessèrent devant l'ennemi commun, et la nation appela au trône une famille alliée par les femmes à la race de Rurik. Michel Fédorowitch, fondateur de la dynastie de Romanoff, fut proclamé en 1613. Ce prince, après avoir obtenu la paix de ses ennemis au prix de quelques concessions nécessaires, rétablit la tranquillité intérieure par le supplice d'un nouvel imposteur qui avait pris le nom de Démétrius.

Alexis, qui succéda à son père Michel en 1643, est beaucoup plus célèbre pour avoir donné le jour à Pierre le Grand que par ses propres actions. Néanmoins le règne de ce czar ne fut pas sans éclat. Alexis, après avoir apaisé des troubles sérieux, s'occupa de réformer les mœurs de la nation et de civiliser son empire. Il protégea le commerce, veilla à la discipline de ses armées, établit les premières relations entre la Russie et la Chine, augmenta ses États par la conquête de Smolensk, d'une partie de l'Ukraine, et laissa la couronne à son fils Fédor III, âgé de dix-huit ans.

Ce jeune prince signala son avénement par des victoires sur les Turcs et par des innovations dans la discipline militaire. Mécontent de la noblesse, qui résistait à ses projets, il brûla publiquement les livres qui constataient les prérogatives des nobles, et ne consulta plus que le mérite pour accorder les premiers emplois de l'État. Il mourut en 1682 à l'âge de vingt-huit ans, après avoir tenté les plus grands efforts pour tirer ses sujets de l'ignorance dans laquelle ils étaient encore plongés. Fédor ne laissait point d'enfants ; il avait désigné pour successeur son plus jeune frère Pierre, âgé de dix ans, à l'exclusion d'Iwan, l'aîné, qui était incapable de régner. Mais les strélitz mécontents, et stimulés par Sophie, sœur du czar, soulevèrent le peuple, massacrèrent les ennemis d'Iwan, proclamèrent les deux jeunes princes souverains en même temps, et décernèrent la régence à la princesse Sophie. Pierre, impatient de régner, relégua sa sœur dans un monastère en 1689, et, six ans après, la mort de son frère Iwan lui permit de porter seul le titre de czar de toutes les Russies.

En Pologne, Sigismond III, ardent défenseur de la foi catholique, avait su pendant les dernières années de son règne contenir les protestants sans se montrer cruel; son fils Ladislas battit plusieurs fois les Turcs et les Russes, et succéda à son père en 1632. Le règne de ce prince et celui de Jean Casimir, son frère, furent malheureux : les Cosaques de l'Ukraine rejetèrent la domination de la Pologne pour se donner à la Russie. Jean Casimir venait de monter sur le trône de Pologne, en 1648, lorsque Charles X de Suède envahit la Lithuanie à la tête d'une armée de trente mille hommes. Jean Casimir, battu près de Varsovie, ne fut sauvé que par la ligue des souverains qui se déclarèrent contre les Suédois. Mais il ne fut pas moins obligé de renoncer à ses prétentions sur le trône de Suède, et bientôt, fatigué des contrariétés qu'il éprouvait dans son royaume, il abdiqua en 1668 et se retira en France.

Cette abdication fut suivie d'un interrègne de sept mois, après lesquels les Polonais élurent un simple gentilhomme issu du sang des Jagellons, Michel Wiesnowiescki, qui n'accepta qu'à regret une couronne qu'il ne se sentait pas capable de porter. En effet, les quatre années de son règne furent remplies de calamités. Les Cosaques, les Tartares et les Turcs, toujours prêts à renouveler la guerre, attaquèrent son royaume. Ces derniers prirent la ville de Caminieck, et réduisirent Michel à demander une paix honteuse. Le sénat refusa de la ratifier, et le grand maréchal Jean Sobieski, justifiant cet acte d'audace, remporta sur les Turcs une victoire complète à Choczim. Michel Wiesnowieski était mort la veille de cette bataille, et le vainqueur qui avait effacé la honte nationale fut proclamé roi, et continua de mériter par des succès éclatants la confiance des Polonais. En 1683, il eut la gloire de sauver l'Empire en délivrant Vienne assiégée par le grand visir Kara-Mustapha. De retour en Pologne, il essuya de la part des nobles les contrariétés les plus injustes et succomba à l'excès de ses chagrins domestiques (1696) : en lui s'éteignait le plus grand monarque des Polonais. Mais la Pologne, s'affaissant de plus en plus, avait cessé d'être la puissance dominante du Nord ; ce rôle était passé à la Suède du temps de Gustave Adolphe, et c'est la Russie qui allait s'en emparer sous le règne glorieux de Pierre le Grand.

Questionnaire.

Quelles acquisitions fit Casimir IV, roi de Pologne ? — Quel fut son successeur ? — Qui succéda à Jean Albert ? — Quel était le caractère d'Alexandre ? — Contre quel peuple fit-il la guerre ? — Quel fut le successeur d'Alexandre ? — Que fit le comte Glinski ? — Quel fut le résultat de la guerre entreprise contre Albert de Brandebourg ? — Que se passa-t-il sous le règne de Sigismond II Auguste ? — Par quelles conquêtes Iwan III signala-t-il son avénement ? — Quel titre prit-il ? — Quelles améliorations sont dues à ce prince ? — Que fit Basile IV ? — Qui laissa-t-il pour successeur ? — Que fit Iwan IV au commencement de son règne ? — Quels peuples soumit-il ensuite ? — Quels furent les résultats de la guerre contre la Pologne? — A quelle époque s'éteignit la dynastie des Jagellons? — Quelle mesure devait susciter des troubles en Pologne?— Qui fut nommé roi de Pologne après Sigismond? — Quelle province Iwan céda-t-il à la Pologne? — Quel fut son successeur? — De quels soins s'occupa Étienne Bathori? — Quel prince fut élu roi de Pologne après lui? — Par qui la couronne fut-elle disputée à Sigismond? — Que fit Godunow pour usurper la couronne de Russie? — Par qui lui fut-elle disputée?— Quels crimes commit Otrepief? — Comment périt-il? — Quel fut le sort de Schouiski? — Quel prince les Russes appellèrent-ils au trône? — Quels sont les principaux événements du règne de Michel et de celui d'Alexis?— A qui ce dernier laissa-t-il la couronne? — Comment Fédor III signala-t-il son règne? — Qui désigna-t-il pour son successeur?—Racontez les événements qui se passaient alors en Pologne. — Quels furent les succès de Sobieski?

CHAPITRE XXIV.

Histoire de la Turquie depuis l'avénement de Soliman II jusqu'à la fin du XVIIe siècle.
Soliman II. — Son caractère. — Révolte de Syrie. — Siége de Rhodes. — Bataille de Mohacz. — Siége de Vienne. — La sultane Roxelane. — Siége de Sigeth. — Mort de Soliman. — Sélim II. — Bataille de Lépante. — Amurat III. — Révolte des janissaires. — Mahomet III. — Sa cruauté. — Achmet Ier. — Mustapha. — Sa déposition. — Othman, déposé à son tour. — Amurat IV. — Prise de Bagdad. — Ibrahim. — Le grand visir Kouprogli. — Siége de Candie. — Mahomet IV. — Siége de Vienne. — Soliman III. — Achmet II. — Mustapha II. — Ses succès et ses revers.

Soliman II, successeur de Sélim (1520), fut surnommé tout à la fois le *magnifique*, le *législateur* et le *conquérant*. Par sa vigilance, son habileté et son courage, par son amour de la justice et sa sollicitude pour le bonheur de son peuple, Soliman peut être regardé comme un des plus grands princes de son siècle. Religieux observateur de sa parole envers les chrétiens, il montra les vertus des nations civilisées; mais, il faut le dire aussi, toutes ces éminentes qualités furent souvent ternies par une cruauté dont les souverains de la Turquie donnent de si tristes et de si fréquents exemples dans l'histoire.

Soliman était à peine monté sur le trône que le gouverneur de Syrie se révolta, essayant de relever l'empire des Mamelucks que Sélim avait détruit. Soliman envoya contre lui une puissante

8. *Hist. Moderne.*

armée. Le gouverneur de Syrie, vaincu, se fit tuer pour ne pas tomber vivant entre les mains de ses ennemis, et la révolte fut aussitôt étouffée. Après avoir conclu une trêve avec Ismaël, sophi ou souverain de la Perse, Soliman songea à tourner ses armes contre les chrétiens. La prise de Belgrade (1521) lui inspira le dessein d'assiéger l'île de Rhodes, possédée depuis deux siècles par les chevaliers de Saint-Jean de Jérusalem. Villiers de l'Isle-Adam était grand maître de l'ordre lorsque les Turcs, au nombre de 200,000, se présentèrent devant l'île. Le grand maître, secondé par ses compagnons, fit une résistance héroïque. Mais quand il eut épuisé toutes ses ressources, il céda aux larmes des habitants, et signa une capitulation honorable. En quittant Rhodes, il se transporta à Viterbe avec le reste des chevaliers, et y résida jusqu'en 1630, époque à laquelle Charles-Quint leur donna l'île de Malte. De retour à Constantinople, Soliman, qui avait établi dans cette ville une sévère organisation pour la justice, punit plusieurs cadis ou juges prévaricateurs. Il donna de nouvelles lois aux Turcs, et ces lois, tout imparfaites qu'elles étaient, lui ont valu le surnom de *législateur*.

Le sultan attaqua ensuite la Hongrie, où il remporta (1526) la fameuse bataille de Mohacz : les Hongrois y perdirent leur jeune roi Louis. Le conquérant turc prit Bude en 1529, et fut abandonné de la fortune sous les murs de Vienne, dont il fut forcé, après vingt assauts, de lever précipitamment le siége. Pour effacer la honte de ce revers, il passa en Asie, prit Tauris sur les Perses, ravagea une grande étendue de pays, et dicta la paix à ses ennemis après une alternative de défaites et de victoires. Ce grand homme eut le malheur de se laisser tromper par les artifices de la sultane Roxelane, et de faire mourir son fils Mustapha. Un autre de ses fils, nommé Bajazet, à qui Roxelane voulait faire donner le trône, après avoir tenté vainement d'empoisonner son frère Sélim, essaya la voie des armes. Vaincu près d'Iconium, il s'enfuit à la cour du roi de Perse, où il fut étranglé avec ses quatre enfants. Une victoire éclatante consola Soliman des malheurs de sa vieillesse. L'amiral Dragut vainquit une flotte chrétienne dans les parages de Malte, mais il ne put prendre l'île elle-même, vaillamment défendue par les chevaliers et leur grand maître Jean de Lavalette. Cet intrépide vieillard, grièvement blessé sur la brèche, ne voulait point se retirer, malgré les instantes prières de ceux qui l'entouraient. « A soixante et onze ans, répondit-il, puis-je finir plus glorieusement mes jours qu'au milieu de mes frères? »

Le sultan, toujours prêt à recommencer la lutte contre les chrétiens, entra en Hongrie et assiégea la ville de Sigeth avec 150,000 hommes. Le gouverneur de la ville avait juré de se faire tuer plutôt que de se rendre : il tint parole. Soliman avait déjà perdu 20,000 hommes, lorsque ses troupes, redoublant d'ardeur, s'emparèrent de

Sigeth. Deux cents braves guerriers qui restaient dans la place ne voulurent point capituler : aussi résolus que les Spartiates des Thermopyles, ils montrèrent une gaieté héroïque avant le sacrifice de leur vie, et périrent tous les armes à la main. Soliman ne jouit pas de son triomphe : il était mort dans sa tente des suites d'une blessure.

Sélim II remplaça Soliman son père; la mort de ses frères Mustapha et Bajazet lui assurait la libre possession du trône. Le nouveau sultan conclut une trêve avec l'empereur Maximilien, et fit la conquête de l'île de Chypre sur les Vénitiens. Mais ce brillant succès fut compensé par un revers terrible. L'Espagne et l'Italie avaient préparé une flotte de trois cents voiles contre les Turcs, et choisi pour généralissime le célèbre don Juan d'Autriche, fils de Charles-Quint. Les musulmans et les chrétiens s'attaquèrent avec un acharnement sans exemple dans le golfe de Lépante, près de ces mêmes lieux où Antoine et Octave s'étaient disputé l'empire du monde. Les Turcs furent défaits, et cette bataille leur coûta 30,000 hommes, deux cents navires et six cents canons. Quinze mille esclaves chrétiens furent délivrés.

Amurat III, fils et successeur de Sélim II, s'affermit sur le trône par la mort de ses cinq frères. Il augmenta l'étendue de ses Etats, prit Raab en Hongrie et Tauris en Perse; mais il eut à réprimer les dangereuses révoltes des janissaires. Un jour ces furieux vinrent lui demander à grands cris la tête du grand trésorier. Amurat s'élança sur les rebelles, le cimeterre à la main, en tua plusieurs et fit trembler les autres : les chefs de l'insurrection furent jetés dans le Bosphore. Le sultan mourut de chagrin à l'âge de cinquante ans (1594).

Mahomet III se montra plus cruel encore que son père Amurat, et commença son règne par le massacre de ses dix-neuf frères. Il envahit ensuite la Hongrie à la tête de 200,000 hommes, s'empara de la ville d'Agra, et remporta une grande victoire sur l'archiduc Maximilien, frère de l'empereur Rodolphe. Les années suivantes furent moins heureuses pour lui ; chassé successivement de la Hongrie, de la Valachie et de la Transylvanie, il fit aux chrétiens des offres de paix qui furent rejetées, et, pour se consoler de ses revers, il s'ensevelit au fond de son sérail où il trouva la mort.

Achmet Ier, son fils, à peine âgé de dix ans, fut élevé sur le trône. Il respecta les jours de Mustapha son frère, se fit aimer de ses sujets et construisit une superbe mosquée à Constantinople. Plus politique que guerrier, Achmet fut vaincu par Schah-Abbas, sophi de Perse, auquel il céda les villes de Tauris et de Bagdad. Sa mort, arrivée en 1617, fut suivie d'une longue anarchie. Mustapha son frère, qu'il avait désigné pour lui succéder, fut déposé après quatre mois de règne à cause de sa folie, et enfermé au château des Sept-Tours. Othman II fut élu à sa place. Il envahit la Pologne avec 300,000 hommes, et, n'ayant pas réussi, il signa la paix. Mais il attribua la cause de ces revers aux janissaires, et songea à détruire cette milice insolente. Ceux-ci, informés de ses projets, se hâtèrent de le déposer, tirèrent Mustapha de sa prison et lui rendirent la couronne. Ils enfermèrent dans le même château le malheureux Othman, qui y fut bientôt assassiné. Au bout d'un an, l'indigne Mustapha fut déposé pour la seconde fois, et après avoir été exposé aux outrages du peuple, il fut étranglé dans sa prison par ordre d'Amurat IV, second fils d'Achmet 1er, que les janissaires venaient de proclamer.

Amurat IV, surnommé l'*intrépide* ou le *vaillant*, sentant qu'une guerre extérieure était nécessaire à la tranquillité de l'empire, tourna ses armes contre les Persans, et s'empara de Bagdad : il monta lui-même à l'assaut, tua sur la brèche son visir qui avait échoué dans une première attaque, et fit égorger en sa présence trente mille prisonniers persans. Il revint triomphant à Constantinople, après avoir fait mettre à mort Bajazet, l'aîné de deux frères qui lui restaient. Il mourut en 1640, et eut pour successeur son second frère Ibrahim, qui languissait depuis longtemps en prison et qui était incapable de régner. Cependant ses armes prospérèrent au dehors, grâce à la valeur et à l'habileté du grand visir Kouprogli, qui débarqua dans l'île de Candie à la tête de 80,000 hommes. L'île entière, hors la capitale, était en son pouvoir quand Ibrahim mourut en 1648. Sous

Mahomet IV, son fils, la guerre fut continuée avec vigueur, et le grand visir s'empara de la capitale de Candie, malgré la résistance opiniâtre des habitants.

Après cette conquête, Mahomet marcha contre les Polonais pour défendre les Cosaques qui s'étaient soumis à la Porte; il prit la ville de Caminieck et força les ennemis à lui demander la paix. Ce fut là le terme de ses prospérités. Sobieski, grand maréchal de Pologne, vengea sa nation par la victoire de Choczim. Les Ottomans, battus à diverses reprises, furent contraints d'accorder la paix à des conditions plus avantageuses pour leurs ennemis.

A peu près vers la même époque, la Hongrie s'étant soulevée contre l'empereur d'Allemagne, le sultan favorisa cette révolte, et leva une armée de 140,000 hommes dont le commandement fut donné au grand visir Kara-Mustapha. Ce général vint mettre le siége devant Vienne; mais Sobieski sauva la capitale de l'Autriche, et Mustapha paya de sa tête le malheur d'avoir été vaincu. En 1687, les Turcs éprouvèrent une nouvelle défaite dans la plaine de Mohacz, et les janissaires, qui attribuaient tant de calamités à l'indolence de leur maître, le déposèrent, et placèrent sur le trône son frère Soliman III.

Le nouveau sultan était pieux et timide, et les janissaires, qui ne cherchaient qu'à se rendre redoutables, remplirent Constantinople de troubles et de meurtres. Les Autrichiens, habiles à profiter de ces désordres, s'emparèrent d'Agra, de Belgrade, des villes les plus fortes de Hongrie, et de la Servie entière; presqu'en même temps les Vénitiens poussaient leurs conquêtes en Morée et ravageaient ce pays. Le grand visir Kouprogli répara ces désastres. Tout prit une face nouvelle sous la direction de ce grand homme qui, pour un moment, vivifia l'empire ottoman. Les Turcs, dociles à ses ordres, s'enrôlèrent de toutes parts sous les drapeaux de leur visir. La Servie et Belgrade reconquises furent le prix de cette expédition qui signala glorieusement les derniers jours de Soliman III.

Kouprogli plaça sur le trône Achmet II, fils d'Ibrahim et frère du dernier sultan. La mort du grand visir, tué en Hongrie à la bataille de Salankemen, le changement perpétuel des ministres, les révoltes, la peste, les incendies, jetèrent une telle confusion dans les affaires du sultan Achmet, qu'il ne réussit dans aucune de ses entreprises. Il mourut de chagrin (1695) après quatre ans de règne.

Mustapha II, son successeur, était fils de Mahomet IV. Jeune, infatigable, plein d'ardeur et de courage, il avait les qualités d'un grand souverain. Les premières années de son règne furent heureuses : le sultan défit les impériaux à Témeswar en 1696, et fit la guerre avec succès contre les Vénitiens, les Polonais et les Moscovites. La fortune ne tarda pas à changer. Les Autrichiens, commandés par le prince Eugène, détruisirent la moitié de l'armée turque sur les bords de la Teysse, non loin de Waradin (1697).

La paix conclue entre la Porte et la cour de Vienne, acheva de perdre Mustapha dans l'esprit du peuple, qui passa promptement des murmures à la révolte. Cent cinquante mille rebelles entourèrent le sérail et ordonnèrent à leur souverain de se choisir un successeur. Le sultan alla trouver son frère Achmet, l'embrassa tendrement, l'exhorta à régner plus sagement que lui-même, et se retira au fond de son palais, où il mourut quelques mois après sa déposition (1703).

Longtemps avant l'époque à laquelle nous sommes arrivés, les Turcs devenaient plus barbares à mesure que les autres nations se civilisaient; tout demeurait stable dans cet empire lorsque tout se perfectionnait ailleurs, institutions politiques, science militaire, mœurs et gouvernement; les Turcs devaient toujours s'affaiblir de plus en plus en persistant dans cette immobilité de caractère.

Questionnaire.

Quelles étaient les qualités de Soliman II? — Quels surnoms mérita-t-il? — Quel événement marqua le commencement de son règne? — Comment cette révolte fut-elle apaisée? — Quelle île assiégea-t-il? — Par qui fut-elle défendue? — Où se retirèrent les chevaliers de Rhodes? — Quelle victoire Soliman remporta-t-il en Hongrie? — Devant quelle ville échoua-t-il? — Quel est celui de ses fils qu'il fit périr? — Quel autre de ses fils se révolta? — Quel fut le sort de Bajazet? — Où Soliman remporta-t-il une nouvelle victoire? — Put-il s'emparer de l'île de Malte? — Par qui fut-elle défendue? — Devant quelle ville mourut

Soliman? — Qui lui succéda? — Quelle conquête fit Sélim? — Quel revers essuya-t-il? — Qui occupa le trône après lui? — Par quel moyen Amurat III affermit-il son pouvoir?— Quelles révoltes eut-il à réprimer? — De quel crime Mahomet III se souilla-t-il? — Sur quel prince remporta-t-il une grande victoire? — Quels revers éprouva-t-il sur la fin de son règne? Quel âge avait son successeur? — Quelles villes Achmet céda-t-il au roi de Perse? — Qu'arriva-t-il après sa mort? — Quel fut le sort de Mustapha? — Qui fut élu à sa place? — Othman II régna-t-il longtemps? — Comment périt-il? — Comment périt Mustapha? — Quelle guerre entreprit Amurat IV? — Quelles cruautés commit-il? — Qui régna après lui? — Quel homme se mit à la tête des armées? — Quelle conquête fit le grand visir? — Quel peuple Mahomet IV attaqua-t-il ensuite? — Par qui fut-il arrêté dans ses succès? — Pourquoi fut-il déposé? — Qui le remplaça sur le trône? — Quelles conquêtes perdirent les Turcs? — Par qui furent-elles reprises? — Qui succéda à Soliman III? — Le règne d'Achmet II fut-il heureux? — Quel fut son successeur? — Racontez les principaux événements du règne de Mustapha II. — Quelle remarque peut-on faire sur le caractère du peuple turc?

CHAPITRE XXV.

Histoire de la Russie, de la Suède, de la Pologne et de la Turquie sous le règne de Pierre le Grand.
Education de Pierre le Grand. — Conspiration contre sa vie. — Ses premiers travaux et ses premiers succès. — Pierre à Saardam. — Révolte et punition des strélitz. — Réformes de Pierre le Grand. — Guerre contre la Suède. — Charles XII. — Sa première campagne. — Victoire de Narva. — Le roi de Pologne détrôné. — Bataille de Pultava. — Triomphe de Pierre le Grand. — Charles XII à Bender. — Sa mort. — Pierre le Grand à Paris. — Supplice de son fils Alexis. — Derniers événements de son règne. — Ses institutions.

A l'avénement de Pierre le Grand, la Russie ne possédait que deux ports, Astracan, sur la mer Caspienne, et Archangel, sur la mer Glaciale. Les Suédois occupaient encore les côtes de la mer Baltique; les Turcs, celles de la mer Noire et de la mer d'Azof. Il était réservé à Pierre de changer cet état de choses, et de donner à son pays la grandeur et la puissance des plus vastes empires. L'éducation du jeune prince avait été négligée à dessein; la princesse Sophie, sa sœur, l'avait laissé dans l'abrutissement de l'ignorance afin de régner plus longtemps elle-même. Mais ni le vin, ni les liqueurs fortes qu'elle lui faisait boire avec excès ne parvinrent à étouffer cette vigoureuse intelligence. Un Français nommé Lefort devint le confident de toutes les pensées du prince, et ce fut d'après ses conseils que Pierre songea à se créer une milice redoutable et dévouée. Il forma un corps de jeunes boyards disciplinés à la manière allemande, et cette petite troupe insensiblement grossie devint bientôt un régiment, puis une véritable armée, dont Lefort et un Ecossais nommé Gordon se partagèrent le commandement.

Pierre touchait à sa dix-septième année, et déjà on remarquait en lui des qualités supérieures. Il aimait beaucoup les étrangers, se faisait le compagnon, l'admirateur, le disciple des artistes, interrogeait les voyageurs sur les lois, les mœurs, le gouvernement de leur pays. Cette ardeur de s'instruire inquiéta la régente qui concerta, dit-on, la mort du jeune prince, et poussa les strélitz à la révolte. Pierre, averti à temps, se retira au couvent de la Trinité, et fit appel à la fidélité de ses troupes régulières. La nation se déclara en sa faveur; les chefs des strélitz furent punis par le supplice, et Sophie fut enfermée dans un monastère. Dès ce moment Pierre régna seul; son frère Iwan, qui traîna encore pendant sept ans une vie languissante, n'eut d'autre part au gouvernement que de voir son nom figurer dans les actes publics.

Pierre devait à son éducation négligée des penchants vicieux : il était d'une intempérance excessive qui dégénérait quelquefois en brutalité. Ses défauts n'annonçaient guère un réformateur, et on ne pouvait s'attendre à ce qu'un prince qui frissonnait lorsqu'il fallait traverser un ruisseau, deviendrait un jour le meilleur marin de son empire. Mais la force de la volonté devait triompher chez lui de tous les obstacles. Il entreprit d'abord de donner une marine à son royaume. Une vieille chaloupe radoubée servit de modèle : Lefort, nommé amiral, compta bientôt sous ses ordres cinq petits bâtiments, et un vaisseau qui alla prendre possession de la mer Glaciale. Des Vénitiens et des Hollandais construisirent pour le czar des barques longues armées de trente canons, et capables de tenir en respect les Tartares de Crimée. Pierre se crut alors assez fort pour attaquer la Turquie engagée dans une lutte malheureuse contre l'empire. Ses petits vaisseaux battirent en effet la flotte turque ; la ville d'Azof fut prise et fortifiée avec soin (1696). Les Russes rentrèrent en triomphe à Moscou : le czar, qui avait voulu servir comme simple volontaire, suivait modestement le cortége, laissant tout l'honneur à ses généraux.

Ce premier succès ne suffisait pas au czar, qui sentit le besoin de perfectionner ses créations, et d'aller demander à l'Europe les lumières que sa patrie ne possédait pas encore. Après avoir réglé les affaires du gouvernement pour le temps de son absence, et cantonné les strélitz sur les frontières de la Crimée, il partit à la suite d'une ambassade dont Lefort était un des chefs, traversa rapidement la Pologne, le Brandebourg, et alla se faire inscrire dans les chantiers du village de Saardam, sous le nom de Pierre Michaïloff. Vêtu d'un habit grossier, partageant la nourriture et les travaux des ouvriers, qui appelaient leur compagnon *maître Pierre*, il apprit l'art de la construction dans tous ses détails, et fit partir pour Archangel un vaisseau de soixante canons sorti presque tout entier de ses mains.

En 1698, Pierre quitta la Hollande et passa en Angleterre où il étudia les mathématiques, l'horlogerie et l'astronomie, enrôlant des ouvriers pour les envoyer dans ses Etats. Il se rendit ensuite à Vienne; mais à peine arrivé dans cette ville, il apprit que les strélitz venaient de se révolter en Russie. Le czar arriva trop tard pour les vaincre : le général Gordon s'était chargé de ce soin. Mais restait la vengeance, qui fut terrible ; les cruautés avec lesquelles Pierre punit les rebelles ne peuvent pas se justifier. Non-seulement il les fit mettre à mort, mais il voulut être leur bourreau : il abattit lui-même plus de cent têtes, et les seigneurs de la cour imitèrent son exemple.

Pierre, après avoir détruit la milices de strélitz, poursuivit l'exécution de ses grands projets. Il obligea tous les enfants boyards à embrasser la carrière militaire, exigeant que, comme lui, ils passassent par tous les grades. La réforme des finances et du clergé, la régularisation des impôts, l'institution d'une chambre des comptes, et d'un *synode* ou conseil ecclésiastique chargé de l'administration des affaires religieuses, se suivirent de près. Le czar changea aussi le costume, prit l'habit court, se rasa, et, pour forcer le peuple à se soumettre à ces nouveaux usages, il fit payer à l'entrée des villes tous ceux qui conservaient la barbe et la robe longue. Pour flatter la noblesse, il institua l'ordre militaire de Saint-André ; il s'en fit le grand maître, et n'accorda cette distinction qu'avec une extrême réserve. Enfin, voulant imiter Louis XIV qui avait joint la Méditerranée à l'Océan, Pierre entreprit d'unir par un canal la mer Caspienne à la mer Baltique.

Ces travaux furent interrompus par la guerre de Suède. Une coalition redoutable venait de se former en Europe contre le jeune monarque qui occupait alors le trône de Suède, contre Charles XII. Pierre le Grand, Frédéric IV, roi de Danemark, accédèrent à cette ligue, et Charles XII reçut à l'improviste la nouvelle de l'entrée des Danois dans le Holstein, et de l'invasion des Saxons dans la Livonie. Il assembla aussitôt son conseil, et prenant la parole : « Messieurs, dit-il, j'ai résolu de ne jamais entreprendre une guerre injuste, mais j'entends bien ne finir une guerre légitime que par la ruine complète de mon ennemi. »

Charles XII fit de rapides préparatifs, établit à Stockholm un conseil de sénateurs chargés de l'administration intérieure, et le 8 mai 1700, il quitta sa capitale où il ne devait jamais revenir. La flotte suédoise, composée de quarante-trois vaisseaux, se dirigea sur Copenhague ; le débarquement des troupes se fit à une petite distance de la ville. Le roi se mit alors dans la première chaloupe; mais bientôt, emporté par son impatience et sa bouillante ardeur, il s'élança dans l'eau jusqu'à la ceinture, puis demanda à un officier la cause du sifflement qu'il entendait à ses oreilles. « C'est le bruit de la mousqueterie, répondit l'officier. — Bon, dit le roi, ce sera là dorénavant ma musique. »

Les milices danoises s'enfuirent après une faible résistance. Copenhague intimidée supplia le roi de ne point bombarder la ville. Charles XII exigea que le duc de Holstein, son allié, fût indemnisé de tous les frais de la guerre, et le roi de Danemark fut trop heureux d'accepter cette condition. Ainsi fut terminée en six semaines cette guerre entreprise par un jeune homme de dix-huit ans.

La paix venait d'être conclue, lorsque Charles XII apprit que les Russes, au nombre de quatre-vingt mille et soutenus par cent cinquante pièces de canon, assiégeaient la ville de Narva dans l'Ingrie. L'armée des Suédois ne comptait que 9,000 hommes et trente-sept pièces de canon : elle remporta néanmoins une victoire complète. Dix-huit mille Russes avaient péri dans la bataille; les Suédois n'avaient perdu que six cents hommes. Pierre, qui était absent au moment de l'action, ne perdit pas courage. « Les Suédois nous battront longtemps disait-il, mais il nous apprendront à les battre. » Charles, méprisant un ennemi si facile à vaincre, tourna ses armes contre Auguste II, roi de Pologne, qui, après avoir essuyé deux défaites, fut détrôné et remplacé par Stanislas Leczinski, protégé de Charles XII.

Dans le Nord, cependant, Pierre redoublait d'activité, établissait des manufactures de draps, des fonderies de canon, construisait une flottille de cent galères sur le lac Peipus, et, après avoir pris le fort de Notebourg sur le lac Ladoga, il s'avança de conquête en conquête jusqu'aux bords de la Baltique, et, au mois de mai 1703, il jeta les fondements de Saint-Pétersbourg à l'embouchure de la Néva. Vainqueur dans son empire, et sur mer et sur terre, le czar essaya de secourir son allié Auguste II, et dirigea cent mille Moscovites sur la Pologne. Mais telle était la terreur inspirée par les Suédois, que les Russes et les Saxons s'enfuirent au premier choc, laissant sur le champ de bataille sept mille fusils encore chargés. Charles entra dans la Saxe malgré le décret qui le déclarait ennemi de l'empire s'il dépassait l'Oder. Auguste II, poursuivi sans relâche, acheta la paix aux conditions les plus dures : il s'engageait à reconnaître Stanislas Leczinski comme roi de Pologne et à renoncer à l'alliance moscovite.

Pierre, abandonné de son allié, se roidit contre la fortune. Battu de nouveau, il fit des propositions de paix, et reçut pour réponse que le roi de Suède traiterait avec le czar à Moscou. « Mon frère Charles, dit-il alors, veut faire l'Alexandre; mais il ne trouvera pas en moi un Darius. » Son adversaire avait passé la Bérésina, et ne se trouvait plus qu'à quarante-quatre myriamètres de la capitale de la Russie, quand il marcha tout à coup vers le sud et se dirigea sur l'Ukraine, où Mazeppa, hetman des Cosaques, lui promettait un secours de 30,000 hommes. Les fatigues inouïes de cette campagne, le manque de parole de Mazeppa, 2,000 hommes tombant morts de froid le même jour, les supplications du chancelier Piper, rien ne put changer la volonté de fer du roi de Suède qui continua sa route. Le czar suivait son ennemi partout, l'affaiblissant par des escarmouches répétées. Les Russes avaient des vêtements et des vivres en abondance, et les Suédois manquaient de tout.

Charles XII vint mettre le siége devant Pultava. C'était une petite ville pouvant servir de place d'armes. Pierre l'y attendait avec 70,000 hommes. Charles XII n'avait que 18,000 Suédois; il ordonna au feld-maréchal Renschild de préparer l'attaque pour le lendemain, et dormit d'un profond sommeil jusqu'à la pointe du jour. Le 8 juillet 1709 s'engagea la bataille de Pultava. Charles, blessé au pied quelques jours auparavant, se fit mettre sur un brancard et porter par ses soldats. Les Suédois, qui avaient fait d'abord reculer les escadrons russes, furent mis en déroute, et laissèrent 9,000 morts sur le champ de bataille. Charles, emporté sur un cheval, brisé par la douleur et la fièvre, s'enfuit vers les frontières de la Turquie, et obtint d'Achmet III un asile à Bender, petite ville de Bessarabie.

La victoire de Pultava faisait passer à la Russie la prépondérance dont la Suède avait joui jusqu'alors dans le Nord. Pierre écrivit du champ de bataille à l'amiral Apraxin : « Grâce à Dieu, voici la pierre fondamentale de Pétersbourg solidement établie. » Les prisonniers suédois furent envoyés en Sibérie; Auguste II rentra en Pologne et détrôna Stanislas; presque toutes les conquêtes de Gustave Adolphe furent perdues. Le czar fit une entrée triomphale à Moscou, précédé de l'artillerie, des drapeaux ennemis, du brancard de Charles XII fracassé par deux coups de canon, et courut à de nouvelles victoires. La Carélie, la Livonie, l'Estonie furent rapidement conquises. Onze mille Suédois qui gardaient la Poméranie prirent l'engagement de ne pas quitter cette province : Charles XII, irrité d'un traité qui liait les mains aux restes de son armée, écrivit du fond de sa retraite aux sénateurs de Stockholm qu'il leur enverrait une de ses bottes pour les gouverner.

Charles XII, réfugié à Bender, excitait la Porte à déclarer la guerre à la Russie. Depuis la paix de Carlovitz, Achmet III avait eu le temps de réparer ses forces : le moment semblait venu de reprendre la citadelle d'Azof et les côtes de la mer Noire. Le czar, menacé par les Tartares, commit la même faute que Charles XII dans l'Ukraine, et laissa envelopper ses

37,000 Russes par 200,000 Turcs que commandait le grand visir Haltagi-Méhémet. C'en était fait de l'armée ; Pierre lui-même était désespéré. La czarine, jeune orpheline livonienne que Pierre avait épousée secrètement, Catherine, conseilla à son mari la voie des négociations. Méhémet, qui ignorait l'état déplorable de l'armée ennemie, accorda la paix à des conditions assez avantageuses, et Pierre récompensa Catherine en se mariant solennellement avec elle.

Cependant Charles XII, dont la présence inquiétait et fatiguait le sultan Achmet, fut forcé de quitter son asile. Après s'être battu en désespéré derrière les retranchements de sa maison, il céda au nombre, et jeta son épée en l'air pour ne pas la rendre. Enfin il se décida à quitter la Turquie. Suivi de deux officiers, vêtu d'un habit gris, d'un manteau bleu et d'un chapeau galonné d'or, il courut la poste à cheval sous le nom d'un simple officier allemand : il traversa la Hongrie, la Moravie, l'Autriche, la Bavière, le Wurtemberg, le Palatinat, la Westphalie et le Mecklembourg, et parvint en seize jours et seize nuits, sans s'arrêter, aux portes de Stralsund, à une heure du matin. De là il envoya ses ordres pour recommencer la guerre ; mais la fortune l'avait abandonné. La ville de Stralsund fut bientôt assiégée par les Prussiens. Comme elle était réduite à l'extrémité, Charles se jeta dans une barque, passa sous le canon de la flotte ennemie, et aborda en Suède, après quinze ans d'absence. Le baron de Gœrtz, son premier ministre, réussit à détacher le czar de la coalition qui avait fait tant de mal à son maître. L'Europe étonnée vit alors Charles XII abandonner une seconde fois ses Etats pour entreprendre la conquête de la Norwége; puis elle apprit tout à coup que ce monarque avait trouvé la mort sous les murs du château de Friederikshall. Une balle l'avait frappé à la tempe droite : lorsqu'on le releva, il avait, par un mouvement naturel, la main sur la garde de son épée. Charles XII était âgé de trente-six ans (1718).

Pierre le Grand alors visitait l'Europe, cette fois ne cachant plus son nom, mais voyageant en prince et jouissant de sa gloire. Après avoir visité la Hollande, il se rendit en France où il fut accueilli avec les plus grand égards. A la Sorbonne, devant le tombeau de Richelieu, on dit qu'il prononça ces paroles : « Grand homme, si tu pouvais revenir à la vie, je te donnerais la moitié de mon royaume pour apprendre de toi à gouverner l'autre. » Un traité de commerce fut signé entre la France et la Russie, et le czar ramena dans ses Etats une foule d'habiles artisans. Il était rappelé par la méfiance que lui inspirait son fils Alexis : le czar craignait que le jeune prince ne détruisît un jour son œuvre.

Alexis, d'un caractère farouche et de mœurs grossières, avait toujours montré une grande aversion pour les réformes de son père, et s'entourait de mécontents. Plus d'une fois Pierre avait menacé son fils de sa colère; le jeune prince persista dans sa conduite, et lorsqu'il apprit le retour de son père, il s'enfuit en Allemagne, puis revint à Moscou sur les instantes sollicitations du czar qui promit solennellement de lui pardonner. Pierre, au mépris de son serment, punit par les supplices les plus affreux les seigneurs attachés au jeune prince, et fit prononcer une condamnation capitale contre Alexis, qui fut empoisonné ou décapité dans sa prison. Cette mort est une tache ineffaçable pour la gloire de Pierre le Grand.

Les dernières années du règne de Pierre le Grand furent marquées par des établissements et des lois utiles. Une chambre de police fut instituée pour veiller au maintien de l'ordre; les jeux de hasard furent prohibés, les rues éclairées pendant la nuit; des hôpitaux et des canaux furent achevés. Les manufactures, l'industrie, le commerce intérieur et extérieur reçurent une impulsion vivifiante, et des réformes salutaires furent introduites dans la législation civile et religieuse.

La mort de Charles XII n'avait pas terminé la guerre avec la Suède. Pierre remporta de nouveaux succès, et la paix, signée à Nystadt en 1721, mit fin aux hostilités et le comble à la gloire du czar, qui gagnait une grande étendue de territoire et se trouvait maître de la Baltique. Pierre le Grand célébra ses victoires par une entrée triomphale à Saint-Pétersbourg, où le sénat lui décerna les titres d'*empereur* et de *Père de la patrie*. Après s'être reposé quelques instants, il attaqua la Perse déchirée par la discorde civile, et s'empara des côtes occidentales de la mer Caspienne (1723). Il mourut deux ans après, le 17 janvier 1725; Catherine venait d'être sacrée impératrice, et elle monta sur le trône d'un époux qu'elle était digne de comprendre et d'imiter.

Questionnaire.

Dans quel but la princesse Sophie avait-elle négligé l'éducation de Pierre? — Quel homme devint le confident des pensées du jeune prince? — Que fit ce dernier d'après les conseils de Lefort? — Comment déjoua-t-il la conspiration des strélitz? — Quels étaient les défauts de Pierre? — Quels furent ses premiers soins? — Quelle fut sa première conquête? — Pourquoi Pierre quitta-t-il son empire? — Où alla-t-il? — Quelles furent ses occupations? — Quel motif le rappela en Russie? — Comment punit-il les strélitz? — Quelles réformes opéra-t-il ensuite? — Dans quelle guerre s'engagea-t-il? — Quel prince occupait alors le trône de Suède? — Quelles furent les premières opérations de Charles XII? — Quel en fut le résultat? — Quelle victoire remporta-t-il sur les Russes? — Contre quel roi tourna-t-il ensuite ses armes? — Quel prince plaça-t-il sur le trône de Pologne? — Pierre se laissa-t-il décourager par sa défaite? — Que fit Charles XII? — Pourquoi se dirigea-t-il sur l'Ukraine? — Devant quelle ville mit-il le siége? — Racontez la bataille de Pultava. — Quelles en furent les suites? — Que faisait Charles XII à Bender? — Comment Pierre le Grand parvint-il à sortir de la position critique où il se trouvait? — Que fit Charles XII quand il fut forcé de quitter l'asile que lui avait donné le sultan Achmet? — En combien de jours traversa-t-il les terres de l'empire? — Où mourut-il? — Quel âge avait-il? — Pourquoi Pierre le Grand quitta-t-il une seconde fois ses États? — Quel motif le rappela bientôt en Russie? — Quel fut le sort d'Alexis? — Comment furent remplies les dernières années du règne de Pierre le Grand? — En quelle année mourut-il? — Qui lui succéda?

CHAPITRE XXVI.

*Histoire de la péninsule ibérique, depuis la paix d'Utrecht jusqu'à la fin du XVIII*e *siècle.*
*Philippe IV. — Révolte dans le royaume de Naples. — Masaniello. — Charles II. — Philippe V. — Albéroni. — Ses projets. — Sa disgrâce. — Le baron de Ripperda. — Conquête du royaume de Naples et de la Sicile. — Ferdinand VI. — Sagesse de son gouvernement. — Charles III. — Ses réformes et ses travaux. — Alphonse VI, roi de Portugal. — Jean V. — Ses prodigalités. — Joseph I*er*. — Ministère du marquis de Pombal. — La princesse Marie.*

Les deux royaumes de la péninsule ibérique, l'Espagne et le Portugal, luttaient depuis longtemps contre leur malheureuse destinée : leur décadence ne fit que s'accroître pendant le dix-huitième siècle, malgré les améliorations intérieures qu'introduisirent les princes de la maison de Bourbon. Nous raconterons en peu de mots les événements qui précédèrent en Espagne la conclusion de la paix d'Utrecht.

Philippe IV, dominé par un adroit ministre, don Louis de Haro, ne rougit pas de reconnaître le premier la tyrannie de Cromwell. Ce fut une condescendance inutile; car les Anglais, à qui l'Amérique offrait une riche proie, déclarèrent la guerre à Philippe, et ruinèrent le commerce des Espagnols. En même temps, le royaume de Naples, resté depuis longtemps paisible sous la domination de ses vice-rois, faillit se séparer de la métropole. Un impôt nouvellement établi sur les fruits et les légumes par le duc d'Arcos, fut la cause d'un soulèvement général. Un panier de figues insolemment renversé par un percepteur avait mis le peuple en fureur : un homme de basse condition, nommé Masaniello, sortant tout à coup de la foule, et devenu par instinct chef de parti, eut bientôt à sa disposition les bras de 50,000 hommes. En quelques heures le massacre fut organisé dans la ville : il serait difficile de se faire une idée des vengeances sanguinaires auxquelles se livra cette populace effrénée. Nobles et bourgeois tremblaient également devant le redoutable Masaniello, quand le peuple, dans un moment d'humeur, brisa l'idole qu'il venait d'adorer. Masaniello fut tué : son cadavre, après avoir été traîné dans les rues, fut jeté dans un égout. La multitude, guérie de sa fièvre ardente, s'ennuya bientôt de la souveraineté et rentra dans le devoir.

Presque étranger à ces événements, l'insouciant Philippe IV s'amusait à composer des tragédies, et se montrait plus jaloux de la gloire d'auteur que de celle d'un grand roi. Son fils Charles II lui succéda en 1665 encore enfant. La reine mère, chargée de la régence, suivait aveuglément les conseils du jésuite Nitard, homme plus vertueux qu'habile ministre. Les grands, jaloux de l'élévation du jésuite, parvinrent à l'écarter et à le faire expulser du royaume. Charles II, devenu majeur, n'en régna pas davantage ; comme ses prédécesseurs, il abandonna aux ministres les soins du gouvernement, et mourut sans héritier en 1700, après avoir désigné dans un testament pour son successeur Philippe d'Anjou, petit-fils de Louis XIV, qui prit le sceptre sous le nom de Philippe V.

L'Europe presque entière se coalisa aussitôt contre Louis XIV et contre l'Espagne. Mais Philippe V avait eu l'art de se faire aimer des Castillans, et Charles d'Autriche qui lui disputait le trône ne put jamais vaincre les répugnances du peuple ni se concilier son affection. Les brillantes victoires d'Almanza et de Villa-Viciosa affermirent la puissance du nouveau monarque, et la guerre se termina en 1712 par la prise de Barcelone.

L'année même de la conclusion de la paix d'Utrecht, Philippe V perdit Louise de Savoie, sa première femme. La princesse des Ursins, favorite de cette princesse, résolut de donner au roi une épouse aussi facile à gouverner que la première, et jeta les yeux sur Isabelle Farnèse, héritière de Parme, de Plaisance et de Toscane. Elle se trompa dans ses prévisions; la nouvelle reine, instruite par Albéroni des intrigues de l'altière princesse, obtint de son mari l'ordre de la faire sortir du royaume. Albéroni, fils d'un laboureur, s'était fait prêtre, et avait commencé à remplir les emplois les plus modestes. Venu en Espagne avec le duc de Vendôme, et présenté à la princesse des Ursins, il fit une fortune rapide. Il fut nommé cardinal, grand d'Espagne et premier ministre.

Devenu tout-puissant, Albéroni se crut destiné à faire de grandes choses, et entreprit de rendre à l'Espagne son ancienne splendeur. Il réorganisa la marine, attaqua l'empereur, lui enleva la Sardaigne et envahit la Sicile. La destruction de la flotte espagnole par une flotte anglaise ne déconcerta pas les vastes projets du cardinal, qui s'allia avec Charles XII et avec les Turc pour opposer l'un à l'Angleterre et les autres à l'empire ; il voulut aussi rétablir les Stuarts, priver le duc d'Orléans de la régence de France, reconquérir l'Italie. Le duc d'Orléans, instruit par hasard des projets de l'ambitieux Albéroni, les communiqua à Georges Ier roi d'Angleterre, et s'unit avec lui contre l'Espagne. Philippe V, entouré d'ennemis, disgracia son ministre qui reçut l'ordre de quitter l'Espagne sous trois semaines.

Les Espagnols rappelés d'Italie, furent envoyés en Afrique, où ils sauvèrent Ceuta assiégée par les Maures. Puis Philippe V, à qui les intrigues de cour faisaient désirer les douceurs de la vie privée, abdiqua le trône en faveur de son fils aîné don Louis (1724). Mais le jeune prince mourut au bout d'un an, et son père reprit avec peine le sceptre qu'il ne se sentait plus la force de porter. Il accorda sa confiance au baron de Ripperda, Hollandais établi en Espagne où il avait abjuré le protestantisme pour se faire catholique. Ce seigneur, envoyé à Vienne pour conclure un traité avec l'empereur, réussit dans sa mission, et fut élevé par son maître au rang de grand d'Espagne et de ministre des affaires étrangères. Ripperda se fit des ennemis par son despotisme et son incapacité. Disgracié et conduit à la tour de Ségovie, il s'échappa en en 1728, passa en Afrique, et, couronnant le reste de sa vie par une nouvelle apostasie, il se fit musulman et entra au service du roi de Maroc.

En 1734, l'infant don Carlos, fils de Philippe V et d'Isabelle, prit possession du duché de Parme, et envahit le royaume de Naples à la tête d'une armé de 30,000 Espagnols. Cette conquête, bientôt suivie de celle de la Sicile, fut garantie à l'Espagne par le traité de Vienne; l'empereur Charles VI reçut à titre d'indemnité les duchés de Parme et de Plaisance, et le roi de Sardaigne obtint une faible partie du Milanais. A peine la paix était-elle signée avec l'Autriche, que la guerre éclata de nouveau dans les colonies espagnoles: les Anglais s'emparèrent par surprise de Porto-Bello, mais leurs tentatives sur la Floride échouèrent complétement.

La mort de l'empereur Charles VI, arrivée en 1740, augmenta le désordre politique. Isabelle voulait un trône pour son second fils ; elle engagea Philippe V à se déclarer contre Marie Thérèse. La mort de ce prince, survenue en 1746, ne permit pas de continuer les hostilités. Son fils Ferdinand VI fut un des souverains les plus distingués de l'Europe et mérita le surnom de *Sage*. Secondé par un ministre habile et vertueux, il travailla au bonheur de ses sujets. Par le traité d'Aix-la-Chapelle, il obtint la souveraineté des duchés de Parme et de Plaisance pour son jeune frère, l'infant don Philippe. Il profita de ce calme passager pour corriger les abus introduits dans les finances, releva la marine, protégea le commerce, l'agriculture et les arts. Par ses soins, l'Espagne vit sortir de son sein des manufactures florissantes ; des canaux portèrent l'abondance dans les campagnes. Lorsqu'il mourut en 1759, la marine espagnole comptait cinquante vaisseaux de guerre, et le trésor public soixante millions, fruit d'une sage économie.

Don Carlos, roi de Naples, succéda à son frère sous le nom de Charles III, et céda lui-même le royaume des Deux-Siciles à son troisième fils, Ferdinand IV. Comme son prédécesseur, il encouragea l'industrie nationale, et fit tout le bien que l'on pouvait attendre d'un prince dont le règne fut traversé par des guerres désastreuses. Après avoir forcé l'empereur de Maroc à une paix honorable, il s'unit à la France contre l'Angleterre, et ne retira aucun avantage de cette alliance ; les Anglais battirent à plusieurs reprises les flottes espagnoles, et s'emparèrent de la Havane, de Cuba, de Manille et des Philippines. Charles, au contraire, fit d'inutiles et coûteux efforts pour reprendre Gibraltar. Le traité de Paris mit fin, en

1763, aux hostilités entre les puissances : l'Angleterre garda une partie de ses conquêtes, le Canada, la Grenade, Saint-Vincent, la Dominique et la côte du Sénégal; l'Espagne céda aussi la Floride et reçut la Louisiane en dédommagement.

Quelques temps après, Charles III, suivant l'exemple de Louis XV, exila les jésuites et confisqua leurs biens au profit de la couronne. Le comte d'Aranda, son premier ministre, lui conseilla de sages réformes : l'influence de l'inquisition diminuée, les moines soumis à une discipline plus sévère, une colonie de huit mille laboureurs établie à Sierra-Léone, la création de la banque industrielle de Saint-Charles, les nouvelles fabriques d'armes blanches de Tolède, l'école d'artillerie de Ségovie, la restauration de la marine militaire, tels furent les principaux travaux d'un prince qui mourut en 1788, emportant avec lui les regrets de tous les Espagnols. Il fut remplacé sur le trône par son fils Charles IV, qui devait perdre son royaume et se perdre lui-même par sa faiblesse.

En Portugal, Jean IV, petit-fils de la duchesse de Bragance, proclamé roi à Lisbonne le 1er décembre 1640, avait réveillé la fierté de son peuple, et s'appliquait à recouvrer en Asie, en Afrique et en Amérique les nombreuses colonies qui avaient appartenu à la couronne de Portugal. Les Espagnols, affectant de traiter les Portugais en rebelles, essayèrent plus d'une fois de recouvrer leur ancienne conquête; mais toutes leurs tentatives furent infructueuses, et, quelques années après, ils furent obligés de reconnaître l'indépendance du Portugal.

En 1658, le sceptre passa entre les mains d'Alphonse VI, prince sans caractère, mais dont la faiblesse, loin de ralentir les efforts de la nation, les stimula en quelque sorte plus vivement. L'importante colonie du Brésil se rallia de nouveau à la métropole. Alphonse, réduit par un frère ambitieux à l'état de misère et d'abandon où s'était trouvé Charles VI en France, ne jouit pas longtemps de la gloire de ses sujets. Les grands prononcèrent sa déchéance et le remplacèrent par son frère Pierre II, qui eut la barbarie de faire arrêter l'infortuné monarque. Alphonse, relégué à l'île de Terceira, puis enfermé au château de Cintra, expira après quinze années de captivité. Pierre, dont l'ambition était satisfaite, régna avec prudence et fermeté, conclut un traité de commerce avec la Grande-Bretagne, et eut pour successeur son fils Jean V, à peine âgé de dix-sept ans (1706).

Depuis le traité d'Utrecht (1714) jusqu'à la mort de Jean V, en 1750, le Portugal ne prit aucune part aux guerres sanglantes de l'Europe. Le nouveau roi, d'un caractère violent et sévère, substitua la monarchie absolue à la représentation nationale : il ne convoqua plus les cortès, et se livra sans contrainte à toutes ses passions. Prodigue, adonné aux plaisirs, il croyait racheter ses vices par les largesses inouïes qu'il accordait aux églises et aux monastères.

Tandis que Jean V dissipait follement les ressources de son royaume, l'agriculture et l'industrie tombaient en décadence. Les Anglais, qui s'étaient emparés du commerce du Portugal, défendirent ce royaume contre les attaques étrangères, et après de longues contestations, amenèrent la transaction qui fixa définitivement les possessions coloniales des Espagnols et des Portugais. Les premiers eurent les îles Philippines, le territoire au nord de la Plata ; les seconds eurent le pays enclavé entre l'Ybiari et l'Uruguay. Ces vastes contrées, connues, sous le nom de Paraguay, avaient été abandonnées depuis un siècle aux jésuites par la cour d'Epagne, et ceux-ci, possesseurs du territoire cédé, opposèrent des obstacles à la domination portugaise : la guerre qui en résulta fut une des causes de la chute de leur ordre.

Jean V n'était plus; son fils aîné, Joseph Ier, monté sur le trône en 1750, était un prince ignorant et dont l'éducation avait été fort négligée. Cependant son règne fut un des règnes les plus brillants de la monarchie portugaise, grâce au premier ministre Joseph Carvalho, marquis de Pombal. L'administration de cet homme extraordinaire arrêta un moment la décadence du Portugal. Les finances, le commerce, la marine, l'industrie, l'agriculture étaient réduites à l'état le plus déplorable : Pombal y porta son attention. Il ranima les manufactures par l'abolition de la loi somptuaire, qui mettait des bornes au luxe; il rassura le commerce maritime en punissant les pirateries des Barbaresques, fortifia les frontières du royaume, assura la solde de l'armée, régularisa la perception de l'impôt, et supprima les auto-da-fé. Il diminua le pouvoir de la noblesse en faisant rentrer dans le domaine de la couronne les terres aliénées en faveur de familles puissantes. Cette mesure excita de vifs murmures et même quelques démonstrations coupables. Pombal fit cesser le désordre par une sévérité tyrannique, et se débarrassa des principaux mécontents par l'exil.

L'année 1755 fut marquée par une affreuse catastrophe. Un tremblement de terre détruisit presque entièrement la ville de Lisbonne, et coûta la vie à plus de 30,0000 personnes. Pombal dans ces circonstances redoubla d'énergie et d'activité, et punit avec une sévérité excessive les malfaiteurs qui voulurent profiter des désordres inséparables d'une telle calamité. Il releva Lisbonne de ses ruines et la fit plus belle, avec des rues plus larges, des maisons plus régulières, des bâtiments publics plus magnifiques.

Après ces mesures, le ministre assura son despotisme absolu en portant un édit qui déclarait traître à la patrie quiconque résisterait aux volontés du roi. La noblesse et les jésuites réclamèrent. Ils eurent le tort d'être trop faibles : les familles les plus puissantes furent exilées, et les jésuites, d'abord chassés de la cour de Bélem, furent expulsés deux ans après, en 1759, de tout le royaume, à la suite d'un attentat contre la personne du roi. Pombal poursuivit le cours de ses utiles institutions, et fonda le *Collège royal des nobles*, destiné, malgré sa dénomination, à répandre l'instruction parmi toutes les classes. Cette institution et une rédaction nouvelle du code portugais furent les derniers bienfaits de ce grand ministre, qui se retira des affaires à la mort de Joseph Ier, en 1777.

La princesse Marie, fille de Joseph, avait épousé son oncle Pierre, qui fut proclamé roi sous le nom de Pierre III, bien que la puissance royale restât aux mains de sa femme, d'après les constitutions du royaume. La reine s'empressa de délivrer deux cents prisonniers retenus dans les cachots par l'ancien ministre, et rappela une partie des exilés. Elle termina ensuite la guerre d'Espagne, qui avait éclaté de nouveau au sujet des colonies d'Amérique, et conclut les traités de Saint-Ildefonse et du Pardo (1778). L'union qui s'établit dès lors entre les cours de Lisbonne et de Madrid arracha pour un moment le Portugal à la domination de l'Angleterre.

Quelques années après, la reine eut le malheur de perdre son époux et son fils aîné : le chagrin qu'elle ressentit de cette perte l'empêcha de s'occuper des affaires du gouvernement. L'infant don Juan remplit les fonctions de régent sans en avoir le titre, et, à la mort de sa mère, arrivée en 1816, il devint roi de Portugal sous le nom de Jean VI.

Questionnaire.

Racontez les événements qui précédèrent en Espagne la conclusion de la paix d'Utrecht. — Quelle princesse Philippe V épousa-t-il après la mort de Louise de Savoie? — La nouvelle reine se laissa-t-elle gouverner par la princesse des Ursins? — Quel fut le sort de cette dernière? — Quelle fortune fit Albéroni? — Quelles entreprises essaya ce ministre? — Réussit-il? — En faveur de qui Philippe V abdiqua-t-il? — Ne fut-il pas obligé de reprendre la couronne? — A quel homme accorda-t-il sa confiance? — Ripperda conserva-t-il longtemps le pouvoir? — Que devint-il? — Quelle conquête fit l'infant don Carlos? — Par quel traité cette conquête fut-elle garantie à l'Espagne? — Qui succéda à Philippe V? — De quels soins s'occupa Ferdinand VI? — Quels bienfaits l'Espagne lui doit-elle? — Comment gouverna Charles III, son successeur? — Quels furent les résultats de la guerre contre les Anglais? — Quelles réformes Charles III exécuta-t-il dans son royaume? — Quel fut son successeur? — Quel prince gouvernait le Portugal en 1640? — Les tentatives des Espagnols contre ce royaume réussirent-elles? — Qui succéda à Jean IV? — Quel fut le sort d'Alphonse VI? — Qui s'empara de la couronne? — Quel âge avait Jean V lorsqu'il succéda à son père? — Quelle fut sa conduite? — Comment furent fixées les possessions coloniales des Espagnols et des Portugais? — Qui succéda à Jean V? — Quel ministre gouverna la monarchie sous Joseph Ier? — Quelles réformes et quelles institutions sont dues au marquis de Pombal? — Quels reproches peut-on lui faire? — Par quel désastre fut marquée l'année 1755? — Qui succéda à Joseph Ier? — Quels événements signalèrent le gouvernement de la princesse Marie? — Pourquoi renonça-t-elle aux affaires? — Qui remplit les fonctions de régent?

CHAPITRE XXVII.

*Histoire d'Angleterre depuis l'avénement de Georges I*er *jusqu'à la paix de Versailles.*
*Georges I*er. — *Le prétendant.* — *Rigueurs exercées contre les partisans des Stuarts.* — *Guerre contre l'Espagne.* — *L'aventurier Blunt.* — *Georges II.* — *Le ministre Walpole.* — *Charles-Édouard.* — *Guerre avec la France.* — *William Pitt.* — *Insurrection des colonies d'Amérique.* — *Traité de Versailles.*

La reine Anne avait survécu peu de mois à la conclusion de la paix d'Utrecht. A sa mort (1714), l'électeur de Hanovre, Georges Ier, fut proclamé roi d'Angleterre en vertu de la loi de succession adoptée par le parlement, qui excluait les Stuarts du trône. L'âge mûr du nouveau roi et son expérience semblaient devoir lui assurer un règne paisible. Cependant de nombreuses agitations se manifestèrent à l'intérieur et enhardirent les Stuarts à revendiquer leurs droits.

La maison des Stuarts comptait encore un grand nombre de partisans, en Ecosse surtout, où le comte de Marr leva le premier l'étendard de la révolte et fit proclamer roi le fils de Jacques sous le nom de Jacques III. Le prétendant, appelé aussi chevalier de Saint-Georges, se trouvait à la tête d'une nombreuse armée et menaçait déjà la capitale, lorsque le double défaite qu'il essuya à Preston et à Dumblaine anéantit ses espérances; il fut obligé de repasser sur le continent qu'il n'atteignit qu'après avoir échappé à mille dangers. Georges Ier usa de la victoire avec barbarie; la plupart des seigneurs qui avaient embrassé la cause de Jacques III périrent sur l'échafaud. Une somme de cent mille livres sterling fut promise à celui qui livrerait le prétendant; le lord Bolingbroke et le comte d'Oxford furent rayés de la liste des pairs, et, comme les troubles continuaient, le roi fut autorisé à suspendre la loi de l'*habeas corpus :* c'était lui donner le pouvoir d'arrêter et de punir les suspects. La plupart de ces mesures avaient précédé les batailles de Preston et de Dumblaine; elles subsistèrent après la victoire.

Pendant que ces rigueurs affermissaient la puissance de la nouvelle dynastie, Georges apprit que ses possessions d'Allemagne étaient menacées par Charles XII, et que le baron de Gœrtz, ministre du roi de Suède, avait contracté une alliance avec les Russes pour assurer le triomphe des projets de son maître. Le monarque anglais s'allia à son tour avec la France, et fit arrêter immédiatement l'ambassadeur suédois. Pareille mesure fut exécutée en Hollande sur la personne du baron de Gœrtz, dont les papiers contenaient une correspondance avec le fameux Albéroni au sujet du rétablissement des Stuarts. Le parlement anglais indigné accorda à son roi un subside extraordinaire, et Georges Ier se disposait à défendre valeureusement ses possessions héréditaires, quand la mort imprévue de Charles XII le délivra de toute inquiétude. Georges déclara ensuite la guerre à l'Espagne. L'amiral Byng détruisit la flotte espagnole sur les côtes de la Sicile, et l'année suivante (1719) une nouvelle escadre, envoyée par Albéroni au secours du prétendant, fut engloutie par la tempête à la hauteur du cap Finisterre. Philippe V, effrayé de ces désastres, consentit à la paix.

A cette époque, un aventurier nommé Blunt, abusant en Angleterre de la crédulité publique, bouleversa les fortunes et causa les plus grands désordres. Les frais énormes des guerres entreprises contre Louis XIV avaient grevé l'Angleterre d'une dette de quatorze millions sterling : Blunt proposa un moyen sûr, infaillible, disait-il, d'acquitter cette dette. La fureur de l'agiotage saisit aussitôt les Anglais ; les actions de la banque de Blunt décuplèrent de valeur, et la compagnie fut forcée d'émettre une masse énorme de billets. Le prestige cessa bientôt ; les actionnaires, se voyant trompés, voulurent se débarrasser à tout prix de leurs actions, et, ces valeurs subissant une dépréciation rapide, un grand nombre de familles furent ruinées.

Le parlement, qui s'assembla en 1722, eut à juger un prétendu complot contre la personne du roi. Un jeune homme du peuple fut pendu à Tyburn sous prétexte qu'il s'était engagé au service du prétendant, et le vertueux évêque de Rochester, accusé d'avoir fait partie du com-

plot, fut dépouillé de son évêché et banni du royaume. Georges Ier obtint ensuite les subsides nécessaires à la défense de la couronne contre les entreprises de l'Espagne et de l'Autriche, unies par le traité de Vienne. Pendant qu'on faisait une levée de 140,000 hommes, trois escadres prirent la mer, une pour bloquer les ports de la Russie, l'autre pour défendre les côtes d'Espagne, et la troisième pour saisir les galions espagnols aux Indes occidentales. Au milieu de ces préparatifs, le duc de Bourbon, premier ministre en France, fut remplacé par le cardinal Fleury, dont les efforts rétablirent la paix. Georges Ier mourut à Osnabruck en 1727, avant la conclusion du traité.

Georges II succéda à son père dans ses Etats d'Angleterre et d'Allemagne. Robert Walpole, qui avait eu la confiance du défunt roi, resta premier ministre sous le nouveau monarque, et afficha publiquement un système de corruption et de vénalité qui mit le parlement à sa solde. Il se vantait même de connaître le prix de chaque Anglais, parce qu'il n'y en avait aucun, disait-il, qu'il n'eût acheté ou marchandé. Une fois pourtant, il éprouva un échec devant le parlement : il s'agissait d'un bill qui avait pour but de remédier à la fraude dans la vente du tabac. Les membres des communes, ne voyant dans la nouvelle mesure qu'un moyen détourné de créer de nouvelles charges, et par conséquent d'avoir de nouvelles créatures, refusèrent leur approbation. Le peuple manifesta sa joie par des pamphlets contre Walpole; il alla même jusqu'à le brûler en effigie. Le ministre eut l'adresse de se maintenir au pouvoir malgré la haine de ses adversaires.

Son triomphe fut toutefois de courte durée. Un article du traité de Séville, conclu avec l'Espagne, permettait à l'Angleterre d'envoyer tous les ans un vaisseau chargé de marchandises aux colonies espagnoles; le ministre en avait profité pour organiser une vaste contrebande qui lui donnait des produits considérables. La cour d'Espagne se plaignit, et, voyant ses représentations inutiles, déclara la guerre en 1739. L'amiral anglais Vernon s'empara de Porto-Bello qu'il livra au pillage, mais il échoua contre Carthagène, et les suites de cette dernière expédition soulevèrent un tel mécontentement que Walpole résigna ses fonctions. Sa chute causa une allégresse générale, mais ne porta pas grand remède aux abus.

La guerre avec l'Espagne continuait toujours, et Georges, qui craignait pour ses possessions de Hanovre, venait de s'allier à Marie-Thérèse et de remporter sur les Français la victoire éclatante de Dettingen (1743). Les Anglais furent vaincus à leur tour à Fontenoi, et Georges II dut retourner promptement en Angleterre pour s'opposer aux tentatives du prince Charles-Edouard, qui venait de débarquer en Ecosse, où la population se soulevait encore au nom des Stuarts. Charles-Edouard s'intitula régent pour son père Jacques III, et s'empara sans difficulté de la ville d'Edimbourg : chaque jour de nombreux corps de montagnards venaient grossir sa petite armée. Les troupes anglaises furent battues à Preston-Pans ; le vainqueur, après avoir soigné les blessés et défendu d'attenter aux jours de Georges II, s'avança rapidement vers le sud. Georges arrivait alors à la tête de douze mille hommes de troupes de Flandre et de Hollande. La position du jeune prince, qui ne comptait que six mille défenseurs, devenait critique ; il résolut d'en sortir par son courage, prit la ville de Carlisle, et, marchant vers Londres, il pénétra jusque dans le centre du royaume. La bataille de Falkirk, qu'il gagna, releva un instant ses espérances, mais celle de Culloden, qu'il perdit en 1746, les ruina complétement. Vaincu, fugitif, errant de forêt en forêt et d'île en île, obligé quelquefois de se cacher dans le creux des rochers, toujours prêt à tomber entre les mains des ennemis, il se vit exposé aux plus cruels revers de la fortune, et les supporta avec une égalité d'âme qui intéressa l'Europe à son malheureux sort. Il parvint enfin à s'échapper de l'Angleterre, et aborda en France ; mais il y fut en butte à une lâche persécution, et vit avec douleur que ce royaume n'était plus l'*asile des rois malheureux*.

Par le traité d'Aix-la-Chapelle, signé en 1748, les conquêtes étaient restituées de part et d'autre, de sorte que les Anglais, loin de tirer avantage d'une si longue guerre, virent leur dette nationale s'élever à la somme de quatre-vingts millions sterling. Les diverses mesures employées pour réparer ce désastre ne répondirent pas au vœu de la nation : les encouragements accordés à la pêche maritime, le licenciement d'une partie des troupes, le défrichement de l'Acadie, cédée par la France à l'Angleterre, ne firent que retarder les difficultés. D'ailleurs la paix ne pouvait durer : l'Angleterre se montrait jalouse de l'accroissement de la marine française; puis l'incertitude des limites frontières des deux États dans leurs possessions d'Amérique devenait une cause permanente de disputes. Les Anglais commencèrent la rupture : ils violèrent le droit des gens, et, par une odieuse piraterie, s'emparèrent de trois cents vaisseaux marchands et de huit mille matelots. Par de justes représailles, le maréchal de Richelieu attaqua l'île de Minorque et s'empara de Mahon. Le malheureux amiral Byng, accusé d'avoir manqué à son devoir en ne secourant pas cette île, fut abandonné par le ministère à la rage du peuple, et condamné à mort : il subit avec fermeté cette inique sentence.

Les hostilités ne se bornèrent pas à une guerre maritime; le choc des deux puissances amena en Europe une conflagration générale qui dura sept ans. Le ministère anglais, toujours odieux à la nation, s'était adjoint, pour apaiser l'opinion publique, un homme aimé du peuple, l'habile et l'éloquent William Pitt, qui poussa avec vigueur la guerre du côté de l'Amérique. Les Anglais prirent le cap Breton, plusieurs ports importants, et entre autres le fort de Niagara, qui établissait la communication du Canada et de la Louisiane. Enfin le général Wolf conduisit les Anglais jusque sous les murs de Quebec. Le général français, marquis de Montcalm, l'y attendait : les deux généraux périrent dans la bataille, mais la ville se rendit le lendemain aux Anglais. La prise de Montréal entraîna la perte de tout le Canada.

Georges II mourut au milieu de ces brillants succès dus à l'habileté de William Pitt, et laissa la couronne à son fils Georges III, en 1760. Malgré les besoins du gouvernement et l'accroissement de la dette, le nouveau roi continua les hostilités. En 1761, les Anglais s'emparèrent de Belle-Ile sur les côtes de France, et détruisirent plusieurs villes françaises aux Indes orientales. Les pertes successives de la Martinique, de Saint-Vincent, de la Grenade, décidèrent la France à signer le traité de Paris ; quelque temps après, celui d'Hubertsbourg acheva la pacification de l'Europe (1763).

Mais les excessives dépenses de la Grande-Bretagne étaient toujours au-dessus des avantages que lui procuraient ces traités. A peine sorti de cette guerre, Georges III fut obligé d'en entreprendre une autre, dont les résultats devaient être funestes pour l'Angleterre. L'*édit du timbre*, envoyé aux colonies septentrionales de l'Amérique, avait indisposé les esprits ; plusieurs ministres se retirèrent successivement. Pitt, qui rentra aux affaires avec le titre de comte de Chatam, ne put empêcher ses collègues d'imposer des droits sur le thé, le verre, le papier et les couleurs importées en Amérique, et se retira de nouveau. Lord North, qui lui succéda, maintint l'impôt du thé, et les Américains, plutôt que de céder, renoncèrent à l'usage de cette boisson, et jetèrent à la mer plusieurs cargaisons de cette denrée, que les Anglais avaient expédiées au port de Boston. Georges III ne voulut pas entrer en composition avec des sujets rebelles; en persistant à demander une réparation éclatante, il ne fit que hâter l'insurrection des colonies, qui proclamèrent leur indépendance dans le congrès général réuni à Philadelphie. Cette guerre fut terminée en 1783 par le traité de Versailles, et l'Angleterre fut forcée de reconnaître l'indépendance des Etats-Unis de l'Amérique septentrionale. Georges III régnait encore, et devait encore occuper le trône pendant quarante ans.

Questionnaire.

Quel prince succéda à la reine Anne sur le trône d'Angleterre? — Dans quelle contrée la maison des Stuarts avait-elle surtout des partisans? — Sous quel nom était connu le prétendant? — Où fut-il vaincu? — Comment Georges Ier usa-t-il de la victoire? — Quelles guerres eut-il ensuite à soutenir? — Quel en fut le résultat? — Comment les fortunes furent-elles bouleversées en Angleterre? — Quel complot le parlement eut-il à juger? — Quels préparatifs faisait Georges Ier lorsqu'il mourut? — Qui lui succéda? — Quel homme fut premier ministre? — Quels étaient les principes de Walpole? — A quelle occasion se retira-t-il du pouvoir? — Contre qui Georges II eut-il à combattre? — Quels succès remporta d'abord Charles-Edouard? —

Où fut-il vaincu? — Que devint-il? — A quelle somme s'élevait alors la dette de l'Angleterre? — Pourquoi la guerre fut-elle continuée? — Que firent les Anglais? — Comment se vengea le maréchal de Richelieu? — Quel fut le sort de l'amiral Byng? — Quel homme habile fit alors partie du ministère anglais? — Quels événements se passèrent en Amérique? — Qui succéda à Georges II? — La guerre fut-elle continuée? — Quelles pertes fit la France? — Quels traités furent signés? — Quelles causes amenèrent l'insurrection des colonies de l'Amérique? — Quel fut le résultat de cette guerre? — Georges III régnait-il encore?

CHAPITRE XXVIII.

Histoire de la Prusse pendant le XVIIIe siècle.

Electeurs de Brandebourg. — Frédéric Ier, roi de Prusse. — Frédéric Guillaume Ier. — Ses goûts. — Ses travaux. — Sa rigueur envers son fils. — Frédéric II. — Ses qualités. — Ses premiers succès. — Conquête de la Silésie. — Bataille de Kollin. — Suite des hostilités. — Paix d'Hubertsbourg. — Travaux de Frédéric. — Ses réformes. — Ses institutions.

Les rois de Prusse, dont l'importance politique fut si grande au dix-huitième siècle, descendent de Frédéric, burgrave de Nuremberg, de la maison de Hohen-Zollern. Ce prince, après avoir rendu de grands services à l'empereur Sigismond, en avait obtenu le margraviat de Brandebourg, et quelque temps après le titre d'électeur. Ses successeurs prirent à tâche d'agrandir la puissance fondée par l'ancien burgrave de Nuremberg; remarquons parmi eux Georges-Guillaume, célèbre par la part active qu'il prit à la guerre de trente ans, et surtout Frédéric-Guillaume, surnommé le *grand électeur*. Frédéric II, arrière-petit-fils de ce prince, nous apprend dans ses mémoires que son bisaïeul avait toutes les qualités qui font les grands hommes, qu'avec peu de moyens il fit de grandes choses, et rendit florissant un Etat qu'il avait trouvé pauvre et presque ruiné. Lorsque le même Frédéric II fit transporter les corps de ses ancêtres dans la nouvelle cathédrale de Berlin, il voulut voir celui de Guillaume; après l'avoir considéré longtemps en silence et les larmes aux yeux : « Messieurs, dit-il aux assistants, celui-ci a fait beaucoup. »

En 1701, l'électeur de Brandebourg, Frédéric, fut reconnu roi de Prusse par la cour de Vienne sous le nom de Frédéric Ier. Il se couronna lui-même à Kœnigsberg. C'était un prince généreux, magnifique, ami du luxe, prodiguant l'argent sans mesure. Il augmenta son état militaire et entretint une garde brillante, orna la Prusse de beaucoup de monuments, et fonda l'université de Halle, l'académie de peinture de Berlin, et la société royale des sciences et belles-lettres. Après avoir prit part à la grande lutte de l'Europe contre Louis XIV, qui avait refusé de le reconnaître comme roi, Frédéric Ier mourut en 1713.

Frédéric-Guillaume Ier, son fils, lui succéda, et, trouvant le royaume en paix, s'occupa des affaires intérieures, et rétablit l'ordre dans la justice et les finances. Il était très-économe; il supprima les fêtes et les jeux, réforma une foule de dignités inutiles, montra une grande simplicité dans ses vêtements, et n'eut qu'une seule ambition, celle d'accroître les forces militaires de la Prusse. Aussi fut-il surnommé le *roi sergent* : le roi d'Angleterre, Georges II, ne l'appelait même que *mon frère le caporal*. Son amour-propre était d'avoir des soldats de haute taille, choisis dans toutes les provinces du royaume et soumis à la discipline la plus sévère : ses grenadiers de Postdam, tous remarquables par leur stature colossale, sont devenus célèbres dans l'histoire.

Frédéric-Guillaume se trouvait à la tête d'une armée de quatre-vingt mille hommes. Ces forces imposantes le firent enfin reconnaître de la France et de l'Espagne, et lui permirent d'ajouter à ses Etats héréditaires de nouvelles acquisitions. La Prusse comprit alors, outre l'électorat de Brandebourg et la Prusse teutonique, les duchés de Clèves et de Magdebourg, plusieurs principautés, entre autres celle de Neufchâtel, enfin la ville et le duché de Gueldres. Les folles entreprises de Charles XII fournirent à Frédéric un prétexte pour se joindre à la ligue qui s'était formée contre le roi de Suède : la Prusse y gagna les îles d'Usedom, de Wollin, les villes de Stettin, de Golnow, et une partie de la Poméranie. Frédéric-Guillaume, s'isolant ensuite autant qu'il le put des guerres de l'Europe, s'occupa d'abord de repeupler les provinces dévastées en y introduisant des colonies suisses et allemandes. Les étrangers qui établissaient des manufactures dans les villes, ceux qui y faisaient connaître des arts nouveaux, étaient récompensés par des priviléges honorables. La résidence de Postdam, jusqu'alors simple maison de plaisance, devint une belle ville; le roi y fonda un hôpital destiné à l'entretien et à l'éducation des enfants de ses soldats.

Frédéric-Guillaume n'aimait ni les savants ni les philosophes : il avait surtout en aversion les modes et les habitudes françaises. Il avait banni toute étiquette de sa cour, et poussait la simplicité jusqu'à haïr les beaux-arts. Il avait des goûts peu relevés, tels que ceux d'aller fumer et boire de la bière dans les tavernes avec ses généraux. Il avait un fils, né en 1744. Ce jeune prince, appelé Charles-Frédéric, ne pouvait cacher son aversion pour la vie de la cour; il cultivait les arts, et faisait des vers malgré son père. Maltraité par lui, il forma le projet de se soustraire par la fuite à ses brutalités, et associa à ce projet un jeune officier son ami, nommé Katt. Le roi de Prusse les fit arrêter et condamner à mort. Katt fut exécuté sous les yeux de son ami, et le prince ne dut la vie qu'à l'intervention des puissances étrangères. Il resta encore un an en prison à Custrin.

Lorsque Frédéric avait fait la revue de ses troupes, il allait se promener à pied dans la ville. Alors tout le monde s'enfuyait, les femmes surtout qu'il renvoyait à coups de canne en disant : « Les honnêtes femmes restent toujours dans leur ménage. » Un jour il en surprit plusieurs qui se promenaient sur la grande place d'exercice ; il appela aussitôt des soldats, fit apporter des balais et obligea les dames à balayer la place pendant une demi-heure. Ce prince, du reste toujours occupé du bien de ses États, vrai dans ses promesses, austère dans ses mœurs, mourut le 31 mai 1740. Il laissait à son fils Frédéric II une armée redoutable, des généraux pleins d'expérience et un trésor de huit millions d'écus.

Frédéric II, élevé à l'école du malheur, avait un génie vaste, vif et rapide, une promptitude qui réunissait le projet à l'exécution, la science de la guerre portée à son plus haut point, une vie dure, agissante, infatigable, un fonds inépuisable de ressources dans les circonstances critiques. L'année même de son avénement, il put mettre ces qualités à l'épreuve. L'empereur Charles VI venait de mourir, et de nombreux rivaux disputaient à Marie-Thérèse l'héritage paternel. Frédéric, dont les ancêtres s'étaient montrés si longtemps fidèles alliés de l'Autriche, s'unit aux ennemis de Marie-Thérèse, envahit tout à coup la Silésie, où il ne trouva qu'une faible résistance, et, par la victoire de Molwitz (1741), fut bientôt maître des places les plus considérables. Le traité de Breslau lui assura la possession du comté de Glatz en Bohême et de la basse Silésie. Mais en 1744, jaloux des succès de Marie-Thérèse, le roi de Prusse reprit les armes et s'empara de la ville de Prague ; repoussé en Silésie par le prince Charles de Lorraine, il se maintint en possession de sa conquête par la victoire de Friedberg remportée sur les Autrichiens et les Saxons.

La paix de Dresde, signée en 1745, procura quelques instants de repos aux combattants : Marie-Thérèse confirmait la cession de la Silésie, et Frédéric II reconnaissait comme empereur François de Lorraine. Mais on se préparait en silence des deux côtés : l'Autriche, la France et la Russie s'unirent dans le but de resserrer la Prusse dans ses anciennes limites. Frédéric II prévint brusquement ses ennemis, et commença la guerre de sept ans (1756). Il assiégeait la ville de Prague après avoir battu les Saxons, lorsque le maréchal Daun, à la tête des Autrichiens, lui présenta la bataille à Kollin (1757). Frédéric y perdit ses meilleurs grenadiers ; les voyant, repoussés six fois de suite, hésiter à l'ordre d'une nouvelle attaque, il accourut en personne en s'écriant : « Voulez-vous donc vivre éternellement ? » Et cette singulière exhortation les décida à une septième attaque non moins inutile que les précédentes. Frédéric vaincu battit en retraite. La même année, les Russes étaient vainqueurs à Jagendorf, et les Français défirent près d'Hastembeck l'armée anglo-hanovrienne, et lui imposèrent la honteuse capitulation de Closter-Seven. Frédéric, menacé à la fois par quatre armées et mis au ban de l'Empire, semblait perdu, lorsque, par une révolution subite de la fortune, il remporta deux victoires consécutives à Rosbach et à Lissa, et recouvra toute la Silésie en huit jours.

La campagne suivante s'ouvrit par le siége d'Olmutz, que le roi commandait en personne. Daun, après avoir recruté une nouvelle armée, sauva cette place importante. Quelque temps après, une bataille fut livrée à Zorndorf (1758); les Russes commandés par Fermer, et les Prussiens par Frédéric, s'attribuèrent également la victoire. Mais le combat de Hoc-Kirchen fut plus décisif : le camp des Prussiens, leurs tentes, leurs munitions, tombèrent au pouvoir du comte Daun, et Frédéric, rassemblant à la hâte les débris de son armée, trouva cependant le moyen de faire lever le siége de Neiss qui était à la veille de se rendre. En 1760, Frédéric, vainqueur à Torgau, refoula les Russes en Pologne, et reprit les deux tiers de la Saxe. Mais l'année suivante, il fut assiégé dans son camp par les Russes et les Autrichiens ; il paraissait perdu, lorsque la mort de la czarine Elisabeth, en 1762, vint à son secours, et changea l'état des affaires. Le successeur d'Elisabeth, Pierre III, plein d'enthousiasme pour Frédéric II, fit alliance avec la Prusse.

Après tant de sang inutilement répandu, la paix fut signée à Hubertsbourg, et les choses furent remises sur le pied où elles se trouvaient avant la guerre. Mais la Prusse et surtout la Silésie étaient ruinées, bouleversées ; l'ordre avait disparu, et dix-sept batailles avaient moissonné la fleur de la population. Le roi, instruit par le malheur, s'efforça de réparer les désastres, de guérir les maux du royaume. Il releva les ruines de trois cents villages, fortifia des villes, diminua les impôts, appela en Silésie des colons français, réforma les colléges et créa une banque nationale. Il interdit la mendicité, fonda des hôpitaux, introduisit de l'ordre et de la régularité dans les procédures, desséchа les marais qui s'étendaient sur les rives de l'Oder, et construisit un port à l'embouchure de ce fleuve. Des manufactures s'élevèrent à Berlin, à Postdam, à Francfort, à Magdebourg; un canal joignit l'Oder à la Vistule; des digues immenses prévinrent désormais l'inondation de cent mille hectares de terre, et tel fut l'accroissement de l'agriculture, que la Prusse, qui semblait condamnée à la stérilité, put fournir à la nourriture des peuples voisins.

Pendant que la Prusse s'élevait au rang des nations les plus puissantes, la Pologne, affaiblie de plus en plus par ses divisions intérieures, touchait à sa ruine. L'histoire doit reprocher à Frédéric d'avoir consenti au partage de ce malheureux royaume, et de s'être fait l'instrument de cette odieuse iniquité en recevant pour sa part la Poméranie, les palatinats de Culm et de Marienbourg, et quelques autres districts. Du moins Frédéric introduisit dans cette nouvelle partie de ses États les réformes qu'il avait opérées dans la Prusse royale. Les villes furent rebâties et repeuplées, les lois révisées, les contributions établies d'une manière régulière.

Cinq ans après le partage de la Pologne, les

prétentions que l'impératrice éleva sur la Bavière donnèrent lieu à une guerre de courte durée : Frédéric II eut la gloire d'être l'arbitre des prétendants. Il mourut à Sans-Souci, près de Postdam, le 17 août 1786, dans sa soixante-quinzième année.

Frédéric II cultivait les lettres et entretenait des correspondances avec les poëtes, les littérateurs et les savants les plus distingués de son siècle. Mais il se montra peut-être trop jaloux pour un souverain d'obtenir une réputation littéraire. Le temps a fait justice des poésies royales. Ce n'est plus le poëte que la postérité admire dans Frédéric, c'est le tacticien, le guerrier qui fit de si beaux exploits militaires, qui déconcerta ses ennemis par la hardiesse et la rapidité de ses marches, qui enfin mérita le nom de *Grand* en déployant les ressources inépuisables de son génie.

Questionnaire.

De qui les rois de Prusse descendent-ils ? — Parmi les électeurs quels sont les plus remarquables ? — En quelle année l'électeur Frédéric fut-il reconnu roi ? — Quel était le caractère de ce prince ? — Quel fut son successeur ? — De quels soins s'occupa Frédéric-Guillaume Ier ? — Comment le surnommait-on ? — Quelles forces put-il mettre sur pied ? — Quelles provinces comprenait alors la Prusse ? — A quels travaux le roi donna-t-il son attention ? — Quels étaient ses goûts ? — Son fils les partageait-il ? — Quel projet forma-t-il ? — Qui associa-t-il à ce projet ? — Comment le roi punit-il ce prince et son complice ? — En quelle année mourut Frédéric-Guillaume ? — Qui lui succéda ? — De quelles qualités était doué Frédéric II ? — Quels furent ses succès dans la guerre contre Marie-Thérèse? — Pourquoi commença-t-il la guerre de sept ans? — Quel fut le résultat de la bataille livrée à Kollin? — Par quelles victoires Frédéric répara-t-il cette défaite? — Racontez la suite des hostilités. — Quel événement mit fin à la guerre? — Quels travaux entreprit Frédéric II? — Quel fut le sort de la Pologne? — En quelle année mourut Frédéric II? — Combien de temps avait-il régné? — Pourquoi a-t-il mérité le surnom de *Grand?*

CHAPITRE XXIX.

Histoire de l'Empire pendant le XVIIIe siècle.

Léopold, empereur. — **Les Turcs en Hongrie.** — *Révolte des Hongrois.* — *Siège de Vienne.* — *Jean Sobieski.* — *Le prince Eugène.* — *Le duc de Marlborough.* — *Succès des impériaux.* — *Joseph Ier, empereur.*—*Revers des armées françaises.*—*Charles VI, empereur.* — *La pragmatique sanction.* — *Marie-Thérèse.* — *Dévouement des Hongrois.* — *Défaite de l'électeur de Bavière.* — *Traité d'Aix-la-Chapelle.* — *Administration de Marie-Thérèse.* — *Joseph II, empereur.*

Avant de raconter les guerres désastreuses de la succession d'Autriche, nous dirons quelques mots des principaux événements qui se passèrent en Allemagne pendant la seconde moitié du dix-septième siècle. L'empereur Ferdinand III étant mort en 1657, les électeurs élevèrent sur le trône impérial Léopold d'Autriche; mais ils lui firent acheter ce titre par des sacrifices qui le dépouillaient de toutes ses prérogatives et ne lui laissaient plus qu'un vain nom : ce prince ne fut plus roi que dans ses Etats héréditaires. Jusqu'alors les empereurs avaient toujours protégé les villes libres pour s'en aider ensuite eux-mêmes contre les seigneurs; il leur fallut renoncer à ce droit, et les princes ne se firent aucun scrupule de violer les priviléges de ces villes, dès qu'ils en eurent les moyens, par l'établissement d'une milice permanente.

Pendant que les libertés des villes se perdaient peu à peu, les Turcs, pénétrant dans la Hongrie, avaient obtenu de grands avantages. Le prince de Bade et Montécuculli, envoyés par l'empereur, changèrent la face des affaires en repoussant les ennemis; soutenus par un corps de six mille Français, ils défirent les Ottomans à la journée de Saint-Gothard, en 1664, après un combat sanglant où la victoire resta longtemps douteuse. Les Turcs battus, mais non affaiblis, conclurent une paix déshonorante pour l'Empire d'Allemagne: on leur permettait de conserver leurs conquêtes et d'exiger un tribut du prince de Transylvanie. Alors les Hongrois se soulevèrent et voulurent se donner un roi qui pût défendre leurs priviléges et recouvrer leurs libertés.

Le jeune comte Tékeli se mit à la tête des mécontents, promit aux Turcs un tribut considérable et les appela dans l'Empire. Deux cent mille infidèles, commandés par le grand visir Cara-Mustapha, envahissent aussitôt l'Autriche et mettent le siége devant Vienne (1683). Le brave Stahremberg, enfermé dans la capitale, arme les étudiants, les bourgeois, et oppose une vigoureuse résistance. La chrétienté était en alarme : Vienne était sur le point de succomber. Son empereur, qui n'avait pas l'énergie que le danger de sa position exigeait, restait immobile d'effroi. Enfin Jean Sobieski, roi de Pologne, vint au secours de la capitale de l'Autriche, et, secondé par le duc Charles de Lorraine, il détruisit la nombreuse armée des Ottomans et leur porta un coup terrible dont ils ne purent jamais se relever. Ingrat par vanité, l'empereur exigea de Sobieski des hommages dont il pouvait dispenser le sauveur de l'Allemagne, et ce grand homme, justement choqué de ces prétentions, retourna dans ses Etats. Le duc de Lorraine poursuivit seul les infidèles fuyant devant lui, s'empara de Bude, et acheva la soumission complète de la Hongrie, qui fut reconnue Etat héréditaire de la maison d'Autriche.

L'empereur, enorgueilli de ce succès, ne craignit point de rompre la trêve qu'il avait conclue avec les Français. Il opposa aux armées de Louis XIV le prince Eugène, petit-fils de Charles-Emmanuel, duc de Savoie, et fils d'une nièce du cardinal Mazarin. Ce prince, si peu remarqué dans sa jeunesse et destiné à l'Eglise, était désigné sous le nom de chevalier de Carignan. Il avait demandé à Louis XIV le commandement d'un régiment; mais ayant essuyé un refus, il était allé offrir ses services à l'empereur contre les Turcs, en 1683. Les courtisans du roi de France avaient jugé que ce jeune homme ne serait jamais capable de rien. Il en fut autrement. Le prince Eugène, né avec les qualités d'un héros dans la guerre et d'un grand homme dans la paix, ébranla la puissance de Louis XIV, gouverna l'Empire, et fit preuve du désintéressement le plus pur.

Un adversaire non moins redoutable pour Louis XIV était Churchil, duc de Marlborough, déclaré généralissime des troupes anglaises et hollandaises. Il gouvernait alors la reine d'Angleterre, et par le besoin qu'on avait de lui, et par le crédit que sa femme avait sur l'esprit de la reine Anne. Maître du parlement par ses amis, de la guerre par ses talents, des finances par son gendre qui était grand trésorier, Marlborough fit plus que les alliés n'osaient espérer. Il s'ouvrit par une victoire l'entrée de la Bavière, et marcha sur Donawerth à la rencontre des impériaux, qui opérèrent leur jonction dans les lieux mêmes où le maréchal de Villars avait remporté une victoire l'année précédente. La défaite de Hochstædt fut le commencement de cette série de revers qui marquèrent si tristement la fin du règne de Louis XIV. Léopold était au comble de ses vœux quand la mort vint terminer la carrière de ce prince (1705), qui ne possédait aucun talent par lui-même, mais qui avait eu le bonheur d'être servi par d'habiles généraux et d'excellents ministres. Joseph Ier, son fils, maître absolu d'un empire qui voulait abaisser la France, poursuivit vigoureusement les mesures de son père. Les deux électeurs de

Bavière et de Cologne furent mis au ban de l'Empire; la Bavière fut démembrée, et la dignité électorale rendue au comte palatin, qui l'avait perdue depuis la guerre de trente ans. L'Allemagne s'émut à la nouvelle de ces changements; le Danemark, la Suède, la Saxe, qui avaient perdu l'habitude de voir les empereurs agir en maîtres, firent des protestations solennelles, accusant Joseph Ier d'aspirer au pouvoir absolu, à la monarchie universelle.

Les opérations militaires continuèrent. Les deux victoires de Hildesheim (1705) et de Ramillies (1706), gagnées sur l'incapable Villeroi, firent perdre à la France la Flandre jusqu'aux portes de Lille. Vendôme rappelé d'Italie arrêta les progrès de Marlborough dans les Pays-Bas, pendant que les impériaux se dédommageaient en Espagne et en Italie. Ce fut au milieu de sa gloire, rehaussée encore par les journées d'Oudenarde et de Malplaquet si funestes à la France, que le jeune empereur descendit au tombeau (1711). Après un interrègne de six mois, son frère Charles VI, non moins ferme, non moins sage, continua la guerre. Mais le changement du ministère anglais et les succès de Philippe d'Anjou en Espagne, rendirent les esprits plus conciliants. D'ailleurs les autres puissances ne voyaient pas sans effroi la maison d'Autriche près de recouvrer toute sa puissance, et la victoire de Denain, remportée par Villars, amena définitivement la conclusion de la paix qui fut signée à Rastadt en 1714.

Ce traité ne délivra l'Allemagne que d'une moitié de ses ennemis. Les Turcs restaient encore à repousser. Le prince Eugène, secondé par le courage des Hongrois, vainquit les Ottomans à la journée de Péterwaradin (1716), les vainquit une seconde fois devant Belgrade, et cette forte ville tombée en son pouvoir lui permit de dicter aux infidèles la paix avantageuse de Passarowitz (1728).

Depuis cette époque jusqu'à sa mort, Charles VI ne fut occupé que de faire adopter par la diète de l'Empire la fameuse loi nommée la *pragmatique sanction*, qui assurait sa succession à sa fille Marie-Thérèse d'Autriche. Quelques-unes des puissances de l'Europe avaient refusé de garantir le maintien de cette constitution. « Au lieu de tant de négociations et de tant d'efforts, disait le prince Eugène à l'empereur, préparez une bonne armée, ménagez-vous de grandes ressources financières, et alors l'Europe acceptera vos volontés. » Charles VI, loin de suivre ces sages conseils, eut l'imprudence de favoriser les prétentions du nouveau roi de Pologne, Frédéric-Auguste, au préjudice de Stanislas, qui fut une seconde fois précipité du trône. Louis XV, pour venger la cause de Stanislas son beau-père, déclara la guerre à l'empereur; et tel fut le succès des armées françaises que Charles VI perdit en deux campagnes tout ce qu'il possédait sur les bords du Rhin. Il n'obtint la paix qu'en cédant à Stanislas Leczinski les duchés de Bar et de Lorraine qui devaient être ensuite réunis à la France.

Charles VI mourut en 1740. Cet empereur était le dernier descendant mâle de Rodolphe de Habsbourg. A peine eut-il fermé les yeux, qu'au mépris des droits de sa fille Marie-Thérèse, une foule de concurrents se présentèrent pour revendiquer un riche héritage qui se composait de la Hongrie, de la Bohême, de la Souabe, de l'Autriche, de la Styrie, de la Carinthie, de la Silésie, de la Moravie, des Pays-Bas, du Tyrol, du Milanais, des duchés de Parme et de Plaisance. Alors commença la guerre de la succession d'Autriche. L'électeur de Bavière, Charles-Albert se fit couronner roi de Bohême à Prague, et empereur à Francfort sous le nom de Charles VII. Frédéric II, roi de Prusse, commença par envahir la Silésie. Marie-Thérèse n'avait ni trésor ni armée, la capitale de l'Empire était à moitié révoltée, les Saxons avaient pénétré en Bohême, les Bavarois étaient aux portes de Vienne. Cependant cette princesse, pleine de courage et d'espoir, alla confier sa fortune aux Hongrois, les harangua en latin, leur présenta son fils Joseph II, et leur arracha des larmes de sensibilité. Ces hommes, jusqu'alors intraitables, changés tout à coup par la noble confiance de leur souverain, tirèrent aussitôt leurs sabres et s'écrièrent avec enthousiasme : « Mourons pour notre roi Marie-Thérèse ! » Fidèles à la religion du serment, les seigneurs fournirent de nombreuses troupes avec lesquelles l'impératrice battit celles de Charles VII, électeur de Bavière. Ce dernier, forcé de battre continuellement en retraite, eut à peine le temps de voir une dernière fois sa capitale. Il y mourut en 1745, et son corps, exposé à l'ancienne mode comme l'avait été celui de Charles-Quint, fut enseveli avec les cérémonies de l'Empire : on porta le globe du monde devant celui qui, pendant la courte durée de son empire, n'avait pas même possédé une petite province. Marie-Thérèse attaqua les Français avec une nouvelle vigueur, les contraignit de quitter l'Allemagne, et fit enfin couronner empereur dans Francfort François Ier, son époux. Le roi de Prusse consentit à reconnaître le nouveau souverain; mais, usant des droits de la victoire, il exigea la cession de la Silésie et du comté de Glatz.

Le théâtre de la guerre fut alors transporté en Italie, où les impériaux triomphèrent partout des armées françaises. Mais bientôt le traité d'Aix-la-Chapelle changea tout le système politique suivi par Henri IV, Richelieu et Louis XIV. La France, ennemie depuis François Ier de la maison d'Autriche, s'alliait avec elle contre le roi de Prusse, et le conseil aulique, prenant les intérêts de Marie-Thérèse, ordonnait à tous les princes de l'Empire de fournir le contingent pour l'armée. Frédéric II fit prompte justice à Rosbach de ces troupes mal organisées, et obtint presque toujours l'avantage dans cette célèbre guerre de sept ans qui appartient à l'histoire particulière de la Prusse. La paix d'Hubertsbourg (1763) mit fin aux hostilités. Frédéric II, vainqueur des Russes, des Saxons, des Français et des Autrichiens, conserva tout ce qu'il possédait au commencement de la lutte.

Deux ans après, en 1765, Marie-Thérèse perdit son époux l'empereur François Ier, chef de la maison de Habsbourg-Lorraine. Les regrets de cette perte furent adoucis par les soins qu'elle donna au bonheur de ses sujets. Elle fonda des maisons d'éducation, encouragea l'industrie et abolit la torture. Elle abandonna le soin de l'administration militaire à son fils, qui était déjà couronné roi des Romains, et qui prit le titre d'empereur sous le nom de Joseph II. On peut reprocher à Marie-Thérèse sa complicité dans le partage de la Pologne (1772). Elle obtint la Russie rouge, la Gallicie et quelques autres districts.

L'ouverture de la succession de Bavière engagea Marie-Thérèse dans une guerre avec le roi de Prusse, qui soutenait la branche palatine héritière de cet électorat. L'ambition de Joseph II lui avait fait commencer les hostilités, contre le vœu de sa mère; aussi ne cessa-t-elle de négocier, et son intervention amena un traité en vertu duquel l'Autriche renonça à ses prétentions sur la Bavière. En 1780, Marie-Thérèse mourut. Joseph II, seul empereur à l'âge de quarante ans, était un prince instruit; de nombreux voyages semblaient l'avoir pourvu d'une grande expérience. Il fonda des universités, des bibliothèques, encouragea le commerce, l'industrie et les manufactures. Mais ses projets ambitieux lui suscitèrent de grands embarras. Joseph II, qui n'avait pas renoncé à ses desseins sur la Bavière, voulut obtenir par les négociations ce qu'il n'avait pu prendre par les armes, et proposa à l'électeur de Bavière de lui céder les Pays-Bas en échange de son électorat. Cette offre fut rejetée et n'eut d'autre résultat que de donner naissance à une confédération des princes germaniques, dans le but de prévenir les empiétements de l'autorité impériale et d'assurer le maintien de la constitution de l'Empire. Mais l'époque approchait où la révolution française allait dissoudre ces inutiles confédérations, en brisant la vieille constitution impériale. Joseph II mourut en 1790 sans avoir rien accompli de ce qu'il méditait, et eut pour successeur son fils Léopold II.

Questionnaire.

Qui fut élevé sur le trône impérial après Ferdinand III ? — Par quels sacrifices Léopold acheta-t-il le titre d'empereur ? — Quelle contrée les Turcs avaient-ils envahie ? — Par qui furent-ils repoussés ? — Quel traité fit-on avec eux ? — Quel peuple se révolta ? — Qui se mit à la tête des mécontents ? — Quelle ville les Turcs assiégèrent-ils ? — Par qui Vienne fut-elle défendue et délivrée ? — Quel général l'empereur opposa-t-il aux armées de Louis XIV ? — Qui commandait les troupes anglaises et hollandaises ? — Quels succès remportèrent les impériaux ? — Qui succéda à Léopold ? — Que fit Joseph Ier ? — Quels revers essuyèrent les armes françaises ? — En quelle année mourut Joseph 1ᵉʳ? — Qui lui succéda? — Où la paix fut-elle conclue? — Quels ennemis restaient encore à combattre? — Par qui les Turcs furent-ils vaincus? — Quelle loi l'empereur Charles VI voulut-il faire adopter? — Fut-il heureux dans ses guerres? — En quelle année mourut-il? — Quelles provinces comprenait sa succession? — Marie-Thérèse put-elle la recueillir sans contestation? — Que fit cette princesse? — Quel fut le sort de l'électeur de Bavière Charles VII? — L'époux de Marie-Thérèse ne fut-il pas reconnu empereur? — Quel changement amena le traité d'Aix-la-Chapelle? — Qui fut vainqueur dans la guerre de sept ans? — Avec qui Marie-Thérèse partagea-t-elle les soins de l'administration? — En quelle année mourut-elle? — Que fit Joseph II? — Quel fut le résultat de ses prétentions au sujet de la Bavière? — Qui succéda à ce prince?

CHAPITRE XXX.

Histoire du Danemark, de la Suède et de la Russie depuis la mort de Charles XII jusqu'à la fin du XVIIIᵉ siècle.

Frédéric IV. — Incendie de Copenhague. — Christian VI. — Frédéric V. — Ses établissements. — Christian VII. — Le ministre Struensée. — Ulrique-Éléonore de Suède. — Les bonnets et les chapeaux. — Adolphe-Frédéric. — Supplice des comtes de Brahé et de Horn. — Gustave III. — Révolution en Suède. — Réformes de Gustave. — Sa mort. — Catherine Iʳᵉ. — Pierre II. — Anne et Elisabeth. — Pierre III. — Sa mort. — Règne de Catherine II. — Partage de la Pologne.

DANEMARK. Frédéric IV, fils de Christian V, était monté sur le trône de son père en 1699. Il profita de la paix pour travailler au bien-être public. Ce fut vers les colonies et le commerce maritime que se tourna son attention ; le Groenland et les Indes orientales furent l'objet de ses soins, mais ses tentatives n'eurent pas un plein succès. Vers la fin du règne de Frédéric IV, un horrible incendie éclata à Copenhague, dura quatre jours, et dévora près de trois mille maisons, l'hôtel de ville, plusieurs bibliothèques. Le roi épuisa ses trésors pour venir au secours des malheureuses victimes de cette catastrophe, et accorda aux habitants l'exemption de l'impôt pendant plusieurs années.

Frédéric IV mourut en 1730, et fut remplacé par son fils Christian VI, dont le règne ne fut guère marqué que par des règlements intérieurs et par des institutions de bienfaisance. En 1733, Christian acheta de la France l'île de Sainte-Croix, qui devint la plus florissante des Antilles danoises. Ce prince protégea les sciences, fonda des chaires nouvelles à Copenhague, un théâtre de chirurgie, le collége de médecine et la société de la langue danoise. Son fils Frédéric V, qui monta sur le trône en 1746, est un des princes les plus remarquables du dix-huitième siècle. Le jour même de son couronnement, il fonda la société générale du commerce, dans le but de rendre Copenhague l'entrepôt de toutes les marchandises de la Baltique. Il conclut plusieurs traités de commerce avec le roi des Deux-Siciles, avec les Etats barbaresques, avec la Suède, avec la république de Gênes et la Porte ottomane. En 1757, il introduisit dans le royaume des mineurs allemands pour perfectionner l'exploitation des richesses minéralogiques de la Norwége. Parmi les institutions utiles que fonda Frédéric V, il faut citer l'hôtel des invalides, le jardin des plantes, l'institut d'éducation pour les arts et métiers, enfin l'académie de peinture, sculpture et architecture. Son ministre, le célèbre comte de Bernstorf, justement surnommé le Colbert du Danemark, seconda puissamment le souverain par son zèle pour les progrès de l'industrie et des manufactures du royaume.

Christian VII succéda à son père en 1766, et fut couronné l'année suivante. Dans le but d'étendre son instruction, il partit de Copenhague, après son mariage avec Caroline-Mathilde, sœur du roi d'Angleterre Georges III, parcourut successivement l'Allemagne, la Hollande, l'Angleterre, la France, et revint dans ses Etats en 1769. Le jeune roi était plus avide de plaisirs que d'affaires sérieuses. Le médecin Struensée devint son ministre, grâce aux instances de la reine Caroline-Mathilde, dont il avait sauvé le jeune enfant. Struensée jouit d'un pouvoir absolu ; mais la légèreté de son caractère, ses mœurs dissolues, ses réformes précipitées lui suscitèrent des ennemis puissants qui le firent arrêter et condamner à mort comme coupable de haute trahison. Christian, que ses passions désordonnées avaient vieilli avant l'âge, était devenu incapable de gouverner ; son fils Frédéric fut admis au conseil comme co-régent, signala son administration par la réforme d'un grand nombre d'abus, et succéda à son père sous le nom de Frédéric VI en 1808.

Suède. Ulrique-Eléonore, sœur de Charles XII, avait gouverné la Suède, pendant l'absence de son frère, avec une sagesse digne d'éloges. Après la mort de ce prince, elle fut proclamée reine, en 1719, par les suffrages unanimes de la nation. Elle consentit à signer une constitution nouvelle qui diminuait le pouvoir royal, et associa au trône son époux Frédéric de Hesse-Cassel. Le traité de Stockholm finit les hostilités entre le Danemark et la Suède, et celui de Nystadt avec la cour de Russie. Les vingt années qui suivirent furent employées par Frédéric à adoucir les maux du pays; mais il trouva de grands obstacles dans les dissensions intestines de la Suède.

Deux partis principaux se partageaient alors l'aristocratie suédoise, et semblaient n'avoir rien de commun que le désir de perdre la patrie : c'étaient le parti français ou des *chapeaux*, et le parti russe ou des *bonnets*. On ne s'occupait plus dans les grandes assemblées que de cabales et d'intrigues, au lieu de songer à l'administration de l'Etat. Le parti des chapeaux prévalut en 1742, et les Suédois entrèrent en campagne contre les Russes. Complétement battus, ils furent contraints à des conditions de paix que la médiation de l'Angleterre rendit moins désavantageuses. Dans le cours de l'année 1751, mourut le roi Frédéric à l'âge de soixante-seize ans : il avait fondé l'académie de Stockholm, présidée par le célèbre naturaliste Linné, et publié le code civil qui régit encore aujourd'hui la Suède.

Le dernier roi ne laissait point d'enfant; Adolphe-Frédéric, de la maison de Holstein, monta sur le trône en 1751, après avoir juré la constitution de 1720. Sous ce prince, la diète consomma la ruine du pouvoir royal. Les bonnets s'unirent à la cour contre les chapeaux ; leurs principaux chefs étaient les comtes de Brahé et de Horn qui furent arrêtés, traduits devant une commission, condamnés à mort et exécutés sur la place publique de Stockholm malgré les supplications du roi et de la reine. Les chapeaux, qui par ce supplice avaient consolidé leur influence, jetèrent la Suède dans les désordres de l'anarchie. Ce fut en vain que la France essaya de faire changer la constitution par l'intermédiaire des états eux-mêmes. Les sénateurs suédois, abusant de la bonté ou plutôt de la faiblesse d'Adolphe-Frédéric, empiétaient chaque jour sur l'autorité royale, et faisaient sentir leur despotisme au monarque lui-même, lorsque ce dernier mourut en 1771.

Gustave III, son fils, lui succéda. Ce prince, doué des qualités les plus aimables, les plus propres à lui concilier l'estime et l'affection des Suédois, n'était pas moins habile à dissimuler ses projets que prompt à les exécuter. Les sénateurs, soutenus par la faction des bonnets, levaient hautement la tête, et n'allaient bientôt plus se contenter de diminuer chaque jour la prérogative royale. Gustave résolut de se débarrasser de ses ennemis, et commença par réunir à Stockholm un corps de cent cinquante officiers dévoués, sous le prétexte de les exercer à des manœuvres militaires. Il conduisit son plan avec une rare prudence, ne négligeant ni les séductions ni les caresses pour se faire un grand nombre de partisans et gagner les troupes. Les factieux méditaient, de leur côté, les projets les plus sinistres contre la personne du roi.

Gustave, décidé à agir promptement, monte à cheval, harangue les troupes et reçoit leur serment de fidélité. Les plus vives acclamations se font entendre. Les sénateurs, assemblés au conseil, quittent la séance pour connaître la cause du tumulte; trente grenadiers, la baïonnette au bout du fusil, les forcent de rétrograder, et les enferment à clef. Puis on les installa dans les divers appartements du château, qu'ils ne quittèrent que trois jours après, le roi n'ayant pas jugé à propos de les laisser assister à la nouvelle assemblée des états. Tous les chefs du parti des bonnets furent arrêtés sans la moindre résistance. Pendant ce temps, Gustave, l'épée à la main et suivi de tous les officiers, visitait les différents corps de la garnison, et leur faisait prêter serment. Dans l'espace de deux heures, le roi, qui s'était levé le matin le prince le plus limité de l'Europe, se rendit aussi absolu à Stockholm que le grand seigneur l'est à Constantinople. Gustave défendit les noms de chapeaux et de bonnets, proclama une amnistie, et donna une nouvelle constitution qui faisait une large part à la royauté, mais étendait aussi les libertés publiques. Cette singulière révolution n'avait pas coûté une goutte de sang.

Gustave travailla avec constance au bonheur de ses sujets, s'attachant à détruire la vénalité de la justice, et cherchant à corriger tous les détails de l'administration intérieure. La marine, l'armée, l'instruction publique furent l'objet de ses soins. En 1778, il convoqua les états de Stockholm, et ce fut avec un certain orgueil qu'il leur exposa les résultats des six premières années de son règne. On lui témoigna une solennelle reconnaissance; mais les nobles gardaient au fond du cœur un vif ressentiment. En 1788, la guerre ayant éclaté entre les Russes et les Suédois, Gustave envahit la Finlande, voulant marcher jusqu'à Saint-Pétersbourg; mais l'insubordination de ses officiers le força de renoncer à ce dessein. La paix de Wérébro (1790) mit fin aux hostilités. La révolution française venait d'éclater : Gustave III songeait à s'armer en faveur de Louis XVI, quand, le 16 mars 1792, le colonel Ankarstroem le tua d'un coup de pistolet, dans un bal masqué à Stockholm. Le duc de Sudermanie, frère de Gustave III, fut chargé de la régence du royaume, pendant la minorité de Gustave IV.

RUSSIE. Le règne de Catherine Ire, qui succéda à Pierre le Grand, en 1725, ne dura que deux ans. Elle désigna pour son successeur le fils d'Alexis, qui avait péri si cruellement sous le dernier règne. Ce prince, qui porta le nom de Pierre II, n'avait encore que onze ans. Le prince Menzicoff s'empara de l'autorité suprême durant la minorité du jeune czar, et porta ses vues jusque sur le trône. Il allait marier une de ses filles avec Pierre II, lorsqu'il fut tout à coup dépouillé de ses dignités, de ses immenses richesses, revêtu d'un habit de paysan, et relégué avec toute sa famille dans les déserts de la Sibérie. Le prince Dolgorouki, auteur de cette intrigue, et héritier de la puissance de son rival, eut bientôt après le même sort que lui, et fut exilé dans les mêmes solitudes.

Pierre II étant mort à l'âge de seize ans, les boyards reconnurent pour impératrice Anne Iwanowna, nièce de Pierre le Grand et duchesse douairière de Courlande. Biren, favori de l'impératrice, exerça l'autorité la plus absolue et se signala par d'atroces cruautés et d'affreuses proscriptions. Il peupla la Sibérie de nobles Russes, et on compte trente mille victimes de sa tyrannie qui allèrent périr dans ces déserts. Au dehors les armes russes furent heureuses, et Anne récompensa son favori en lui donnant le titre de duc de Courlande, au moment même où cette riche province venait d'être réunie à la Russie.

Anne Iwanowna mourut en 1740, laissant le trône au jeune Iwan VI, sous la tutelle d'Anne de Mecklembourg, sa mère, et sous la régence du duc de Courlande. Mais une fille de Pierre le Grand vivait encore : c'était Elisabeth Pétrowna, qui, moitié par ruse, moitié par force, se trouva bientôt maîtresse du trône paternel. Le jeune Iwan, surpris pendant son sommeil, fut renfermé dans une citadelle; la grande-duchesse Anne, également arrêtée la nuit, fut conduite hors de l'empire avec son époux.

Durant dix-sept années de règne, Elisabeth, aussi douce et affable pour ses sujets que prudente dans les affaires extérieures, prit une part active aux guerres de l'Europe, et vit ses armes heureuses en Suède et en Pologne. Elle se préparait à renverser le nouveau royaume de Frédéric II, roi de Prusse, quand la mort l'enleva en 1762. Elle avait désigné pour lui succéder Pierre de Holstein, son neveu, marié depuis quelques années à la célèbre Catherine d'Anhalt-Zerbst. Le czar, admirateur passionné du grand Frédéric, qu'il appelait le *roi mon maître*, lui rendit, aussitôt après son avénement, toutes les conquêtes que les armées russes avaient faites sous Elisabeth. Les réformes qu'il entreprit avaient soulevé contre lui une foule de mécontents, et il songeait à de nouveaux projets quand une catastrophe soudaine le priva du trône et de la vie. Dans la nuit du 8 juillet 1762, Catherine qui avait gagné d'avance les officiers, fut proclamée impératrice et se rendit, suivie de dix mille hommes, à l'église de Casan, où l'archevêque de Novogorod, en habits pontificaux, lui plaça sur le front la couronne des czars. A cette nouvelle, Pierre III, au lieu d'agir et de se sauver par son courage, écrivit à Catherine pour implorer son pardon. Livré à ses ennemis, il fut transporté dans une maison de campagne et étranglé par le comte Orloff, le chef des conjurés.

Après ce crime, Catherine ne songea qu'à étendre les limites de ses Etats, et commença par forcer les Polonais à mettre sur leur trône un de ses favoris, Stanislas Poniatowski. Puis apprenant que des complots se tramaient contre elle à Pétersbourg, elle se vengea par les supplices, et le malheureux Iwan, le légitime héritier de Pierre III, paya de sa tête les complots faits en son nom, mais auxquels il était étranger. Quelque temps après elle déclara la guerre à la Porte, et les Turcs, battus plusieurs fois, perdirent la réputation de grandeur qu'ils avaient conservée en Europe.

Catherine, après s'être mise en possession de la Crimée, que lui céda le kan Guéraï, dernier rejeton de Gengiskan, après avoir dispersé quelques tribus rebelles des Cosaques, se livra entièrement à l'étude des lettres et de la philosophie, pendant que ses généraux poussaient la guerre avec vigueur. Le prince Potemkin, à la prise d'Oczakow (1788), fit passer au fil de l'épée toute la garnison turque. L'année suivante, Suwarow s'empara de Bender et d'Ismaïloff, où trente mille Turcs tombèrent sous le glaive des vainqueurs; pour s'épargner la peine de faire des prisonniers, le barbare Suwarow prolongea le combat afin de détruire un plus grand nombre d'ennemis. La paix de Jassi, signée en 1792, termina la guerre et établit le Dniester pour limite commune entre les deux empires.

Catherine tourna alors ses vues sur la Pologne, et d'accord avec l'Autriche et la Prusse, elle contraignit Stanislas Poniatowski d'abdiquer le trône. Les troupes russes et prussiennes envahirent ce malheureux pays qui comptait onze cents ans d'existence politique et qui perdit entièrement son indépendance. Ce fut alors que le brave Kosciusko, déjà célèbre par ses exploits et qui avait combattu avec éclat en Amérique pour la cause de l'indépendance, se mit à la tête de ses compatriotes et se dévoua à la cause de la liberté commune. Mais après des prodiges d'héroïsme, il fallut succomber. Le roi de Prusse prit Cracovie par trahison; Kosciusko fut fait prisonnier, et Varsovie, assiégée par Suwarow, fut forcée de capituler. Alors fut consommée la grande iniquité; la Russie, la Prusse et l'Autriche se partagèrent les débris de la Pologne. Catherine II ne jouit pas longtemps du fruit de ce crime odieux; le 9 novembre 1796, elle mourut d'une apoplexie foudroyante et eut pour successeur son fils Paul Ier.

Questionnaire.

Qui succéda à Christian V ? — De quels soins s'occupa Frédéric ? — Quelle catastrophe affligea Copenhague ? — Que fit Christian VI ? — Quelles institutions sont dues à Frédéric V ? — Par qui fut-il secondé dans ses travaux ? — Qui eut-il pour successeur ? — Que fit Christian VII pour étendre son instruction ? — Quel

10.

était le caractère de ce prince ? — Qui devint premier ministre ? — Struensée jouit-il longtemps de son pouvoir ? — Qui succéda à Christian VII ? — Qui avait succédé à Charles XII en Suède ? — Que fit cette princesse ? — Quels partis se partageaient alors la noblesse ? — Quel parti prévalut en 1741 ? — Qu'en résulta-t-il ? — Qui monta sur le trône en 1751 ? — Quel échec reçut le pouvoir royal ? — Qui succéda à Adolphe-Frédéric ? — Quelles étaient les qualités de Gustave III ? — Racontez ce que fit ce prince pour abaisser les factions et ressaisir tout le pouvoir. — De quels soins s'occupa ensuite Gustave III ? — Dans la guerre contre la Russie, fut-il secondé par ses troupes ? — Comment périt-il ? — Combien dura le règne de Catherine Ire ? — Qui désigna-t-elle pour son successeur ? — Quel âge avait Pierre II ? — Qui s'empara de l'autorité ? — Par qui Menzikoff fut-il dépouillé de son pouvoir ? — Son ennemi jouit-il longtemps de son triomphe ? — Qui succéda à Pierre II ? — Quel homme exerça toute l'autorité ? — Comment Biren signala-t-il son pouvoir ? — A qui Anne laissa-t-elle le trône ? — Quelle princesse se fit proclamer impératrice ? — Que devint le jeune Iwan ? — Quels événements marquèrent le règne d'Elisabeth ? — Que fit son successeur ? — Comment Pierre III perdit-il le trône et la vie ? — Quelles conquêtes fit Catherine II ? — Quelle mesure provoqua-t-elle contre la Pologne ? — Par qui fut défendue l'indépendance de ce royaume ? — Que devint-il ?

CHAPITRE XXXI.

Histoire de la Turquie, de la Perse et de l'Inde pendant le XVIIIe siècle.
Achmet III. — Révolte des janissaires. — Mahmoud Ier. — Guerre contre les Persans et les Russes. — Mustapha III. — Ses réformes. — Abdul-Hamid. — Sélim III. — Schah-Ussein. — Nadir. — Ses conquêtes. — Sa mort. — Anarchie en Perse. — Etablissements hollandais dans l'Inde. — Etablissements anglais. — Etablissements français. — Guerre entre la France et l'Angleterre. — Le gouverneur Lally. — Hyder-Ali. — Tippo-Saëb. — Affermissement de la domination anglaise dans l'Inde.

TURQUIE. Le sultan Achmet III, proclamé empereur en 1703, après la déposition de son frère Mustapha II, signala les premières années de son règne par la conquête des îles de l'Archipel et de la Morée. Moins heureux dans sa guerre contre l'Autriche, il avait cédé à l'empereur, par le traité de Passarowitz, la ville de Belgrade, une partie de la Servie, de la Bosnie et de la Valachie. Ce traité excita des mécontentements. De plus, l'indolence d'Achmet inspirait le mépris à ses sujets, et ce mépris se changea en haine, quand, un incendie ayant ravagé Constantinople, le sultan se montra insensible aux plaintes des victimes de cette catastrophe. Achmet allait prendre le commandement de son armée pour combattre la Perse, lorsque trois janissaires soulevèrent Constantinople et for-

cèrent le sultan d'abdiquer en faveur de son neveu, Mahmoud Ier (1730). Achmet fut emprisonné et mourut quelques années après.

Les trois conspirateurs exercèrent un pouvoir absolu; mais leur despotisme fatigua Mahmoud qui les fit massacrer dans la salle du divan. Le nouveau sultan continua la guerre de Perse, et le grand vizir Rustan remporta d'abord quelques succès.

Un révolution venait aussi d'éclater en Perse, où l'aventurier Nadir, après la déposition de Thamas, proclama un enfant au berceau, Abbas-Mirza. Ce jeune roi, ceint du diadème, apporté en présence de la cour pour recevoir les hommages des grands prosternés devant lui, se mit à pousser des cris aigus. « Il réclame les provinces cédées aux Turcs, s'écria Nadir; elles lui seront bientôt rendues. » En effet, après une courte alternative de revers et de succès. le sultan acheta la paix par la restitution de la Géorgie et de l'Arménie (1735). Les Ottomans se défendirent avec plus de succès contre l'impératrice de Russie et contre les Allemands, et Mahmoud, après avoir effacé la honte du traité de Passarowitz, vécut en paix jusqu'à la fin de sa vie (1754). Son frère, Othman III, ne régna que trois ans, et son règne n'est marqué dans l'histoire que par un affreux incendie qui consuma les deux tiers de Constantinople.

Mustapha III, son neveu, lui succéda en 1757. Ce prince, d'un jugement sain et d'un cœur droit, réforma de nombreux abus, remit l'ordre dans les finances, s'efforça d'améliorer les mœurs publiques, et montra du zèle pour la propagation des lumières. Cependant son règne fut loin d'être paisible; des émeutes agitèrent Constantinople, le pacha de Bagdad se révolta, des fanatiques bouleversèrent l'Egypte et l'Arabie. En 1768, la guerre fut déclarée à la Russie. Le sultan fit de grands efforts, mais il n'éprouva que des revers. Quand il mourut, en 1774, la guerre n'était pas terminée.

Son frère, Abdul-Hamid, qui lui succéda, signa la même année le honteux traité de Kaïnardji, par lequel la Crimée était déclarée indépendante de la Turquie; les Russes obtinrent en outre la libre navigation de la mer Noire et du Bosphore. Abdul-Hamid, dans la prévision d'une nouvelle guerre avec la Russie, fit d'immenses préparatifs, réorganisa l'armée, créa une marine, fit fondre des canons et des bombes, et appela des ingénieurs français. Malgré cela il fut vaincu dans la guerre de 1786, et mourut en 1789. Son neveu, Sélim III, fils de Mustapha, lui succéda. Il continua les réformes de ses prédécesseurs; mais il fut déposé en 1807 par les janissaires, jaloux de ces innovations. Son successeur Mahmoud II, devait façonner les Turcs à la tactique et à la civilisation européennes.

PERSE. Schah-Ussein était monté sur le trône de Perse en 1694. C'était un prince faible, sous lequel éclata la révolte des Afghans du Candahar. Ils se donnèrent pour chef Mir-Weiss, homme habile et vaillant, et massacrèrent tous les Persans du pays. Mir-Weiss défit les armées qu'on lui opposa, et son fils Mir-Mahmoud attaqua Ussein avec quarante mille hommes, le vainquit et l'assiégea dans Ispahan. Ussein, réduit aux dernières extrémités, abdiqua, et Mir-Mahmoud fut proclamé sophi de Perse. Mais peu après, Mahmoud fut assassiné et remplacé sur le trône par son parent Ascraf.

Cependant le fils d'Ussein, Schah-Thamas, aidé par les talents et le courage d'un célèbre aventurier nommé Nadir, prit les armes, vainquit deux fois l'usurpateur Ascraf, et reprit Ispahan et la couronne. Ascraf s'enfuit après avoir fait assassiner le malheureux Ussein qui jusqu'alors était resté captif au palais, et il périt lui-même peu après dans un combat livré aux Béloutchis. Thamas se vit alors affermi sur le trône de Perse; mais il ne devait pas y rester longtemps.

Nadir, déguisant sous le voile de la flatterie l'ambition dont il était dévoré, prit le surnom de *Thamas-Kouli-Kan,* c'est-à-dire esclave du kan Thamas; puis, ayant augmenté sa réputation par de nouvelles victoires, il la fit servir contre son bienfaiteur qu'il fit déposer après s'être révolté. Il plaça sur le trône le jeune Abbas III, et fut régent avec un pouvoir absolu.

Il voulut effacer son crime par de nouveaux exploits, et, après avoir vaincu les Turcs dans une bataille sanglante où périt le grand vizir, il soumit la Géorgie et l'Arménie. Nadir acheva de gagner l'amour des Persans par la réforme de quelques abus, et, à la mort d'Abbas III (1736), il fut proclamé sophi sous le nom de Schah-Nadir. Mais le redoutable conquérant a conservé dans l'histoire le nom de Thamas-Kouli-Kan. Après avoir signé la paix avec les Turcs, il songea à punir les Afghans qui s'étaient révoltés, soutenus par le grand Mogol. Il envahit leur territoire, les vainquit, et, marchant ensuite sur l'Indoustan, il entra à Delhi, capitale du grand Mogol, ravagea cette ville, fit massacrer un grand nombre d'habitants, et revint dans ses Etats avec d'immenses richesses.

La guerre contre les Tartares et contre les peuples du Caucase occupa successivement les armes de Thamas-Kouli-Kan. Mais le conquérant avait indisposé par sa hauteur ses principaux officiers, qui l'assassinèrent en 1747. Ce fut le signal des plus horribles désordres; pendant quinze années, la Perse, livrée à l'anarchie, compta autant de souverains que de provinces. Des millions d'habitants émigrèrent d'une patrie maudite et allèrent s'établir sur le territoire de l'empire russe. Ispahan devint un vaste tombeau, monument terrible des vicissitudes humaines. La Perse ne commença à respirer que sous le règne de Kérim, et à la mort de ce souverain, en 1779, la guerre civile devait se rallumer avec une nouvelle fureur et se perpétuer jusqu'à la fin du dix-huitième siècle.

INDES. Les Espagnols étaient devenus maîtres

des colonies portugaises dans les Indes orientales, lorsque les Hollandais, se voyant fermer le port de Lisbonne par Philippe II, roi d'Espagne, résolurent d'attaquer leurs ennemis jusque dans les *pays lointains*; c'est ainsi qu'on désignait les contrées vers lesquelles le Hollandais Cornélius Houtmann dirigea trois vaisseaux armés par les négociants d'Anvers. Le succès de cette première expédition décida les états généraux des Pays-Bas à fonder, en 1602, une compagnie des Indes orientales, qui reçut le privilége exclusif du commerce, et l'autorité presque absolue sur les conquêtes futures. Dès le principe, la compagnie désigna Batavia pour le centre de ses opérations, s'empara peu à peu de tous les comptoirs portugais, et établit divers gouvernements à Amboine, à Ternate, à Ceylan, et enfin au cap de Bonne-Espérance.

Les Anglais avaient aussi leur compagnie des Indes, dont les priviléges, renouvelés en 1661 par Charles II, se fondirent avec ceux d'une nouvelle compagnie autorisée à s'établir en 1698. L'acquisition de Bombay, le comptoir de Bencoulen fondé pour l'exploitation du poivre et des épices, les établissements d'Hugly et de Calcutta, les factoreries des côtes de Malabar et de Coromandel, donnèrent une extension rapide à la puissance anglaise. En 1689, la compagnie s'était trouvée engagée dans une guerre avec Aureng-Zeb, empereur mogol. Ce puissant monarque avait cédé aux Anglais le territoire de Calcutta, à l'occident du Gange, en récompense des secours qu'ils lui avaient prêtés contre les Marattes, peuple montagnard qui défendait son indépendance. Le gouverneur anglais de Bombay ayant commis des brigandages dans l'Indoustan, Aureng-Zeb en demanda la réparation, et, n'ayant pu l'obtenir, il prit les armes, poussa la guerre avec vigueur, et ne consentit à faire la paix qu'après avoir remporté des succès marqués.

Les premières tentatives d'établissements français aux Indes orientales datent du règne de François Ier; mais jusqu'au règne de Louis XIV, ces essais réussirent peu. En 1675, les Français ne comptaient que le comptoir de Surate, sur la côte du Malabar; quelques années après, Pondichéry fut fondé, et semblait destiné à assurer un long succès aux colonies françaises de l'Inde. Daca, Malicut, Mahé, les établissements formés aux îles de France et de Bourbon par les soins de La Bourdonnais, multiplièrent les relations de l'Inde et de la France.

Les Anglais voyaient d'un œil jaloux les progrès de la puissance française, et, lorsque la guerre de 1744 eut éclaté, ils refusèrent la proposition des ministres de Louis XV, de ne pas étendre les hostilités aux colonies. Les rivalités des deux gouverneurs français, Dupleix et La Bourdonnais, fatales à leur pays, funestes pour eux-mêmes, amenèrent la déposition du premier et l'injuste captivité de l'autre. L'Irlandais Lally, envoyé par le cabinet de Versailles pour remplacer le malheureux Dupleix, signala son arrivée par la prise de Gondalour, du fort Saint-

David, et résolut de chasser entièrement les Anglais de l'Inde ; les moyens lui manquèrent pour cette vaste entreprise, et Lally, faute d'argent et de secours, perdit l'élite de son armée sous les murs de Madras. De retour à Pondichéry, le général voulut réformer les abus de l'administration, irrita contre lui tous les agents de la compagnie, et se vit abandonné par les trois quarts de l'armée. Assiégé par vingt mille Anglais, à peine put-il réunir sept cents défenseurs. Pondichéry se rendit après dix mois de résistance. Lally fut emmené prisonnier en Angleterre; mais apprenant qu'on l'accusait en France comme traître, il obtint la permission d'aller se défendre. Il subit une longue et cruelle captivité, eut ensuite à soutenir un procès odieux, et fut condamné au dernier supplice.

Lorsque la paix eut été signée en 1763, la France recouvra Pondichéry et quelques comptoirs du Bengale, Karical, Chandernagor, mais à la condition expresse qu'aucune de ces villes ne serait fortifiée. Depuis la fin des hostilités, les Anglais régnaient au Bengale : le Mogol Schah-Allum leur avait cédé cette province en toute souveraineté; le nabab d'Oude consentait, en outre, à leur payer un tribut annuel de trente millions pour les provinces de Corah, d'Allahabad, et pour la ville sainte de Bénarès, qui lui avaient été concédées par la compagnie, à titre de redevance.

Ce fut alors que le régent ou prince de Mysore, Hyder-Ali, qui avait longtemps été l'allié des Français, menaça sérieusement la puissance anglaise. Il réunit contre l'ennemi commun le nisam ou prince du Décan et les Marattes ; le bailli de Suffren, envoyé par la France, amena une flotte au secours de cette coalition. La compagnie anglaise, menacée des plus grands périls, se sauva par son audace et son activité. Les comptoirs français furent surpris de nouveau (1778) ; les Marattes et le souverain de Mysore furent adroitement détachés de la coalition. Hyder-Ali, réduit à ses propres forces, remporta d'abord quelques succès. Vaincu ensuite, il fut obligé de battre en retraite. Ses forteresses les plus importantes tombèrent au pouvoir des Anglais, et une seconde défaite encore plus sanglante termina la campagne.

La paix de 1783 et la mort d'Hyder-Ali amenèrent quelques instants de repos. Pondichéry, Karical, Chandernagor et leurs dépendances, furent restituées à la France. Tippo-Saëb, fils et successeur d'Hyder-Ali, voulut en vain reprendre les armes, après avoir signé le traité de Mangalore ; il fut défait et tué sur les remparts de sa capitale ; ses États tombèrent au pouvoir des Anglais, dont la domination se trouva plus que jamais affermie dans les Indes orientales.

Questionnaire.

Comment Achmet III signala-t-il les premières années de son règne ? — Quelle cause amena un soulèvement à Constantinople ? — En faveur de qui Achmet abdiqua-t-il ? — Comment Mahmoud punit-il les conspirateurs? — Quelles guerres entreprit-il? — Qui lui succéda? — Othman III régna-t-il longtemps? — De quels soins s'occupa Mustapha III? — Son règne fut-il paisible? — Quel traité conclut Abdul-Hamid?—Quels préparatifs fit-il? — Qui lui succéda? — En quelle année Sélim III fut-il déposé?

Quelle révolte éclata sous le règne de Schah-Ussein? — Racontez les suites de cette révolte. — Comment Nadir s'empara-t-il du trône? — Quel nom prit-il? — Dites les conquêtes de Thamas-Kouli-Kan. — Comment périt-il? — Que devint ensuite la Perse?

Comment les Hollandais s'établirent-ils dans l'Inde? — Quels établissements les Anglais formèrent-ils? — Contre quel prince firent-ils la guerre? — De quelle époque datent les établissements français dans l'Inde? — Quels hommes signalèrent leur gouvernement? — Quel fut le sort de l'Irlandais Lally? — Quelles acquisitions firent les Anglais? — Quel prince menaça leur puissance? — Quel fut le successeur d'Hyder-Ali? — Comment périt Tippo-Saëb? — La puissance anglaise ne fut-elle pas affermie?

CHAPITRE XXXII.

Histoire des établissements européens dans les Indes occidentales pendant le XVIIe et le XVIIIe siècle. Le Brésil. — Les Paulistes. — Exploitation des mines d'or. — Amérique espagnole. — Commerce. — La flotte et les galions. — Règlements arbitraires. — Contrebande. — Le vaisseau annuel. — Edit de Charles III. — Commencements des Etats-Unis. — Impôt du timbre. — Révolte des colonies. — Washington. — Franklin en France. — Le marquis de Lafayette. — Secours envoyés par Louis XVI. — L'Angleterre reconnaît l'indépendance des Etats-Unis.

Malgré les guerres malheureuses que l'Espagne eut à soutenir pendant les dix-septième et dix-huitième siècles, elle avait conservé ses belles colonies. La conquête des Antilles, du Mexique, du Pérou, avait été suivie d'acquisitions non moins importantes : Vénézuéla, la Nouvelle-Grenade, le Chili, Buénos-Ayres, et dans l'océan Pacifique les riches Philippines, reconnaissaient la domination espagnole. Mais déjà l'empire des mers n'appartenait plus aux descendants de Charles-Quint : il était disputé par deux nations rivales de gloire et de puissance, la Hollande et l'Angleterre. Forcé de choisir entre l'histoire de ces nombreuses colonies, nous parlerons surtout des révolutions du Brésil, de l'Amérique espagnole et des Etats-Unis.

Brésil. Le Brésil, découvert et soumis par les Espagnols au commencement du dix-septième siècle, conquis en partie en 1624 par Jacob Vilkins, amiral hollandais au service de la compagnie des Indes occidentales, fut définitivement repris et possédé par le Portugal. Les Hollandais, chassés de la contrée, reçurent des vainqueurs une indemnité de huit millions. Un seul district, celui de Saint-Paul, habité par une race mêlée de Brésiliens et d'Européens, refusa de reconnaître l'autorité de ses anciens maîtres, et, cherchant des ressources ailleurs que dans le commerce et l'industrie, exerça des brigandages chez ses voisins. Les habitants de ces districts, connus sous nom de Paulistes, furent aussi appelés Mameluks à cause de leur turbulence. En 1641, la cour de Madrid fut obligée de permettre l'usage des armes à feu aux colonies chrétiennes du Paraguay, pour repousser les agressions de ces audacieux colons.

Les Paulistes, ayant perdu toute espérance de continuer leurs rapines, tournèrent alors leurs efforts aventureux vers une autre directions : ils exploitèrent les mines d'or du district d'Iaragua. Mais telles étaient les richesses de cet établissement, que les aventuriers s'y précipitèrent de toutes les parties du Brésil, et se disputèrent avidement cette proie magnifique. Le général don Antonio d'Albuquerque, envoyé par le Portugal, mit d'accord tous les partis en les soumettant, et fonda la colonie de Villa-Rica qui devint le centre des opérations. Durant le dix-huitième siècle, le revenu annuel de ces mines s'élevait à cent vingt-quatre millions, dont le *quint*, c'est-à-dire le droit du cinquième, appartenait à la couronne. Sous le règne de Marie, la découverte des mines de diamants fut une nouvelle source de richesses pour le Brésil.

AMÉRIQUE ESPAGNOLE. Les colonies de l'Amérique espagnole se composaient, au sud, de la Guyane, du Pérou, du Chili, du Paraguay, et au nord, du Mexique, du Nouveau-Mexique et de la Californie. Outre ces vastes provinces disséminées sur le continent, les Espagnols possédaient encore l'île de Cuba, une partie de Saint-Domingue, la Trinité et la Marguerite. Mais ces pays, si fertiles dans l'origine, étaient, au commencement du dix-huitième siècle, réduits à une extrême misère. Le monopole du commerce accordé aux négociants de Cadix avait amené cette décadence rapide.

Tous les ans, deux escadres, la *flotte* et les *galions*, quittaient le port de Séville pour approvisionner le Mexique et le Pérou; l'une escortée de dix vaisseaux de guerre, les autres accompagnés de simples chaloupes ou pataches. Avant l'arrivée des galions, les commerçants du Chili et du Pérou transportaient à Porto-Bello les produits de leurs mines pour les échanger contre les marchandises d'Espagne. Tout était prévu, réglé d'avance, et telle était la bonne foi de part et d'autre qu'on ne vérifiait ni les ballots espagnols, ni les caissons de piastres des indigènes. La flotte, de son côté, abordait à la Véra-Cruz, où les choses se passaient de la même manière, et les deux escadres, se rejoignant à la Havane, revenaient de concert en Europe : elles y rapportaient l'or, l'indigo, la cochenille, le sucre, la vanille, le quinquina du Pérou, le tabac de Cuba et de la Havane, et d'autres marchandises précieuses. Pour rendre ce commerce plus lucratif, les rois d'Espagne avaient soumis leurs colonies à des règlements arbitraires qui les tenaient dans une dépendance complète de la métropole. Les habitants ne pouvaient exercer les métiers de tisserand, de cordonnier, de chapelier : ils étaient contraints de se vêtir d'étoffes étrangères. Une autre loi non moins arbitraire leur interdisait la culture de la vigne et de l'olivier. On eût dû prévoir que des hommes auxquels on défendait l'industrie, le commerce et l'agriculture, auraient recours tôt ou tard à la contrebande, et songeraient ensuite à se rendre indépendants.

Il arriva bientôt, en effet, que tout le commerce de Cadix ne se fit plus que par des fraudes. Les négociants de France, d'Angleterre et de Hollande, de connivence avec les Espagnols, embarquèrent leurs propres marchandises sur les galions expédiés aux colonies. Plus tard, enhardis par le succès de leurs opérations, ils résolurent de faire ce trafic sans intermédaire, et de vendre directement leurs marchandises aux Américains : ils furent favorisés dans ce commerce de contrebande par les indigènes eux-mêmes.

Sous Philippe V, le mal s'accrut encore. Les attaques de la Hollande et de l'Angleterre faillirent ruiner les exportations de l'Espagne, en interceptant les vaisseaux dirigés d'Europe vers les colonies des Indes occidentales. Mais à la paix de Vienne, l'Espagne accorda à l'Angleterre le droit d'envoyer tous les ans à Porto-Bello un navire de cinq cents tonneaux chargé de marchandises d'Europe. On l'appela le *vaisseau annuel*. Ce vaisseau devint l'agent d'une contrebande active: non-seulement l'Angleterre n'observa pas le port convenu, mais elle fit accompagner son vaisseau de deux ou trois autres petits bâtiments qui abordaient à quelque distance de Porto-Bello, et renouvelaient clandestinement la cargaison du vaisseau annuel, en sorte qu'ils importaient le double et même le triple de ce qui leur avait été permis. L'Espagne réclama; il en résulta la guerre maritime de 1740, à la suite de laquelle l'Espagne redevint libre de régler le commerce de ses colonies sans avoir rien à démêler avec les étrangers.

Ce fut alors que le gouvernement espagnol établit les vaisseaux de registre, expédiés par des marchands de Séville ou de Cadix dans l'intervalle des saisons fixées pour le départ des galions qui se rendaient aux Indes occidentales à des époques périodiques. On renonça bientôt aux galions, et tout le commerce du Chili et du Pérou fut livré à l'exportation particulière. En

1765, Charles III supprima tout monopole, et accorda la liberté de commerce à tous les Espagnols dans une partie des colonies américaines. Ces réformes heureuses ne suffirent point pour remédier aux abus de l'administration, et vers la fin du dix-huitième siècle, les colonies du Mexique et du Pérou ne versaient pas plus de quarante millions par an dans le trésor du roi d'Espagne.

ÉTATS-UNIS. Les premiers établissements anglais fondés dans cette partie de l'Amérique, qui fut depuis appelée Etats-Unis, datent du règne d'Elisabeth. En 1584, Walter Raleigh reconnut cette partie de l'Amérique septentrionale, qu'il appela Virginie en l'honneur de sa souveraine, et ce fut sous le règne de Jacques Ier, en 1606, que deux compagnies obtinrent le privilége de coloniser ces pays lointains : elles réussirent au delà de toute espérance.

Aussi, pendant que des puritains anglais fondaient l'établissement des Massachusetts en 1621, quelques dissidents fanatiques posaient les commencements de Providence, de Rhode-Island et du Connecticut (1635-1637). Les Hollandais, récemment établis sur les bords de la Delaware, furent vaincus et repoussés par les colonies naissantes, qui formèrent sur ce nouveau territoire les Etats de New-York et de New-Jersey (1667). Les catholiques, de leur côté, créaient vers 1632 la province de Maryland, sous le commandement de lord Baltimore; et

Guillaume Penn, fils d'un vice-amiral anglais, fondait la ville de Philadelphie sur le territoire qui a conservé le nom de Pensylvanie. Telle fut l'origine des colonies anglaises dans l'Amérique septentrionale.

Après la mort de Charles Ier, le parlement avait défendu aux colonies d'entretenir des relations commerciales avec les autres nations; sous le règne suivant, il posa en principe que les colonies étaient toujours dans la dépendance de la métropole, et qu'elles se trouvaient dans l'obligation d'obéir à toutes les lois de l'Etat: c'était déclarer qu'elles devaient être imposées et supporter leur part du fardeau de la dette publique. En 1765, le parlement, pour confirmer cette doctrine, décréta le fameux *impôt du timbre*, qui défendait d'admettre dans les tribunaux aucun acte écrit sur un papier qui ne portait pas ces mots : *vendu au profit du fisc.* Cet impôt souleva une indignation générale en Amérique, et dut être révoqué l'année suivante. Mais, peu après, de nouvelles taxes furent mises sur le verre, le papier et le thé. Les députés de quatre-vingt-seize villes protestèrent énergiquement contre ces mesures, et le parlement anglais envoya des troupes pour assurer l'exécution de ses ordres.

Les Américains refusèrent alors de recevoir les marchandises de la métropole, les dames renoncèrent aux parures, et les habitants de Boston jetèrent à la mer une cargaison de thé appartenant à la compagnie des Indes. Le port de cette ville fut aussitôt frappé d'interdiction, et les habitants furent condamnés à réparer le dommage. Mais les autres colons, unissant leurs intérêts à la cause des Bostoniens, s'engagèrent, dans le congrès général de Philadelphie (1774), à rompre toute relation avec l'Angleterre jusqu'à ce que l'interdiction eût été révoquée. Ils amassèrent en même temps des armes et des munitions que le général Gage voulut leur enlever. Les colons résistèrent et engagèrent le combat de Lexington le 19 avril 1775.

Cette rencontre, où les Américains eurent l'avantage, fut le signal de l'insurrection générale. On courut aux armes de toutes parts; des milices furent rapidement organisées, et le général Gage, assiégé dans Boston par trente mille insurgés, publia un édit du roi Georges III, qui déclarait traîtres et rebelles tous ceux qui refuseraient de mettre bas les armes. Mais il n'était plus temps : la guerre avait commencé sur tous les points, et, pendant que les Anglais, par une inutile cruauté, brûlaient les métairies de Charles-Town, le congrès de Philadelphie choisissait pour général en chef Georges Washington, riche propriétaire de la Virginie, et qui s'était distingué dans la guerre de sept ans. La même année, le congrès proclama solennellement les États-Unis d'Amérique indépendants de l'Angleterre, et cette déclaration fut accueillie par les colons avec des transports d'allégresse.

Cependant les débuts de la guerre n'avaient pas été heureux pour les Américains; déjà l'enthousiasme s'affaiblissait et les dissidences d'opinions venaient s'ajouter aux embarras pécuniaires. Washington ne se dissimulait pas que, sans le secours des puissances européennes, la cause nationale courait risque d'être perdue. Le congrès avait envoyé en France le fameux Benjamin Franklin pour solliciter la cour de Versailles. Louis XVI promit ses secours; mais en attendant qu'il se déclarât ouvertement, l'envoyé du congrès intéressa des compagnies particulières ou de hardis entrepreneurs à expédier des munitions en Amérique. Il réussit à se faire livrer quinze mille fusils des arsenaux du roi, et détermina un grand nombre de jeunes nobles à partager les dangers et la gloire de Washington. Le plus illustre de ces volontaires fut le jeune marquis de Lafayette; il équipa une frégate à ses frais, la chargea de munitions, et partit pour le nouveau monde.

Quand ils arrivèrent, en 1777, le général anglais Howe, successeur de Gage, avait repris l'offensive. Après avoir cherché pendant plusieurs mois à attirer Washington au combat, il le rencontra à Brandgwine; Washington fut vaincu et Lafayette blessé. Mais peu après le général Burgoine fut forcé de mettre bas les armes devant les milices américaines; ce succès détermina la cour de France à reconnaître, en 1778, l'indépendance des Etats-Unis, et à conclure avec eux un traité d'alliance et de commerce. L'année suivante, l'Espagne, en se joignant à la France, ajouta aux embarras de l'Angleterre ; le comte d'Estaing s'empara de la Dominique et de la Grenade, pendant que les Espagnols mettaient le siège devant Gibraltar.

Les Anglais, accablés d'ennemis, redoublèrent d'efforts, et se rendirent maîtres de Pondichéry dans les Indes orientales. En 1779, l'amiral Rodney détruisit une escadre espagnole de onze vaisseaux de ligne ; l'année suivante, le général Clinton soumit toute la Caroline méridionale, et reprit la ville de Charles-Town. Cornwallis, son lieutenant, remporta deux victoires consécutives sur les insurgés. Il était temps que Louis XVI envoyât en Amérique une flotte de sept vaisseaux et un corps de cinq mille hommes sous les ordres de Rochambeau. Ces secours et la prudence de Washington relevèrent bientôt la cause américaine. Cornwallis et ses soldats mirent bas les armes au moment où l'opinion publique se déclarait en Angleterre contre une guerre désastreuse qui avait coûté plus de cent millions de livres sterling. La chute du ministère anglais avança les affaires de l'Union, et le nouveau cabinet reconnut la nécessité de faire la paix.

La France, qui avait atteint son but en séparant les colonies de leur métropole, souhaitait également la paix. Les préliminaires en furent signés à Versailles le 20 janvier 1783. Par ce traité, l'Angleterre reconnut l'indépendance des États-Unis, restitua à la France Pondichéry,

Karical et Chandernagor; à l'Espagne, l'île de Minorque et les deux Florides. Elle obtint en retour de la cour de Madrid les îles Bahama, et de la cour de France les îles Grenade, Dominique, Saint-Christophe et Saint-Laurent.

Quelques mois après la reconnaissance de l'indépendance des États-Unis, Washington se rendit dans la salle du congrès, déclara que sa mission était accomplie, et résigna ses pouvoirs pour redevenir simple citoyen dans un pays dont il avait contribué à fonder la liberté et la puissance.

Questionnaire.

Quelles étaient les colonies de l'Espagne dans les Indes occidentales? — Quel peuple resta définitivement en possession du Brésil? — Quel district resta indépendant? — A quelle industrie se livrèrent les Paulistes. — Comment les divers partis furent-ils mis d'accord? — A quelle somme s'élevait annuellement le revenu des mines d'or?

De quoi se composaient les colonies de l'Amérique espagnole? — Comment l'Espagne faisait-elle le commerce de ces diverses contrées? — A quels règlements les colons étaient-ils soumis? — La fraude ne s'introduisit-elle pas dans le commerce fait avec les colonies? — Quel droit l'Espagne accorda-t-elle à l'Angleterre? — Que fit Charles III en faveur du commerce?

De quelle époque datent les premiers établissements anglais dans l'Amérique septentrionale? — Comment se formèrent successivement ces établissements? — Quel impôt le parlement voulut-il faire peser sur les colonies? — Que firent les colons? — Où fut livré le premier combat? — Quel homme fut nommé général en chef des troupes américaines? — Quel parti paraissait devoir être vainqueur? — Dans quel but Franklin fut-il envoyé en France? — Quel fut le résultat de sa mission? — Qui remarquait-on parmi les jeunes volontaires qui allèrent combattre en Amérique? — Que fit Louis XVI en faveur des Etats-Unis? — Quelle autre puissance se déclara contre l'Angleterre?—Quels événements signalèrent les dernières années de la guerre? — Que fit enfin l'Angleterre? — Quelle fut la conduite de Washington?

TABLES DES CHAPITRES.

Géographie de l'histoire moderne. IX

Chap. I. — Histoire de l'empire ottoman depuis la prise de Constantinople jusqu'à l'avénement de Soliman (1453-1520). Page 1

Chap. II. — Histoire de la péninsule italienne, depuis la chute de Constantinople jusqu'à l'entrée des Français en Italie (1453-1494). 11

Chap. III. — Histoire de l'Allemagne, de la Hongrie et de la Suisse, depuis le milieu du XVe siècle jusqu'à la mort de Maximilien (1453-1519). 20

Chap. IV. — Histoire d'Angleterre depuis la guerre des deux Roses jusqu'à la mort d'Edouard IV (1451-1483). 30

Chap. V. — Histoire d'Angleterre depuis la mort d'Edouard IV jusqu'à celle de Henri VII (1483-1509). — Histoire d'Ecosse depuis le règne de Jacques Ier jusqu'à la mort de Jacques IV (1424-1513). 43

Chap. VI. — Histoire d'Espagne depuis le milieu du XVe siècle jusqu'à la mort de Ferdinand le Catholique (1453-1516). 56

Chap. VII. — Histoire des découvertes et établissements des Portugais dans les deux Indes, depuis le commencement du XVe siècle jusqu'à la fin du XVIe. 69

Chap. VIII. — Histoire des colonies espagnoles du commencement à la fin du XVIe siècle. 80

Chap. IX. — Suite de l'histoire des colonies espagnoles du commencement à la fin du XVIe siècle. 91

Chap. X. — Histoire de la rivalité de la France et de l'Autriche, depuis le traité de de Noyon jusqu'au traité de Madrid. 102

Chap. XI. — Histoire de la rivalité de la France et de l'Autriche, depuis le traité de Madrid jusqu'à la paix de Câteau-Cambrésis. 113

Chap. XII. — Histoire de la réforme en Allemagne et en Suisse. 125

Chap. XIII. — Histoire des trois couronnes du Nord depuis la rupture de l'union de Calmar jusqu'à Christian III et Gustave Wasa. 137

Chap. XIV. — Histoire d'Angleterre depuis l'avénement de Henri VIII jusqu'à Edouard VI. — Réforme religieuse. 150

Chap. XV. — Histoire d'Angleterre, d'Ecosse et d'Irlande, pendant les règnes de Marie et d'Elisabeth. 160

Chap. XVI. — Histoire d'Angleterre pendant le règne de Jacques Ier et le commencement du règne de Charles Ier. 172

Chap. XVII. — Histoire d'Angleterre pendant la fin du règne de Charles Ier. 181

Chap. XVIII. — Histoire d'Espagne, de Portugal et des Pays-Bas, depuis la paix de Câteau-Cambrésis jusqu'au milieu du XVIIe siècle. 191

Chap. XIX. — Histoire de l'empire d'Allemagne depuis l'abdication de Charles-Quint jusqu'au commencement de la guerre de trente ans. 203

Chap. XX. — Histoire de la guerre de trente ans. — Période palatine. — Période danoise. — Période suédoise. 211

Chap. XXI. — Histoire d'Angleterre depuis la mort de Charles Ier jusqu'à l'avénement de Georges Ier. 222

TABLE.

Chap. XXII. — Histoire de la Suède, du Danemark et de la Norwége depuis leur intervention dans la guerre de trente ans jusqu'à la fin du XVIIe siècle. 231

Chap. XXIII. — Histoire de la Russie et de la Pologne depuis le XVe siècle jusqu'à la fin du XVIIe. 240

Chap. XXIV. — Histoire de la Turquie depuis l'avénement de Soliman II jusqu'à la fin du XVIIe siècle. 253

Chap. XXV. — Histoire de la Russie, de la Suède, de la Pologne et de la Turquie sous le règne de Pierre le Grand. 263

Chap. XXVI. — Histoire de la péninsule ibérique, depuis la paix d'Utrecht jusqu'à la fin du XVIIIe siècle. 276

Chap. XXVII. — Histoire d'Angleterre depuis l'avénement de Georges Ier jusqu'à la paix de Versailles. 288

Chap. XXVIII. — Histoire de la Prusse pendant le XVIIIe siècle. 297

Chap. XXIX. — Histoire de l'Empire pendant le XVIIIe siècle. 306

Chap. XXX. — Histoire du Danemark, de la Suède et de la Russie depuis la mort de Charles XII jusqu'à la fin du XVIIIe siècle. 316

Chap. XXXI. — Histoire de la Turquie, de la Perse et de l'Inde pendant le XVIIIe siècle. 328

Chap. XXXII. — Histoire des établissement européens dans les Indes occidentales pendant le XVIIe et le XVIIIe siècle. 338

FIN.

www.ingramcontent.com/pod-product-compliance
Lightning Source LLC
Chambersburg PA
CBHW050546170426

43201CB00011B/1583